A Thucydides Reader

Annotated Passages from Books I-VIII of the Histories

A Thucydides Reader

Annotated Passages from Books I-VIII of the Histories

Blaise Nagy

College of the Holy Cross

Focus Publishing

R Pullins Company

Newburyport, MA

Copyright © 2005 Blaise Nagy

ISBN 10: 1-58510-126-5
ISBN 13: 978-1-58510-126-9

Printed in the United States of America

10 9 8 7 6 5 4 3

0307W

CONTENTS

"Temple E" at Selinus, Sicily. Despite several major earthquakes over the centuries since its construction and the usual depredations that attended the Greek temples of Sicily in Late Antiquity and beyond, enough of the original mid-Fifth Century temple survived to allow for its reconstruction in 1958.

PREFACE

There has been no shortage of recent publications designed to intoduce a general audience to Thucydides' *Histories*. I have in mind R. Strassler's *The Landmark Thucydides* (1996); D. Cartwright's *A Historical Commentary on Thucydides: A Companion to Rex Warner's Penguin Translation* (1997); and S. Lattimore's translation of the *Histories* (1998).

Readers of Thucydides in the Greek have not been completely overlooked either. The needs of college and secondary school students and their instructors have been at least partially met by, *inter alia*, T. Wiedemann's re-issue of Marchant's *Thucydides: Book II* (1978, 1993); J. Rusten's edition of *The Peloponnesian War: Book II* (1989); and, most recently, by H. Cameron's *Thucydides: Book I* (2003). Despite the availability (which, in some cases, can be intermittent) of these publications, I have long since been convinced that there is a need for something akin to a more comprehensive Thucydides Reader. This conviction is largely based on my 27-year career at the College of the Holy Cross, where I have had the good fortune to teach Thucydides every third year or so to some remarkably bright students, but where I have also experienced the frustration of not being able to read with these students selections from the *Histories* that were not included in the textbook(s) we happened to be using. Granted, it has been terrific over the years to be able to assign to my students the most outstanding selections from Book II, like the Funeral Oration, the Plague, or the post-mortem on Pericles, and to have these students be guided by the notes of whatever annotated edition of Book II was available in a particular year. However, in order to have these same students read passages from any of the other seven books of the *Histories*, my usual recourse in years past has been to distribute photocopies of the plain, Greek text—not the best of solutions. To my knowledge, there does not exist—nor has there ever existed—a Greek Reader for Thucydides in which **selections from all eight books** of the *Histories* are presented, along with grammatical notes and at least a modicum of historical and literary commentaries. The present *Reader* seeks to fill this void.

Whereas Thucydides has Pericles say (in the Funeral Oration) that Athens is a self-sufficient (αὐταρκεστάτη) *polis*, I cannot make a claim of self-sufficiency for this *Reader*. It is, on the contrary, designed to be a textbook that calls for the constant input of the instructor. In other words, I did not envision an all-in-one, self-contained, "teach yourself Thucydides" textbook, but I had in mind one where the instructor is continually called upon to provide additional background information, a more thorough historical contextualization, and a more detailed analysis of the syntax. The instructor who chooses to do so can also supplement this *Reader* with classroom presentations on the manuscript tradition of the *Histories*, the historiographical precedents to the *Histories*, the "reception theory" as it relates to the *Histories*, the *Nachleben* of the *Histories*, etc.

And, of course, it will also be the instructor's task to determine which of the readings to assign, as there is probably quite a bit more Thucydides in this *Reader* than any secondary school or college student can be expected to read in one semester. One of my guiding principles for selecting particular passages has been personal taste, and such a criterion for selection is, of course, subject to rightful criticism. In my defense, I can merely express the hope that my many years of teaching Thucydides (in English translation and in the original) have given me some sense of what sections of the *Histories* are most appealing and relevant to students. I do not mean to suggest, however, that the perceived appeal and relevance of certain passages to students have been the sole criteria for selection, and I readily point to the inclusion of the Corinthian delegate's speech in Sparta from Book I, Alcibiades' speech in Athens in Book VI, and Thucydides' appraisal of the rule of the Five Thousand in Book VIII, passages which are of great thematic importance but which may have little immediate appeal to students, as evidence that, like Thucydides, I too have not been guided exclusively by popular taste. In a "Best of…" collection such as this, most users will, I think, agree that variety is a laudable feature, and so I have tried to include passages that show Thucydides' skills as a political scientist, military historian, rhetorician, social historian, and an expert in human psychology. I have not at all shied away in this *Reader* from the "difficult passages," and there are plenty where some of the Greek might even qualify as basically intractable, but I have also included passages which are as straightforward and as easily comprehensible as any from, say, Xenophon's *Anabasis*. Above all, what I have strived to produce here is a textbook which, to paraphrase freely from Pliny, offers both *multum* and *multa*. In other words, although a collection of readings is, by nature, a series of *multa* passages, I have tried to supply the *multum* as well by including large units of readings, such as the whole of the Funeral Oration, the entire account of the Plague, the complete speech of Cleon from the Mytilene Debate, most of Thucydides' extended commentary on *stasis*, a large segment of the narrative concerning the capture of the Spartans on Sphacteria (Pylos), the entire Melian Dialogue, and a substantial section of the story of the retreat from Syracuse. Students and instructors alike should be able to find a sense of continuity and discover the so-called "feel" for an author by concentrating on one or more of these extended sections, and yet they should also be able to find time for the shorter pieces, many of which can be the work of a single day's class.

Students too can play a role in a textbook like this and not be mere translators of the Greek. For example, I have in mind student projects, where the instructor might assign some background "research" on a particular chapter in the *Histories*. A student (or a group of students) could then consult in a school library the five-volume *A Historical Commentary on Thucydides* and report to the class on the various controversies that attend that chapter and the solutions scholars have proposed.

Ideally, this *Reader* should be used in conjunction with the above-mentioned *Landmark Thucydides*. Along with the more than 100 brilliantly drawn maps of Anne Gibson, an excellent introduction, and some very useful articles in the appendices, the *Landmark* features a complete English translation of the *Histories* by Richard Crawley. Although this 19th century rendition is rather antiquated even in its updated form, it remains more than serviceable and should go a long way towards helping students understand the context of the passages they are reading in the Greek.

In the tradition of the *Bryn Mawr Greek Commentaries Series*, the notes in this *Reader* focus primarily on grammar and syntax. Moreover, in the belief that the kind of informational overload which students sometimes encounter in Greek textbooks can be counter-productive and can even dampen students' interest in the works they are studying, I have made a conscious effort not to clutter these notes with information that more properly pertains to the realm of scholarly debates. Although I have tried in the notes to sail a middle course between the Scylla and Charybdis of supplying either too little or too much help with the grammar, I am sure that I have often steered off course and beg the readers' indulgence in advance. In general, I have given little help with the vocabulary; quite deliberately, there is no glossary, as I strongly believe in the value of having students look up words in an authentic Greek dictionary. (It would seem beyond argument that, at the very least, the middle Liddell-Scott should be in the personal library of a student about to tackle Thucydides.) Verbs are regularly parsed in the notes, this in the belief that students will more likely master the Greek verb when its forms are readily identified than they would in situations where they have to endure the often frustrating task of wading through the grammatical appendices of a Hansen and Quinn, or a Chase and Phillips. In addition, genitive absolute and articular infinitive constructions are almost always identified so that students can eventually acquire a confident grasp of these important and frequent formations in the Greek of Thucydides.

Again, quite deliberately, the notes are for the most part free of literary and historical comments. I have saved these for the introductions to the passages, not with a view to explaining there the entire import of a passage, but with the goal of contextualizing it. Where my own thoughts are occasionally offered, these are meant as little more than prompts for class discussion or as inducements for further critical evaluation by students.

Naturally, the passages in this *Reader* are presented in the order in which they appear in the eight Books of the *Histories*. It has been my experience, however, that, with the possible exceptions of the introductory materials in Book I and the deliberately juxtaposed sections, like the Funeral Oration and the Plague, much of the rest of the *Histories* can be assigned to students without a scrupulous regard for the original ordering of the passages. For this reason, the notes in the *Reader* contain few if any cross references to earlier or later passages, with the result that it is possible for an instructor to use her/his discretion and assign passages completely out of sequence.

The Greek text used for this *Reader* is the 1942 Oxford edition (H. S. Jones and J. E. Powell, eds.) as found on the Perseus Digital Library, albeit with some variant readings which, I hope, will facilitate a student's comprehension of the Greek. I make no claim for the text being more or less correct as a result of these changes.

Finally, I wish to thank Patrick Battersby, Henry Bender, Mary Ebbott, Lee Fratantuono, and Ellen Perry for their help and support, and Ron Pullins for his belief in this project. I am also grateful to the twelve Holy Cross students in Greek 341, and especially to James McGovern, who used a preliminary version of this *Reader* as their textbook during the Fall semester of 2004 and who, in the most polite way possible, made recommendations for important changes.

A view of the "Great Harbor" of Syracuse, Sicily. Many of Thucydides' battle narratives in Book VII take place in what is now a serene body of water fronted by mansions and restaurants.

An Introductory Essay

As is the case with most of our ancient Greek and Roman writers, we know very little about the life of Thucydides apart from what we can read in his *Histories*. He tells us in his so-called "second introduction" (V.26) that he was "old enough to have understood what was happening" throughout the duration of the Peloponnesian War, that long, tragic conflict which lasted from 431 to 404 (albeit with interruptions) and which is the subject of his *Histories*. We may assume, then, just on the basis of this autobiographical statement, that our author was a young adult, in his early to mid-twenties, when the War broke out.

An additional clue regarding Thucydides' dates can be gleaned from IV.104, another self-referential section, where we learn that he had served as a *strategos* in the northern front of the War, at the very time (424) that Amphipolis, a city of key strategic importance to the Athenians, fell to Brasidas, the Spartan general. Although we do not know with certainty the minimum age requirement for an Athenian *strategos*, we can at least surmise, on the basis of the known age requirements for other Athenian offices, that Thucydides would have been at least 30 at the time of this military failure. A birth date, therefore, of c. 455 is probably close to the mark.

Another bit of autobiography to emerge from the *Histories* is Thucydides' acknowledgment (II.48) that he had been a victim of the great Plague, a pandemic that broke out in Attica during the second year of the War. In true Thucydidean fashion, however, he says little more about his personal calamity other than the statement that he survived the disease.

The incident at Amphipolis is again brought to our attention in V.26, where Thucydides informs his readers that he had been sent into a 20-year exile, from 424 to 404, as a result of the loss of that city. He reminds us in the same passage that he was able, as a result of his exile, to associate with both sides during the War, but especially with the Peloponnesian side. How long Thucydides lived after the War is mostly guesswork, but, on the basis of an *argumentum ex silentio,* it does not seem likely that he lived too far into the 4th century.

As far as we can tell, the *Histories* was Thucydides' sole literary work. What drove him to write this *magnum opus* can be inferred from I.22, perhaps the most important section of the entire work from a programmatic point of view. Here, Thucydides informs us that his target audience are readers who can dispense with the exaggerations and the flights of fancy of other writers on history. Such readers, he continues, who appreciate a work where the events are accurately described, will reap a significant benefit, insofar as there are patterns in human events and, so long as human nature remains the same (and it will, by his estimation), these patterns will recur. In other words, Thucydides affirms in this passage his belief in the notion that history tends to repeat itself and that history is, for that reason, a subject worth pursuing.

Given the intellectual ferment in the Greek world of the fifth century, it is safe to say that the *Histories* is, in many ways, a product of this *Zeitgeist*. Herodotus, who lived about a generation before Thucydides, was clearly a major influence on our author. The Father of History—a sobriquet given to Herodotus by Cicero—had convincingly shown that there is a cause-and-effect relationship in human affairs, and it was with this conviction that he purported to explain the story of the Persian Wars. Thucydides certainly subscribed to a principle of historical causation, but he also took this notion a step or two further by devising what might be called "laws of history." These laws, according to Thucydides, transcend political and ethnic boundaries and have universal application. One such law, that the strong will take advantage of the weak, is emphasized throughout the *Histories* and becomes the foundation for well-known episodes like the "Melian Dialogue." Briefly, then, Thucydides represents a historiographical advance over Herodotus, but we should not lose sight of his indebtedness to his predecessor, one which he readily acknowledges by beginning his treatment of the "50 year period" (the Pentekontaetia) after the Persian Wars with the siege of Sestos in 479, exactly at the point where the narrative of Herodotus had stopped.

The fifth century was also an age when rhetoric, both as a formal study and as an indispensable tool for writers and speakers, reached its apogee, but especially in a democratic Athens, where public speaking was the life-blood of the *polis*. Not surprisingly, therefore, speeches abound in the *Histories*—there are 141 altogether—and constitute such an integral part of the work that their absence in Book VIII has led some commentators to doubt its authenticity. As a rule, the speeches in the *Histories* have every kind of rhetorical embellishment and they all tend to be rather persuasive, no matter the speaker. They also contain themes that frequently recur, such as the proposition that superior power is the one justification an imperial city needs to rule. For these reasons, the realism of Thucydides' speeches has long been a topic of discussion among scholars. Thucydides himself weighs in on this subject in a truly remarkable part of Book I (chapter 22), where he professes to be accurate in the reporting of speeches, but where he also allows that, because of lapses in human memory (his and that of his sources), it was impossible for him to recall the *ipsissima verba* of some of the speeches. So, as a kind of a compromise solution, he states that for speeches where his memory or that of his sources has become dim he will merely approximate the original speeches and report the sorts of things that might typically have been said under certain, stereotypical circumstances. It becomes a challenge for the historically minded reader, therefore, to perform an authenticity check on Thucydides' speeches, one that takes into consideration Thucydides' own whereabouts at the time of the alleged speech, but also the presence of recurring themes or even the so-called Thucydideanisms, both of which may undermine a speech's authenticity.

Apart from the authenticity issue, however, it has to be acknowledged that much of the very best materials in the *Histories* is to be found in the speeches. It is there that we can read some of Thucydides' most profound ideas concerning war, politicians, government, and especially human nature, ideas which have justifiably conferred on our author the epithet of "genius." Perhaps not coincidentally, it is also in the speeches that we find some of the most complex syntax or sentence constructions in the whole of the *Histories*. It almost seems as if our author had intended the complexity of his speeches to draw in his readers and to compel them to spend the time necessary to sort out the complex ideas the speeches contain. In any case, the *Histories* is unthinkable without the speeches, and this *Reader* will serve up a generous portion of the best in the lot.

A feature of the *Histories* that sets it apart from most other works of Greek historians is what might be called a "historian's reserve." A good example of this can be seen in the "Archaeology" section of Book I (chapter 4), where the commercial activities of King Minos and his sons are described, but without even a passing reference to the more fabulous aspects of the Minos tradition, such as the Minotaur, the labyrinth, Theseus' exploits, and so on. This reserve can also be seen in the way Thucydides incorporates evidence from Homer's poetry in his reconstruction of the Trojan War (also in the "Archaeology" section of Book I). King Agamemnon, Thucydides argues, was able to bring a united Achaean force to Troy, not because of the oaths that the various princes had sworn to Helen's father, but because Agamemnon simply had more power than anyone else.

Though somewhat differently, this "historian's reserve" also manifests itself in the way Thucydides narrates the story of the Plague. Although a victim himself of this horrible disease, Thucydides manages to write impassively about the symptoms of the Plague and creates in his readers a sense that they have here the reports of a clinical scientist. Partly as a result of the distance he was able to place between himself and the Plague, Thucydides has long since had the reputation of being the kind of ancient historian who could easily pass for a modern historian…at least in terms of his objectivity. But does this objectivity extend to all parts of the *Histories*, or does the cool, detached clinician *persona* of Thucydides give way to an emotionally invested and sympathetic one in the description of the retreat from Syracuse?

Along similar lines of questioning, one might ask whether Thucydides was objective or impartial in his treatment of the War itself. For example, does he write dispassionately when describing (in Book IV) the battle for Sphacteria (Pylos), where the Spartans suffered their most serious defeat from the first 10 years of the War (the so-called "Archidamian War"), or does he display some subtle glee over the plight of the Spartans? Conversely, since by his own account he fraternized with the Spartans after his exile in 424, does his familiarity with the enemy of his *polis* show itself in his story of the Spartan successes against the Athenian commander who had been send to replace him at Amphipolis? When it comes to the various Athenian politicians who played prominent roles during the War, is Thucydides able to refrain from exhibiting any personal bias in his narrative or even in the speeches? More specifically, does Cleon, the politician who supposedly was responsible for Thucydides' long exile, receive a fair treatment in the *Histories*? Or does Alcibiades, who was the victim of an apparently politically inspired exile, receive an added dose of sympathy from Thucydides, himself an exile from Athens? There are no easy answers to these and similar questions, and readers of this textbook are invited to see for themselves whether "objective" and "impartial" are indeed fair characterizations of our author.

A true appreciation of the ideas and genius of Thucydides is the work of many lifetimes. The marvelous thing about our author is that his appeal is timeless, and his boast that his work will be a "possession for all time" (κτῆμα ἐς αἰεί) has been validated by the profound impact of the *Histories* on countless generations of readers. That the language of Thucydides can be difficult and even exasperating is true enough, and even an ancient Greek critic like Dionysius of Halicarnassus had cause to complain about the convoluted constructions and the occasional obscurity of thought in the *Histories*. But quite the reward awaits the reader who is willing to face the challenge of these difficulties and who is open to the intellectual journey that the *Histories* represent.

Ruins of the fort of Euryalus in the Epipolae section of Syracuse, Sicily. Dionysius I, tyrant of Syracuse, had the fort built in the Fourth Century to prevent a recurrence of what happened when the Athenian forces entered the Epipolae unopposed at the start of the Sicilian campaign.

Annotated Passages from Thucydides' *Histories*

I.1.1-3. Thucydides introduces himself and his work in a somewhat low-key and impersonal fashion. (Note the 3rd person self-reference in the first sentence.) He also expresses his conviction that the Peloponnesian War was a genuine Greek "world war" in the sense that it was, by his very considered estimate, the largest κίνησις in the entire history of Hellas. It is especially for this reason, Thucydides implies, that the War is a worthy subject for the historian.

[1] Θουκυδίδης Ἀθηναῖος ξυνέγραψε τὸν πόλεμον τῶν Πελοποννησίων καὶ Ἀθηναίων, ὡς ἐπολέμησαν πρὸς ἀλλήλους, ἀρξάμενος εὐθὺς καθισταμένου καὶ ἐλπίσας μέγαν τε ἔσεσθαι καὶ ἀξιολογώτατον τῶν προγεγενημένων, τεκμαιρόμενος ὅτι ἀκμάζοντές τε ἦσαν ἐς αὐτὸν ἀμφότεοι παρασκευῇ τῇ πάσῃ καὶ τὸ ἄλλο Ἑλληνικὸν ὁρῶν ξυνιστάμενον πρὸς ἑκατέρους, τὸ μὲν εὐθύς, τὸ δὲ καὶ διανοούμενον. [2] κίνησις γὰρ αὕτη μεγίστη δὴ τοῖς Ἕλλησιν ἐγένετο καὶ μέρει τινὶ τῶν βαρβάρων, ὡς δὲ εἰπεῖν καὶ ἐπὶ πλεῖστον ἀνθρώπων. [3] τὰ γὰρ πρὸ αὐτῶν καὶ τὰ ἔτι παλαίτερα σαφῶς μὲν εὑρεῖν διὰ χρόνου πλῆθος ἀδύνατα ἦν, ἐκ δὲ τεκμηρίων ὧν ἐπὶ μακρότατον σκοποῦντί μοι πιστεῦσαι ξυμβαίνει οὐ μεγάλα νομίζω γενέσθαι οὔτε κατὰ τοὺς πολέμους οὔτε ἐς τὰ ἄλλα.

I.1.1   ξυνέγραψε   The verb συγγράφω means "compose" or "compile." Its use here, in the opening sentence, may well have significance for our understanding of our author's *modus operandi*.

ὡς   "namely, how…." Thucydides expands here on the meaning of his opening clause with this ὡς clause. This type of expansion of thought is a common feature of his compositional style.

ἀρξάμενος   This part. modifies the subject, Θουκυδίδης.

καθισταμένου   Supply τοῦ πολέμου to complete this gen. absolute construction.

ἐλπίσας   This part. too modifies the subject.

ἔσεσθαι   The acc. subject of this fut. inf. (in indirect statement) is τὸν πόλεμον, understood.

τῶν προγεγενημένων   Supply τῶν πολέμων.

τεκμαιρόμενος   A third part. that modifies Θουκυδίδης. Trans., "Using as evidence the fact…."

ἦσαν   From the verb εἰμι.

ὁρῶν   Still another part. that modifies Θουκυδίδης.

τὸ μὲν εὐθύς, τὸ δὲ καὶ διανοούμενον   In apposition to τὸ ἄλλο Ἑλληνικὸν: "The one side, right away, the other side, thinking about it."

I.1.2   ὡς δὲ εἰπεῖν   "In a manner of speaking." With this "absolute infinitive" construction, Thucydides qualifies or limits the statement that follows.

I.1.3   τὰ γὰρ πρὸ αὐτῶν καὶ τὰ ἔτι παλαίτερα   "History (τά) that happened before these things [i.e., the Peloponnesian War] and history (τά) that happened even earlier...."

ἀδύνατα ἦν   "It was impossible...."

τεκμηρίων ὧν   The relative pro. is attracted into the case of its antecedent.

ἐπὶ μακρότατον   "As far back [in time] as possible...."

μοι πιστεῦσαι ξυμβαίνει   Literally, "It happens for me to trust." Idiomatically, "I happen to trust...."

μεγάλα   The adj. modifies the two instances of τά in τὰ γὰρ πρὸ αὐτῶν καὶ τὰ ἔτι παλαίτερα.

οὔτε κατὰ τοὺς πολέμους οὔτε ἐς τὰ ἄλλα   Note that Thucydides uses two different prepositions to mean "in terms of." This is an example of the *variatio* in his style.

☙

I.2.1-5. Although Thucydides is disinclined (by his own admission) to delve extensively into "ancient history," he presents here a survey of major events in the history of Hellas from before the Peloponnesian War. He does this to show that nothing from an earlier period can compare in importance with his topic. In the chapter presented below, the first in the so-called "Archaeology" section of Book I, Thucydides reconstructs the story of a primitive Greece *without* recourse to the legends usually associated with such a story. The end of the first sentence (βιαζόμενοι ὑπό τινων αἰεὶ πλειόνων) is particularly important, since it is the first of many demonstrations in the *Histories* of our author's appreciation of "power politics" or "practical politics" (*Realpolitik*) as one of the operational principles in the history of humanity.

[1] φαίνεται γὰρ ἡ νῦν Ἑλλὰς καλουμένη οὐ πάλαι βεβαίως οἰκουμένη, ἀλλὰ μεταναστάσεις τε οὖσαι τὰ πρότερα καὶ ῥᾳδίως ἕκαστοι τὴν ἑαυτῶν ἀπολείποντες βιαζόμενοι ὑπό τινων αἰεὶ πλειόνων. [2] τῆς γὰρ ἐμπορίας οὐκ οὔσης, οὐδ᾽ ἐπιμιγνύντες ἀδεῶς ἀλλήλοις οὔτε κατὰ γῆν οὔτε διὰ θαλάσσης, νεμόμενοί τε τὰ αὑτῶν ἕκαστοι ὅσον ἀποζῆν καὶ περιουσίαν χρημάτων οὐκ ἔχοντες οὐδὲ γῆν φυτεύοντες, ἄδηλον ὂν ὁπότε τις ἐπελθὼν καὶ ἀτειχίστων ἅμα ὄντων ἄλλος ἀφαιρήσεται, τῆς τε καθ᾽ ἡμέραν ἀναγκαίου τροφῆς πανταχοῦ ἂν ἡγούμενοι ἐπικρατεῖν, οὐ χαλεπῶς ἀπανίσταντο, καὶ δι᾽ αὐτὸ οὔτε μεγέθει πόλεων ἴσχυον οὔτε τῇ ἄλλῃ παρασκευῇ. [3] μάλιστα δὲ τῆς γῆς ἡ ἀρίστη αἰεὶ τὰς μεταβολὰς τῶν

οἰκητόρων εἶχεν, ἥ τε νῦν Θεσσαλία καλουμένη καὶ Βοιωτία Πελοποννήσου τε τὰ πολλὰ πλὴν Ἀρκαδίας, τῆς τε ἄλλης ὅσα ἦν κράτιστα. [4] διὰ γὰρ ἀρετὴν γῆς αἵ τε δυνάμεις τισὶ μείζους ἐγγιγνόμεναι στάσεις ἐνεποίουν ἐξ ὧν ἐφθείροντο, καὶ ἅμα ὑπὸ ἀλλοφύλων μᾶλλον ἐπεβουλεύοντο. [5] τὴν γοῦν Ἀττικὴν ἐκ τοῦ ἐπὶ πλεῖστον διὰ τὸ λεπτόγεων ἀστασίαστον οὖσαν ἄνθρωποι ᾤκουν οἱ αὐτοὶ αἰεί.

I.2.1   οἰκουμένη   Trans. with φαίνεται.

οὖσαι   Supply φαίνονται.

τὰ πρότερα   An adverbial accusative: trans. "in earlier times."

τὴν ἑαυτῶν γῆν   is understood.

I.2.2   τῆς γὰρ ἐμπορίας οὐκ οὔσης   A gen. absolute construction.

ἐπιμιγνύντες   This part., as well as νεμόμενοι, ἔχοντες, φυτεύοντες, and ἡγούμενοι, all modify ἕκαστοι, which is carried over from the previous sentence.

νεμόμενοί τε τὰ αὑτῶν ἕκαστοι ὅσον ἀποζῆν   "Individuals tending to their belongings (τὰ αὑτῶν) only to the extent [that they needed] to survive." In other words, these early inhabitants farmed their lands and raised animals, but only insofar as a subsistence economy would require. ὅσον here is an adverbial accusative, but without the usual τοσοῦτον to accompany it.

γῆν φυτεύοντες   "Planting fruit trees."

ἄδηλον ὄν   This participial phrase is an example of the accusative absolute construction; as a rule, it used in impersonal contexts. "Since it wasn't clear."

ἀτειχίστων ἅμα ὄντων   A gen. absolute construction.

ἀφαιρήσεται   Supply γῆν as direct obj.

τῆς τε καθ᾽ ἡμέραν ἀναγκαίου τροφῆς   "Sustenance (τῆς τροφῆς) that was necessary (ἀναγκαίου) on a day-to-day basis (καθ᾽ ἡμέραν)."

δι᾽ αὐτό   "For this reason."

μεγέθει   Dat. of respect.

I.2.3   τῆς γῆς ἡ ἀρίστη   "The best of the land." The substantive ἡ ἀρίστη, instead of being in the neut., is attracted into the gender of τῆς γῆς.

ἄλλης   Supply Ἑλλάδος.

I.2.4   μείζους   Contracted form of μείζονες (nom. case).

I.2.5   ἐκ τοῦ ἐπὶ πλεῖστον   Supply χρόνου to go with the article. "From as far back (in time) as possible."

τὸ λεπτόγεων   Neut., acc., sing. "The thinness of the soil."

ἀστασίαστον οὖσαν   The part. (οὖσαν) predicates the adj. (ἀστασίαστον) to Ἀττικήν.

☙

I.21.1-2. In this extraordinary passage, Thucydides writes about his *modus operandi* as a historian. He makes clear his aversion to the exaggerations of poets and to the methodologies of writers (λογογράφοι) who preceded him. Though he does not mention him by name, Thucydides probably also has Herodotus in mind as the kind of writer who was more concerned with attracting an audience than he was in telling the truth .

[1] ἐκ δὲ τῶν εἰρημένων τεκμηρίων ὅμως τοιαῦτα ἄν τις νομίζων μάλιστα ἃ διῆλθον οὐχ ἁμαρτάνοι, καὶ οὔτε ὡς ποιηταὶ ὑμνήκασι περὶ αὐτῶν ἐπὶ τὸ μεῖζον κοσμοῦντες μᾶλλον πιστεύων, οὔτε ὡς λογογράφοι ξυνέθεσαν ἐπὶ τὸ προσαγωγότερον τῇ ἀκροάσει ἢ ἀληθέστερον, ὄντα ἀνεξέλεγκτα καὶ τὰ πολλὰ ὑπὸ χρόνου αὐτῶν ἀπίστως ἐπὶ τὸ μυθῶδες ἐκνενικηκότα, ηὑρῆσθαι δὲ ἡγησάμενος ἐκ τῶν ἐπιφανεστάτων σημείων ὡς παλαιὰ εἶναι ἀποχρώντως. [2] καὶ ὁ πόλεμος οὗτος, καίπερ τῶν ἀνθρώπων ἐν ᾧ μὲν ἂν πολεμῶσι τὸν παρόντα αἰεὶ μέγιστον κρινόντων, παυσαμένων δὲ τὰ ἀρχαῖα μᾶλλον θαυμαζόντων, ἀπ᾽ αὐτῶν τῶν ἔργων σκοποῦσι δηλώσει ὅμως μείζων γεγενημένος αὐτῶν.

I.21.1 εἰρημένων Perf., pass., part., from ἐρῶ.

τοιαῦτα Supply ἐκεῖνα and εἶναι.

τις "Anyone [who reads this history]." τις is the subject of ἁμαρτάνοι and is modified by νομίζων, πιστεύων and ἡγησάμενος.

ἃ διῆλθον ἐκεῖνα (understood: cf . note for τοιαῦτα) is antecedent to the relative.

ὑμνήκασι Perf., act., 3rd pl., from ὑμνέω.

αὐτῶν Refers to the ἃ in ἃ διῆλθον.

ἐπὶ τὸ προσαγωγότερον τῇ ἀκροάσει ἢ ἀληθέστερον "For the purpose of being more attractive than truthful to the listener."

ὄντα Refers to the subject matter of the λογογράφοι.

τὰ πολλά…αὐτῶν "Much of which [subject matter]."

ἀπίστως "So as not to be believable."

ἐπὶ τὸ μυθῶδες ἐκνενικηκότα "Have won their way into the realm of legends." The part. (perf., act.) comes from ἐκνικάω.

ηὑρῆσθαι The implied acc. subject of this perf., pass., inf. (from εὑρίσκω) is the "research" which Thucydides has gone through (ἃ διῆλθον).

ὡς παλαιὰ εἶναι ἀποχρώντως The adv. ἀποχρώντως is qualified by ὡς παλαιὰ εἶναι (the inf. εἶναι is "absolute," i.e., it is syntactically independent). "Adequately, given that they are ancient."

I.21.2 κρινόντων, παυσαμένων, θαυμαζόντων Participles for three separate gen. absolute constructions.

σκοποῦσι Pres., act., dat., masc. part., from σκοπέω.

ᘓ

I.22.1-4. Thucydides continues his explanation of his methodologies by drawing special attention to the speeches, which form an integral part of all but the last book of the *Histories*. The very fact that Thucydides felt compelled to write about the reality or authenticity of his speeches shows that he held himself to a higher standard of historical truth than ancient writers who came before (or after him), none of whom saw the need for a similar explanation. Fittingly, he concludes this section with a bold proclamation about the worth and timeless quality of his work.

[1] καὶ ὅσα μὲν λόγῳ εἶπον ἕκαστοι ἢ μέλλοντες πολεμήσειν ἢ ἐν αὐτῷ ἤδη ὄντες, χαλεπὸν τὴν ἀκρίβειαν αὐτὴν τῶν λεχθέντων διαμνημονεῦσαι ἦν ἐμοί τε ὧν αὐτὸς ἤκουσα καὶ τοῖς ἄλλοθέν ποθεν ἐμοὶ ἀπαγγέλλουσιν· ὡς δ᾽ ἂν ἐδόκουν ἐμοὶ ἕκαστοι περὶ τῶν αἰεὶ παρόντων τὰ δέοντα μάλιστ᾽ εἰπεῖν, ἐχομένῳ ὅτι ἐγγύτατα τῆς ξυμπάσης γνώμης τῶν ἀληθῶς λεχθέντων, οὕτως εἴρηται. [2] τὰ δ᾽ ἔργα τῶν πραχθέντων ἐν τῷ πολέμῳ οὐκ ἐκ τοῦ παρατυχόντος πυνθανόμενος ἠξίωσα γράφειν, οὐδ᾽ ὡς ἐμοὶ ἐδόκει, ἀλλ᾽ οἷς τε αὐτὸς παρῆν καὶ παρὰ τῶν ἄλλων ὅσον δυνατὸν ἀκριβείᾳ περὶ ἑκάστου ἐπεξελθών. [3] ἐπιπόνως δὲ ηὑρίσκετο, διότι οἱ παρόντες τοῖς ἔργοις ἑκάστοις οὐ ταὐτὰ περὶ τῶν αὐτῶν ἔλεγον, ἀλλ᾽ ὡς ἑκατέρων τις εὐνοίας ἢ μνήμης ἔχοι. [4] καὶ ἐς μὲν ἀκρόασιν ἴσως τὸ μὴ μυθῶδες αὐτῶν ἀτερπέστερον φανεῖται· ὅσοι δὲ βουλήσονται τῶν τε γενομένων τὸ σαφὲς σκοπεῖν καὶ τῶν μελλόντων ποτὲ αὖθις κατὰ τὸ ἀνθρώπινον τοιούτων καὶ παραπλησίων ἔσεσθαι, ὠφέλιμα κρίνειν αὐτὰ ἀρκούντως ἕξει. κτῆμά τε ἐς αἰεὶ μᾶλλον ἢ ἀγώνισμα ἐς τὸ παραχρῆμα ἀκούειν ξύγκειται.

I.22.1   ὅσα   "In regard to the sorts of things which."

χαλεπὸν   Trans. with ἦν ἐμοί.

ὧν   The antecedent to this relative pronoun is to be extracted from τῶν λεχθέντων.

τοῖς   Used as a pronoun here; trans. with χαλεπὸν...ἦν and with the participle ἀπαγγέλλουσιν.

ὡς   This word is coordinated with οὕτως εἴρηται: "As..., thus they have been reported."

περὶ τῶν αἰεὶ παρόντων   "Concerning subjects which are always on hand."

τὰ δέοντα   Here, the expression seems to mean not "the necessary things" but "things that are to be expected."

ἐχομένῳ   Modifies the preceding ἐμοί and governs the gen. in τῆς ξυμπάσης γνώμης. Trans. as "staying with."

I.22.2   τῶν πραχθέντων   This is in contrast to the earlier τῶν...λεχθέντων.

ἐκ τοῦ παρατυχόντος   "From just any person."

οἷς   "At those events where."

ὅσον δυνατὸν   "To the extent possible."

I.22.3   περὶ τῶν αὐτῶν   Referring to τοῖς ἔργοις.

ἑκατέρων   Trans. with εὐνοίας: "Bias towards either of the two sides [in the war]."

ἔχοι   The verb ἔχω takes the gen. here. "To be in possession of."

I.22.4   τὸ μὴ μυθῶδες αὐτῶν   "The part (τό) of my work (αὐτῶν) that is not legendary (μυθῶδες)."

τῶν...γενομένων   "Events which happened."

τὸ σαφὲς   "The true story."

τῶν μελλόντων   Modifies τοιούτων and παραπλησίων ("such and similar events") and governs the infinitive in ἔσεσθαι.

κρίνειν   Supply "readers" (= the antecedent of ὅσοι) as the subject for this inf. and trans. as a complementary inf. for the impersonal ἀρκούντως ἕξει: ("It will be enough").

ἐς αἰεὶ   "For all time," in contrast to ἐς τὸ παραχρῆμα.

ἐς τὸ παραχρῆμα ἀκούειν   "For a one-time hearing."

ξύγκειται   Equivalent to the verb "to be." Subject is, αὐτά, carried over from the previous sentence; it means "my writings."

⠀⠀⠀⠀⠀⠀⠀⠀⠀⠀⠀⠀⠀⠀☙

I.70.1-9 The setting for the following passage is Sparta, in the year 430. Members of the Peloponnesian League have gathered one year before the outbreak of the War to discuss their grievances against Athens. The speaker is a nameless Corinthian, who argues for a united war against Athens and who paints "national portraits" of the Spartans and the Athenians. Thucydides will return to this theme of "national portraits" in Book II, when he presents the "Funeral Oration."

[1] καὶ ἅμα, εἴπερ τινὲς καὶ ἄλλοι, ἄξιοι νομίζομεν εἶναι τοῖς πέλας ψόγον ἐπενεγκεῖν, ἄλλως τε καὶ μεγάλων τῶν διαφερόντων καθεστώτων, περὶ ὧν οὐκ αἰσθάνεσθαι ἡμῖν γε δοκεῖτε, οὐδ' ἐκλογίσασθαι πώποτε πρὸς οἵους ὑμῖν Ἀθηναίους ὄντας καὶ ὅσον ὑμῶν καὶ ὡς πᾶν διαφέροντας ὁ ἀγὼν ἔσται. [2] οἱ μέν γε νεωτεροποιοὶ καὶ ἐπινοῆσαι ὀξεῖς καὶ ἐπιτελέσαι ἔργῳ ἃ ἂν γνῶσιν· ὑμεῖς δὲ τὰ ὑπάρχοντά τε σῴζειν καὶ ἐπιγνῶναι μηδὲν καὶ ἔργῳ οὐδὲ τἀναγκαῖα ἐξικέσθαι. [3] αὖθις δὲ οἱ μὲν καὶ παρὰ δύναμιν τολμηταὶ καὶ παρὰ γνώμην κινδυνευταὶ καὶ ἐν τοῖς δεινοῖς εὐέλπιδες· τὸ δὲ ὑμέτερον τῆς τε δυνάμεως ἐνδεᾶ πρᾶξαι τῆς τε γνώμης μηδὲ τοῖς βεβαίοις πιστεῦσαι τῶν τε δεινῶν μηδέποτε οἴεσθαι ἀπολυθήσεσθαι. [4] καὶ μὴν καὶ ἄοκνοι πρὸς ὑμᾶς

μελλητὰς καὶ ἀποδημηταὶ πρὸς ἐνδημοτάτους· οἴονται γὰρ οἱ μὲν τῇ ἀπουσίᾳ ἄν τι κτᾶσθαι, ὑμεῖς δὲ τῷ ἐπελθεῖν καὶ τὰ ἑτοῖμα ἂν βλάψαι. [5] κρατοῦντές τε τῶν ἐχθρῶν ἐπὶ πλεῖστον ἐξέρχονται καὶ νικώμενοι ἐπ᾽ ἐλάχιστον ἀναπίπτουσιν. [6] ἔτι δὲ τοῖς μὲν σώμασιν ἀλλοτριωτάτοις ὑπὲρ τῆς πόλεως χρῶνται, τῇ δὲ γνώμῃ οἰκειοτάτῃ ἐς τὸ πράσσειν τι ὑπὲρ αὐτῆς. [7] καὶ ἃ μὲν ἂν ἐπινοήσαντες μὴ ἐπεξέλθωσιν, οἰκείων στέρεσθαι ἡγοῦνται, ἃ δ᾽ ἂν ἐπελθόντες κτήσωνται, ὀλίγα πρὸς τὰ μέλλοντα τυχεῖν πράξαντες. ἢν δ᾽ ἄρα του καὶ πείρᾳ σφαλῶσιν, ἀντελπίσαντες ἄλλα ἐπλήρωσαν τὴν χρείαν· μόνοι γὰρ ἔχουσί τε ὁμοίως καὶ ἐλπίζουσιν ἃ ἂν ἐπινοήσωσι διὰ τὸ ταχεῖαν τὴν ἐπιχείρησιν ποιεῖσθαι ὧν ἂν γνῶσιν. [8] καὶ ταῦτα μετὰ πόνων πάντα καὶ κινδύνων δι᾽ ὅλου τοῦ αἰῶνος μοχθοῦσι, καὶ ἀπολαύουσιν ἐλάχιστα τῶν ὑπαρχόντων διὰ τὸ αἰεὶ κτᾶσθαι καὶ μήτε ἑορτὴν ἄλλο τι ἡγεῖσθαι ἢ τὸ τὰ δέοντα πρᾶξαι ξυμφοράν τε οὐχ ἧσσον ἡσυχίαν ἀπράγμονα ἢ ἀσχολίαν ἐπίπονον· [9] ὥστε εἴ τις αὐτοὺς ξυνελὼν φαίη πεφυκέναι ἐπὶ τῷ μήτε αὐτοὺς ἔχειν ἡσυχίαν μήτε τοὺς ἄλλους ἀνθρώπους ἐᾶν, ὀρθῶς ἂν εἴποι.

I.70.1 εἴπερ τινὲς καὶ ἄλλοι   Elliptical expression: "If there are any other people [who are worthy to]."

τοῖς πέλας   "Neighbors."

ἐπενεγκεῖν   Aor., act., inf., from ἐπιφέρω.

ἄλλως τε καὶ μεγάλων τῶν διαφερόντων καθεστώτων   "Especially since the differences [between you and the Athenians] are so great." In this gen. absolute construction, the part. καθεστώτων (perf., act., from καθίστημι) functions like the verb "to be."

ἐκλογίσασθαι   Dependent on δοκεῖτε.

διαφέροντας   "Different" (a frequent meaning in Thucydides).

I.70.2 ὀξεῖς   "Quick to." Governs the infinitives ἐπινοῆσαι, ἐπιτελέσαι.

ἃ   Supply "those things" as antecedent.

γνῶσιν   Aor., subj., act., 3rd pl. of γιγνώσκω.

σῴζειν, ἐπιγνῶναι, ἐξικέσθαι   These three infinitives are also governed by ὀξεῖς, with the result that the behavior of the Spartans is made to seem paradoxical.

I.70.3 τολμηταί, κινδυνευταί, εὐέλπιδες   All three adjectives refer to the Athenians.

τὸ δὲ ὑμέτερον   "Your character trait, on the other hand, is…." Trans. with πρᾶξαι, πιστεῦσαι, and οἴεσθαι.

ἐνδεᾶ   Neut., acc., pl. "Things inferior to…."

ἀπολυθήσεσθαι   A fut., pass., inf., it governs the gen. of separation in τῶν δεινῶν.

I.70.4 πρὸς ὑμᾶς   "In contrast to your being…."

οἱ μὲν   Refers to the Athenians.

τῇ ἀπουσίᾳ   "By their being abroad."

τῷ ἐπελθεῖν   Articular inf. construction.

καὶ τὰ ἑτοῖμα   "Even the things that are securely yours."

I.70.6 ἀλλοτριωτάτοις   "As though absolutely not their own."

οἰκειοτάτῃ   In contrast τὸ ἀλλοτριωτάτοις: "As though their very own."

I.70.7 ἐπεξέλθωσιν   From ἐπεξέρχομαι: "Accomplish."

οἰκείων "Things that were theirs from the beginning."

ὀλίγα πρὸς τὰ μέλλοντα τυχεῖν πράξαντες   "They think (ἡγοῦνται) they happened to accomplish (τυχεῖν πράξαντες) little in comparison to what they are about to do."

ἔχουσί τε ὁμοίως καὶ ἐλπίζουσιν   "Both have and hope at the same time."

διὰ τὸ ταχεῖαν τὴν ἐπιχείρησιν ποιεῖσθαι   Articular inf. construction.

I.70.8 τῶν ὑπαρχόντων   "Their possessions."

διὰ τὸ αἰεὶ κτᾶσθαι   Articular inf. construction.

καὶ μήτε ἑορτὴν ἄλλο τι ἡγεῖσθαι ἢ τὸ τὰ δέοντα πρᾶξαι   Supply διὰ τό to make this also into an articular inf. construction: "And on account of their regarding a holiday as nothing other than [the opportunity] to do the necessary things."

ξυμφοράν τε οὐχ ἧσσον ἡσυχίαν ἀπράγμονα ἢ ἀσχολίαν ἐπίπονον   The force of [διὰ τὸ] ἡγεῖσθαι continues: "And on account of their regarding leisurely inactivity as no less a misfortune than constant, hard work."

I.70.9 ξυνελὼν   From ξυναιρέω: "Summing up."

φαίη   Pres., opt., act., 3rd sing. of φημί.

πεφυκέναι   Perf., act. inf. of φύω.

ἐπὶ τῷ μήτε αὐτοὺς ἔχειν ἡσυχίαν μήτε τοὺς ἄλλους ἀνθρώπους ἐᾶν   Two more articular inf. constructions.

ἐᾶν   Pres., act. inf. of ἐάω.

☙

II.34.1-8. Thucydides sets the stage for Pericles' Funeral Oration. With a somber and respectful tone, he describes the funeral ceremony which, according to a long-standing Athenian tradition, would take place at the close of every fighting season. With minimal fanfare, he reintroduces Pericles, who was chosen to deliver a eulogy on behalf of those Athenians who had died during the first year (431) of the Peloponnesian War as part of the first such ceremony from that War.

[1] ἐν δὲ τῷ αὐτῷ χειμῶνι Ἀθηναῖοι τῷ πατρίῳ νόμῳ χρώμενοι δημοσίᾳ ταφὰς ἐποιήσαντο τῶν ἐν τῷδε τῷ πολέμῳ πρώτων ἀποθανόντων τρόπῳ τοιῷδε. [2] τὰ μὲν ὀστᾶ προτίθενται τῶν ἀπογενομένων πρότριτα σκηνὴν ποιήσαντες, καὶ ἐπιφέρει τῷ αὑτοῦ ἕκαστος ἤν τι βούληται· [3] ἐπειδὰν δὲ ἡ ἐκφορὰ ᾖ, λάρνακας

κυπαρισσίνας ἄγουσιν ἄμαξαι, φυλῆς ἑκάστης μίαν· ἔνεστι δὲ τὰ ὀστᾶ ἧς ἕκαστος
ἦν φυλῆς. μία δὲ κλίνη κενὴ φέρεται ἐστρωμένη τῶν ἀφανῶν, οἳ ἂν μὴ εὑρεθῶσιν
ἐς ἀναίρεσιν. [4] ξυνεκφέρει δὲ ὁ βουλόμενος καὶ ἀστῶν καὶ ξένων, καὶ γυναῖκες
πάρεισιν αἱ προσήκουσαι ἐπὶ τὸν τάφον ὀλοφυρόμεναι. [5] τιθέασιν οὖν ἐς τὸ
δημόσιον σῆμα, ὅ ἐστιν ἐπὶ τοῦ καλλίστου προαστείου τῆς πόλεως, καὶ αἰεὶ ἐν αὐτῷ
θάπτουσι τοὺς ἐκ τῶν πολέμων, πλήν γε τοὺς ἐν Μαραθῶνι· ἐκείνων δὲ διαπρεπῆ
τὴν ἀρετὴν κρίναντες αὐτοῦ καὶ τὸν τάφον ἐποίησαν. [6] ἐπειδὰν δὲ κρύψωσι γῇ,
ἀνὴρ ᾑρημένος ὑπὸ τῆς πόλεως, ὃς ἂν γνώμῃ τε δοκῇ μὴ ἀξύνετος εἶναι καὶ ἀξιώσει
προήκῃ, λέγει ἐπ᾽ αὐτοῖς ἔπαινον τὸν πρέποντα· μετὰ δὲ τοῦτο ἀπέρχονται. [7] ὧδε
μὲν θάπτουσιν· καὶ διὰ παντὸς τοῦ πολέμου, ὁπότε ξυμβαίη αὐτοῖς, ἐχρῶντο τῷ
νόμῳ. [8] ἐπὶ δ᾽ οὖν τοῖς πρώτοις τοῖσδε Περικλῆς ὁ Ξανθίππου ᾑρέθη λέγειν. καὶ
ἐπειδὴ καιρὸς ἐλάμβανε, προελθὼν ἀπὸ τοῦ σήματος ἐπὶ βῆμα ὑψηλὸν πεποιημένον,
ὅπως ἀκούοιτο ὡς ἐπὶ πλεῖστον τοῦ ὁμίλου, ἔλεγε τοιάδε.

II.34.1 δημοσίᾳ   An adverb.

ταφὰς ἐποιήσαντο   "Conducted funeral ceremonies."

II.34.2 προτίθενται   "They display."

ἀπογενομένων   Aor., mid. participle, from ἀπογίγνομαι.

πρότριτα   Adverb, "three days earlier."

τῷ αὑτοῦ   "To a (deceased) member of his own family."

ἤν τι βούληται   Supply ἐπιφέρειν.

II.34.3 τὰ ὀστᾶ ἧς ἕκαστος ἦν φυλῆς   The antecedent (φυλῆς) of the relative pronoun (ἧς) is absorbed into the relative clause. "The bones of the tribe of which each was (a member)."

ἐστρωμένη   Perf., pass. participle, from στορέννυμι.

κλίνη...τῶν ἀφανῶν   "A bier for the missing."

εὑρεθῶσιν   Aor., subj., pass. of εὑρίσκω.

II.34.4 ξυνεκφέρει   "Accompanies the funeral procession"

αἱ προσήκουσαι   "Those belonging," that is to say, "relatives."

II.34.5 σῆμα   Here, "tomb."

διαπρεπῆ   Fem., acc., sing.

αὐτοῦ   Adverb.

II.34.6 μὴ ἀξύνετος   Litotes.

προήκῃ   "Has gone before," that is, "is eminent."

II.34.7 ξυμβαίη   Aor., opt., act., from ξυμβαίνω.

II.34.8 ᾑρέθη   Aor., ind., pass., from αἱρέω.

ὑψηλὸν πεποιημένον   "Built high."

ἀκούοιτο   Pres., opt., pass., 3ʳᵈ, sing.

ὡς ἐπὶ πλεῖστον τοῦ ὁμίλου   "By as large a portion of the crowd as possible."

☙

II.35.1-3. The Funeral Oration gets underway with the following opening remarks. Though they may seem like the routine elements to the beginning of any eulogy, they do, in fact, reveal some rather interesting insights into human nature.

[1] οἱ μὲν πολλοὶ τῶν ἐνθάδε ἤδη εἰρηκότων ἐπαινοῦσι τὸν προσθέντα τῷ νόμῳ τὸν λόγον τόνδε, ὡς καλὸν ἐπὶ τοῖς ἐκ τῶν πολέμων θαπτομένοις ἀγορεύεσθαι αὐτόν. ἐμοὶ δὲ ἀρκοῦν ἂν ἐδόκει εἶναι ἀνδρῶν ἀγαθῶν ἔργῳ γενομένων ἔργῳ καὶ δηλοῦσθαι τὰς τιμάς, οἷα καὶ νῦν περὶ τὸν τάφον τόνδε δημοσίᾳ παρασκευασθέντα ὁρᾶτε, καὶ μὴ ἐν ἑνὶ ἀνδρὶ πολλῶν ἀρετὰς κινδυνεύεσθαι εὖ τε καὶ χεῖρον εἰπόντι πιστευθῆναι. [2] χαλεπὸν γὰρ τὸ μετρίως εἰπεῖν ἐν ᾧ μόλις καὶ ἡ δόκησις τῆς ἀληθείας βεβαιοῦται. ὅ τε γὰρ ξυνειδὼς καὶ εὔνους ἀκροατὴς τάχ᾽ ἄν τι ἐνδεεστέρως πρὸς ἃ βούλεταί τε καὶ ἐπίσταται νομίσειε δηλοῦσθαι, ὅ τε ἄπειρος ἔστιν ἃ καὶ πλεονάζεσθαι, διὰ φθόνον, εἴ τι ὑπὲρ τὴν αὑτοῦ φύσιν ἀκούοι. μέχρι γὰρ τοῦδε ἀνεκτοὶ οἱ ἔπαινοί εἰσι περὶ ἑτέρων λεγόμενοι, ἐς ὅσον ἂν καὶ αὐτὸς ἕκαστος οἴηται ἱκανὸς εἶναι δρᾶσαί τι ὧν ἤκουσεν· τῷ δὲ ὑπερβάλλοντι αὐτῶν φθονοῦντες ἤδη καὶ ἀπιστοῦσιν. [3] ἐπειδὴ δὲ τοῖς πάλαι οὕτως ἐδοκιμάσθη ταῦτα καλῶς ἔχειν, χρὴ καὶ ἐμὲ ἑπόμενον τῷ νόμῳ πειρᾶσθαι ὑμῶν τῆς ἑκάστου βουλήσεώς τε καὶ δόξης τυχεῖν ὡς ἐπὶ πλεῖστον.

II.35.1 εἰρηκότων   Perf., act. participle; from ἐρῶ.

τὸν προσθέντα τῷ νόμῳ τὸν λόγον τόνδε   "The person who added this [funeral] speech to our ceremony."

ὡς καλὸν…   The clause explains why previous speakers have praised the custom of a funeral oration.

ἀγορεύεσθαι   Passive infinitive.

αὐτόν   Refers to this "speech."

ἀρκοῦν   Pres., neuter, acc., participle, from ἀρκέω; trans. with εἶναι: "to be enough."

ἀνδρῶν ἀγαθῶν ἔργῳ γενομένων   Treat as gen. absolute. Key word is ἔργῳ.

δηλοῦσθαι, κινδυνεύεσθαι   The infinitives are governed by ἐμοὶ…ἂν ἐδόκει. ἀρετάς is the acc. subject of κινδυνεύεσθαι.

οἷα   The antecedent of this neuter relative is τιμάς, despite the difference in genders.

εἰπόντι   Modifies ἑνὶ ἀνδρὶ.

πιστευθῆναι   "In issues of credibility." This aor., pass., infinitive is only loosely connected with the sentence.

II.35.2   ἐν ᾧ   "In a situation where."

ἡ δόκησις τῆς ἀληθείας   "The very appearance of the truth [of what the speaker says]."

ξυνειδὼς   Perf., masc., part., from σύνοιδα. Trans. "Someone well-acquainted," or "an accomplice."

τάχ᾽ ἄν   "Possibly."

πρὸς ἃ βούλεταί τε καὶ ἐπίσταται   "In terms of what things he wishes [to hear] and what things he knows."

ὅ τε ἄπειρος ἔστιν   The antecedent to the relative is the subject of νομίσειε, which is repeated as the verb in the second part of the sentence.

ἃ   Accusative subject of the passive πλεονάζεσθαι. Trans. "[There are things] which."

ἐς ὅσον   Used as a correlative with μέχρι τοῦδε.

ὑπερβάλλοντι   A substantive part., obj. of φθονοῦντες; trans. "That which goes overboard," or "An exaggeration."

αὐτῶν   "Speeches (like this one)."

II.35.3   τοῖς πάλαι   "Those of old," that is, "our forefathers."

ταῦτα   Referring to the funeral customs, including the speech.

τυχεῖν   From τυγχάνω; governs the genitives in βουλήσεώς τε καὶ δόξης.

☙

II.36.1-4. The speech focuses here on the efforts of Athenians, past and present, to make Athens into a "self-sufficient" (αὐταρκεστάτη) *polis*. According to the Speaker, his own generation and the generation of Athenians immediately preceding his deserve most of the praise for Athens' current greatness.

[1] ἄρξομαι δὲ ἀπὸ τῶν προγόνων πρῶτον· δίκαιον γὰρ αὐτοῖς καὶ πρέπον δὲ ἅμα ἐν τῷ τοιῷδε τὴν τιμὴν ταύτην τῆς μνήμης δίδοσθαι. τὴν γὰρ χώραν οἱ αὐτοὶ αἰεὶ οἰκοῦντες διαδοχῇ τῶν ἐπιγιγνομένων μέχρι τοῦδε ἐλευθέραν δι᾽ ἀρετὴν παρέδοσαν. [2] καὶ ἐκεῖνοί τε ἄξιοι ἐπαίνου καὶ ἔτι μᾶλλον οἱ πατέρες ἡμῶν· κτησάμενοι γὰρ πρὸς οἷς ἐδέξαντο ὅσην ἔχομεν ἀρχὴν οὐκ ἀπόνως ἡμῖν τοῖς νῦν προσκατέλιπον. [3] τὰ δὲ πλείω αὐτῆς αὐτοὶ ἡμεῖς οἵδε οἱ νῦν ἔτι ὄντες μάλιστα ἐν τῇ καθεστηκυίᾳ ἡλικίᾳ ἐπηυξήσαμεν καὶ τὴν πόλιν τοῖς πᾶσι παρεσκευάσαμεν καὶ ἐς πόλεμον καὶ ἐς εἰρήνην αὐταρκεστάτην. [4] ὧν ἐγὼ τὰ μὲν κατὰ πολέμους ἔργα, οἷς ἕκαστα ἐκτήθη, ἢ εἴ τι αὐτοὶ ἢ οἱ πατέρες ἡμῶν βάρβαρον ἢ Ἕλληνα πόλεμον ἐπιόντα προθύμως ἠμυνάμεθα, μακρηγορεῖν ἐν εἰδόσιν οὐ βουλόμενος ἐάσω· ἀπὸ δὲ οἵας τε ἐπιτηδεύσεως ἤλθομεν ἐπ᾽ αὐτὰ καὶ μεθ᾽ οἵας πολιτείας καὶ τρόπων ἐξ οἵων μεγάλα

ἐγένετο, ταῦτα δηλώσας πρῶτον εἶμι καὶ ἐπὶ τὸν τῶνδε ἔπαινον, νομίζων ἐπί τε τῷ παρόντι οὐκ ἂν ἀπρεπῆ λεχθῆναι αὐτὰ καὶ τὸν πάντα ὅμιλον καὶ ἀστῶν καὶ ξένων ξύμφορον εἶναι ἐπακοῦσαι αὐτῶν.

II.36.1 δίκαιον...καὶ πρέπον Impersonal construction. Supply "It is...."

διαδοχῇ τῶν ἐπιγιγνομένων "With a succession of descendants" or, more idiomatically, "from one generation to the next."

II.36.2 πρὸς οἷς ἐδέξαντο The antecedent to the relative pronoun is left out. The relative itself is attracted into the case of the missing antecedent. The expression is the equivalent of πρὸς τούτοις ἃ ἐδέξαντο.

II.36.3 τὰ δὲ πλείω αὐτῆς Acc. construction (πλείω = πλείονα). Trans. "Most parts of it (ἀρχή)."

ἐν τῇ καθεστηκυίᾳ ἡλικίᾳ "In the prime of our lives." καθεστηκυίᾳ is the perf., act. participle of καθίστημι.

ἐπηυξήσαμεν Aorist of ἐπαυξάνω.

τοῖς πᾶσι "In every possible way."

II.36.4 ὧν Translate as a demonstrative pronoun; it refers to the Athenians from the three different periods of time.

βάρβαρον ἢ Ἕλληνα πόλεμον ἐπιόντα "An impending (ἐπιόντα) war against either non-Greeks or against Greeks."

εἰδόσιν Perf., act., dat., masc., pl. participle of οἶδα.

ἐπ᾽ αὐτά "To this state of affairs."

μεγάλα ἐγένετο Subject is to be extracted from ἐπ᾽ αὐτά.

εἶμι NB: this is the verb meaning "to go." Translate with ἐπὶ τὸν τῶνδε ἔπαινον.

ἐπί τῷ παρόντι "Under the present circumstances."

οὐκ ἂν ἀπρεπῆ...εἶναι Impersonal construction. Trans., "It would not be inappropriate."

ξύμφορον εἶναι The construction is parallel to οὐκ ἂν ἀπρεπῆ. Trans., "It would be advantageous."

☙

II.37.1-3. This highly wrought section deals with the Athenian polity and the kind of attitudes it breeds among the Athenian citizenry. The Speaker explains that, while the Athenian polity is a democracy in terms of its being a government for the majority and in terms of the *isonomia* (τὸ ἴσον) that is extended to all citizens for the settlement of private disputes, it is also a meritocracy, where citizens from all socio-economic ranks can rise to positions of authority on the basis of their personal excellence (ἀπ᾽ ἀρετῆς). Perhaps the most intriguing passage in this chapter is where the Athenian "everyman" is praised for his not having the kind of dour expressions which presumably characterized his counterpart in Sparta.

[1] χρώμεθα γὰρ πολιτείᾳ οὐ ζηλούσῃ τοὺς τῶν πέλας νόμους, παράδειγμα δὲ μᾶλλον αὐτοὶ ὄντες τισὶν ἢ μιμούμενοι ἑτέρους. καὶ ὄνομα μὲν διὰ τὸ μὴ ἐς ὀλίγους ἀλλ᾽ ἐς πλείονας οἰκεῖν δημοκρατία κέκληται· μέτεστι δὲ κατὰ μὲν τοὺς νόμους πρὸς τὰ ἴδια διάφορα πᾶσι τὸ ἴσον, κατὰ δὲ τὴν ἀξίωσιν, ὡς ἕκαστος ἔν τῳ εὐδοκιμεῖ, οὐκ ἀπὸ μέρους τὸ πλέον ἐς τὰ κοινὰ ἢ ἀπ᾽ ἀρετῆς προτιμᾶται, οὐδ᾽ αὖ κατὰ πενίαν, ἔχων γέ τι ἀγαθὸν δρᾶσαι τὴν πόλιν, ἀξιώματος ἀφανείᾳ κεκώλυται. [2] ἐλευθέρως δὲ τά τε πρὸς τὸ κοινὸν πολιτεύομεν καὶ ἐς τὴν πρὸς ἀλλήλους τῶν καθ᾽ ἡμέραν ἐπιτηδευμάτων ὑποψίαν, οὐ δι᾽ ὀργῆς τὸν πέλας, εἰ καθ᾽ ἡδονήν τι δρᾷ, ἔχοντες, οὐδὲ ἀζημίους μέν, λυπηρὰς δὲ τῇ ὄψει ἀχθηδόνας προστιθέμενοι. [3] ἀνεπαχθῶς δὲ τὰ ἴδια προσομιλοῦντες τὰ δημόσια διὰ δέος μάλιστα οὐ παρανομοῦμεν, τῶν τε αἰεὶ ἐν ἀρχῇ ὄντων ἀκροάσει καὶ τῶν νόμων, καὶ μάλιστα αὐτῶν ὅσοι τε ἐπ᾽ ὠφελίᾳ τῶν ἀδικουμένων κεῖνται καὶ ὅσοι ἄγραφοι ὄντες αἰσχύνην ὁμολογουμένην φέρουσιν.

II.37.1 τῶν πέλας   "of our neighbors."

ὄνομα   Adverbial accusative. Trans., "as for its (i.e., our polity's) name."

διὰ τὸ μὴ ἐς ὀλίγους ἀλλ᾽ ἐς πλείονας οἰκεῖν   Articular infinitive construction. Trans. ἐς as "on behalf of" and μὴ...οἰκεῖν as "our not governing."

κέκληται   Perf., ind., pass., from καλέω. Trans. as a pres. tense verb.

μέτεστι   Subject is τὸ ἴσον, "equality."

πρὸς τὰ ἴδια διάφορα   "In regard to private disagreements."

ἀξίωσιν   "Recognition (of personal merit)."

ὡς ἕκαστος ἔν τῳ εὐδοκιμεῖ   The clause explains the meaning of ἀξίωσιν. "In other words, how...."

μέρους The meaning here is probably "rank."

τὸ πλέον...ἢ "Not so much...as."

ἐς τὰ κοινά   Idiom. "For positions in the public sphere."

ἀξιώματος ἀφανείᾳ The dative here is causal. "Because of the obscurity of his status."

κεκώλυται Though perfect, translate as present (cf. κέκληται above).

II.37.2 τά τε πρὸς τὸ κοινὸν   "In respect to public affairs."

ἐς τὴν πρὸς ἀλλήλους τῶν καθ᾽ ἡμέραν ἐπιτηδευμάτων ὑποψίαν   Note the bracketing function of the article τὴν and its noun ὑποψίαν. The phrase explains the second way in which the Athenians conduct their polity (πολιτεύομεν) freely.

τῶν καθ᾽ ἡμέραν ἐπιτηδευμάτων   "Of [our] daily activities."

τὸν πέλας   "A neighbor."

δι᾽ ὀργῆς...ἔχοντες   "Being angry."

ἀχθηδόνας   Acc., pl. of ἀχθηδών; taken with τῇ ὄψει, it seems to mean "dour expressions."

προστιθέμενοι   "Bearing" or "putting on."

II.37.3   ἀνεπαχθῶς δὲ τὰ ἴδια προσομιλοῦντες τὰ δημόσια διὰ δέος μάλιστα οὐ παρανομοῦμεν   Note the contrast between τὰ ἴδια and τὰ δημόσια. Translate both as accusatives of respect: "In respect to…."

μάλιστα οὐ παρανομοῦμεν   "We especially do not break the law" or "We are very law-abiding."

ἀκροάσει   "Because of an obedience to." Governs the genitive in τῶν…ὄντων, τῶν νόμων, and αὐτῶν.

ἐπ᾽ ὠφελίᾳ   "For the purpose of helping."

ἀδικουμένων   A passive participle.

κεῖνται   Means the same here as the verb "to be."

ὁμολογουμένην   Another passive participle.

◌

II.38.1-2 We learn that another unique feature of Athens is the many festivals put on by the state. We are also told that "empire" (obliquely referred to as the "magnitude" of the city) brings all kinds of consumer goods into the *polis*. Note the interesting psychological observation with which the section concludes.

[1] καὶ μὴν καὶ τῶν πόνων πλείστας ἀναπαύλας τῇ γνώμῃ ἐπορισάμεθα, ἀγῶσι μέν γε καὶ θυσίαις διετησίοις νομίζοντες, ἰδίαις δὲ κατασκευαῖς εὐπρεπέσιν, ὧν καθ᾽ ἡμέραν ἡ τέρψις τὸ λυπηρὸν ἐκπλήσσει. [2] ἐπεσέρχεται δὲ διὰ μέγεθος τῆς πόλεως ἐκ πάσης γῆς τὰ πάντα, καὶ ξυμβαίνει ἡμῖν μηδὲν οἰκειοτέρᾳ τῇ ἀπολαύσει τὰ αὐτοῦ ἀγαθὰ γιγνόμενα καρποῦσθαι ἢ καὶ τὰ τῶν ἄλλων ἀνθρώπων.

II.38.1   καὶ μὴν καί   A transitional phrase: "moreover."

τῇ γνώμῃ   Here, the word means "spirit."

νομίζοντες   "Making use of." The participle governs the dat. nouns ἀγῶσι, θυσίαις, and κατασκευαῖς.

ὧν καθ᾽ ἡμέραν ἡ τέρψις   "The daily enjoyment of which."

II.38.2   ξυμβαίνει ἡμῖν   Impersonal construction, to be taken with καρποῦσθαι. "It so happens that we enjoy."

τὰ αὐτοῦ ἀγαθὰ γιγνόμενα   "The goods that are produced here." These are in contrast to τὰ τῶν ἄλλων ἀνθρώπων.

🕉

II.39.1-4. The *paideia* of Athens is the central topic in this chapter, one which calls to mind the chapters (66-88) in Book I, where, in the context of the Conference at Sparta, the various speakers discuss the *paideia*-induced characteristics of Athenians and those of their counterparts, the Spartans. The recurrence of this topic here in the Funeral Oration and elsewhere in the *Histories* raises the question of whether Pericles had actually dwelt on this subject in this and in other speeches, or whether Thucydides controlled the speakers of his *Histories* and had them discuss topics that were of an abiding interest to him (and not necessarily of any interest to the speakers themselves).

[1] διαφέρομεν δὲ καὶ ταῖς τῶν πολεμικῶν μελέταις τῶν ἐναντίων τοῖσδε. τήν τε γὰρ πόλιν κοινὴν παρέχομεν, καὶ οὐκ ἔστιν ὅτε ξενηλασίαις ἀπείργομέν τινα ἢ μαθήματος ἢ θεάματος, ὃ μὴ κρυφθὲν ἄν τις τῶν πολεμίων ἰδὼν ὠφεληθείη, πιστεύοντες οὐ ταῖς παρασκευαῖς τὸ πλέον καὶ ἀπάταις ἢ τῷ ἀφ' ἡμῶν αὐτῶν ἐς τὰ ἔργα εὐψύχῳ· καὶ ἐν ταῖς παιδείαις οἱ μὲν ἐπιπόνῳ ἀσκήσει εὐθὺς νέοι ὄντες τὸ ἀνδρεῖον μετέρχονται, ἡμεῖς δὲ ἀνειμένως διαιτώμενοι οὐδὲν ἧσσον ἐπὶ τοὺς ἰσοπαλεῖς κινδύνους χωροῦμεν. [2] τεκμήριον δέ· οὔτε γὰρ Λακεδαιμόνιοι καθ' ἑαυτούς, μεθ' ἁπάντων δὲ ἐς τὴν γῆν ἡμῶν στρατεύουσι, τήν τε τῶν πέλας αὐτοὶ ἐπελθόντες οὐ χαλεπῶς ἐν τῇ ἀλλοτρίᾳ τοὺς περὶ τῶν οἰκείων ἀμυνομένους μαχόμενοι τὰ πλείω κρατοῦμεν. [3] ἀθρόᾳ τε τῇ δυνάμει ἡμῶν οὐδείς πω πολέμιος ἐνέτυχε διὰ τὴν τοῦ ναυτικοῦ τε ἅμα ἐπιμέλειαν καὶ τὴν ἐν τῇ γῇ ἐπὶ πολλὰ ἡμῶν αὐτῶν ἐπίπεμψιν· ἢν δέ που μορίῳ τινὶ προσμείξωσι, κρατήσαντές τέ τινας ἡμῶν πάντας αὐχοῦσιν ἀπεῶσθαι καὶ νικηθέντες ὑφ' ἁπάντων ἡσσῆσθαι. [4] καίτοι εἰ ῥαθυμίᾳ μᾶλλον ἢ πόνων μελέτῃ καὶ μὴ μετὰ νόμων τὸ πλέον ἢ τρόπων ἀνδρείας ἐθέλομεν κινδυνεύειν, περιγίγνεται ἡμῖν τοῖς τε μέλλουσιν ἀλγεινοῖς μὴ προκάμνειν, καὶ ἐς αὐτὰ ἐλθοῦσι μὴ ἀτολμοτέρους τῶν αἰεὶ μοχθούντων φαίνεσθαι, καὶ ἔν τε τούτοις τὴν πόλιν ἀξίαν εἶναι θαυμάζεσθαι καὶ ἔτι ἐν ἄλλοις.

II.39.1 διαφέρομεν Takes the genitive in τῶν ἐναντίων.

τοῖσδε "In the following ways."

κοινὴν "Open."

οὐκ ἔστιν ὅτε "There is no situation where" or "It does not happen that."

ἀπείργομεν Takes the genitive in ἢ μαθήματος ἢ θεάματος.

ὃ μὴ κρυφθὲν ἄν τις τῶν πολεμίων ἰδὼν ὠφεληθείη "By which thing, if it were in the open (not hidden), someone from the enemy, upon seeing it, would be helped."

κρυφθὲν   Aor., pass., part., from κρύπτω.

ὠφεληθείη   Aor., opt., pass. of ὠφελέω.

οὐ...τὸ πλέον...ἢ   "Not so much...as."

τῷ ἀφ᾽ ἡμῶν αὐτῶν ἐς τὰ ἔργα εὐψύχῳ   "A courage from within for the tasks at hand." Note the way the article (τῷ) and its noun (εὐψύχῳ) enclose the expression.

ἐν ταῖς παιδείαις   "In systems of education."

οἱ μὲν   Refers to the Spartans.

οὐδὲν ἧσσον   "No less." Translate closely with χωροῦμεν.

II.39.2   τὴν   Supply γῆν.

τῶν πέλας   "Of our neighbors."

αὐτοί   "On the other hand, we ourselves." Translate with ἐπελθόντες, μαχόμενοι, and κρατοῦμεν.

ἐν τῇ ἀλλοτρίᾳ Supply γῇ.   "Though in another's land."

τὰ πλείω   "For the most part."

II.39.3   ἐνέτυχε   Aor., ind., act. of ἐντυγχάνω, "to come upon." Takes the dat. case because of the prepositional prefix.

διὰ τὴν τοῦ ναυτικοῦ τε ἅμα ἐπιμέλειαν καὶ τὴν ἐν τῇ γῇ ἐπὶ πολλὰ ἡμῶν αὐτῶν ἐπίπεμψιν   In this long prepositional phrase, we have the two reasons why no enemy has ever come upon the united force of Athens. Note the bracketing functions of τὴν and ἐπιμέλειαν and of τήν and ἐπίπεμψιν.

προσμείξωσι   Aor., subj., act. of προσμείγνυμι.

κρατήσαντές τέ τινας ἡμῶν πάντας αὐχοῦσιν ἀπεῶσθαι   "Having conquered some of us they boast that they have defeated all of us."

ἀπεῶσθαι   Perf., mid. inf. of ἀπωθέω, "Push away from oneself, defeat."

ἡσσῆσθαι   This infinitive, like ἀπεῶσθαι, is to be taken with αὐχοῦσιν.

II.39.4   μὴ μετὰ νόμων τὸ πλέον ἢ τρόπων ἀνδρείας   "Not so much with courage (that comes) from laws as with a courage (born) of our way of life."

περιγίγνεται ἡμῖν   Impersonal construction, "It is to our advantage."

καὶ ἐς αὐτὰ ἐλθοῦσι μὴ ἀτολμοτέρους τῶν αἰεὶ μοχθούντων φαίνεσθαι   In translating, repeat at the beginning "It is to our advantage."

ἐς αὐτὰ ἐλθοῦσι αὐτά   refers to τὰ ἀλγεινά and ἐλθοῦσι (participle) modifies ἡμῖν. "To us, when we finally come to such trials."

τῶν αἰεὶ μοχθούντων   Genitive of comparison.

καὶ ἔν τε τούτοις τὴν πόλιν ἀξίαν εἶναι θαυμάζεσθαι   Supply περιγίγνεται. "And it is also to our advantage...."

☙

II.40.1-5. Translators of this part of the Funeral Oration are particularly challenged, as several of the words of the Speaker take on meanings which are almost unique to this passage. The Speaker deals with three basic topics: one is the way Athenian citizens are true *politai* in that they have an awareness of their responsibilities as citizens, even when they have their own careers to look after; the other is the courage of Athenians, which is said to be different, since only the Athenians fully understand the dangers which await them and which they are still willing to undertake; and lastly, the chapter deals with the *aretê* or "spirit of generosity," not so much of individual Athenians as of the Athenian *polis*.

[1] φιλοκαλοῦμέν τε γὰρ μετ᾽ εὐτελείας καὶ φιλοσοφοῦμεν ἄνευ μαλακίας· πλούτῳ τε ἔργου μᾶλλον καιρῷ ἢ λόγου κόμπῳ χρώμεθα, καὶ τὸ πένεσθαι οὐχ ὁμολογεῖν τινὶ αἰσχρόν, ἀλλὰ μὴ διαφεύγειν ἔργῳ αἴσχιον. [2] ἔνι τε τοῖς αὐτοῖς οἰκείων ἅμα καὶ πολιτικῶν ἐπιμέλεια, καὶ ἑτέροις πρὸς ἔργα τετραμμένοις τὰ πολιτικὰ μὴ ἐνδεῶς γνῶναι· μόνοι γὰρ τόν τε μηδὲν τῶνδε μετέχοντα οὐκ ἀπράγμονα, ἀλλ᾽ ἀχρεῖον νομίζομεν, καὶ οἱ αὐτοὶ ἤτοι κρίνομέν γε ἢ ἐνθυμούμεθα ὀρθῶς τὰ πράγματα, οὐ τοὺς λόγους τοῖς ἔργοις βλάβην ἡγούμενοι, ἀλλὰ μὴ προδιδαχθῆναι μᾶλλον λόγῳ πρότερον ἢ ἐπὶ ἃ δεῖ ἔργῳ ἐλθεῖν. [3] διαφερόντως γὰρ δὴ καὶ τόδε ἔχομεν ὥστε τολμᾶν τε οἱ αὐτοὶ μάλιστα καὶ περὶ ὧν ἐπιχειρήσομεν ἐκλογίζεσθαι· ὃ τοῖς ἄλλοις ἀμαθία μὲν θράσος, λογισμὸς δὲ ὄκνον φέρει. κράτιστοι δ᾽ ἂν τὴν ψυχὴν δικαίως κριθεῖεν οἱ τά τε δεινὰ καὶ ἡδέα σαφέστατα γιγνώσκοντες καὶ διὰ ταῦτα μὴ ἀποτρεπόμενοι ἐκ τῶν κινδύνων. [4] καὶ τὰ ἐς ἀρετὴν ἐνηντιώμεθα τοῖς πολλοῖς· οὐ γὰρ πάσχοντες εὖ, ἀλλὰ δρῶντες κτώμεθα τοὺς φίλους. βεβαιότερος δὲ ὁ δράσας τὴν χάριν ὥστε ὀφειλομένην δι᾽ εὐνοίας ᾧ δέδωκε σῴζειν· ὁ δὲ ἀντοφείλων ἀμβλύτερος, εἰδὼς οὐκ ἐς χάριν, ἀλλ᾽ ἐς ὀφείλημα τὴν ἀρετὴν ἀποδώσων. [5] καὶ μόνοι οὐ τοῦ ξυμφέροντος μᾶλλον λογισμῷ ἢ τῆς ἐλευθερίας τῷ πιστῷ ἀδεῶς τινὰ ὠφελοῦμεν.

II.40.1 φιλοκαλοῦμεν   This word has been variously translated. "We love beauty" may still be the best.

πλούτῳ τε ἔργου μᾶλλον καιρῷ ἢ λόγου κόμπῳ χρώμεθα   Both καιρῷ and κόμπῳ are in a predicate relation to "wealth."

καὶ τὸ πένεσθαι οὐχ ὁμολογεῖν τινὶ αἰσχρόν   "For someone to admit to poverty is not a disgrace." Note that the negative goes with αἰσχρόν. πένεσθαι is complementary to ὁμολογεῖν.

αἴσχιον   Translate this comparative adjective as "quite disgraceful."

II.40.2 ἔνι = ἔνεστι.

τοῖς αὐτοῖς   This pronoun seems to refer to Athenians who are in positions of authority.

ἐπιμέλεια   "Concern for." It takes the genitives in οἰκείων and πολιτικῶν (both are substantives).

ἑτέροις…τετραμμένοις   The pronoun ἑτέροις refers to the ordinary, male citizens of Athens, who are occupied (τετραμμένοις) with their careers (πρὸς ἔργα).

τὰ πολιτικὰ μὴ ἐνδεῶς γνῶναι   Infinitive phrase, used as subject of a repeated ἔνεστι. Note the litotes in μὴ ἐνδεῶς. γνῶναι is aor. inf. of γιγνώσκω.

τόν τε μηδὲν τῶνδε μετέχοντα   "The person not taking part in these (τὰ πολιτικά)."

νομίζομεν   "We consider." The verb takes a double acc. construction.

ἤτοι κρίνομέν γε ἢ ἐνθυμούμεθα   The contrast here is between deciding on proposals (κρίνομεν) and devising the proposals themselves (ἐνθυμούμεθα).

οὐ…ἡγούμενοι   "Not considering." The verb here takes a double accusative. Its force carries over into the next clause, so that infinitive phrase μὴ προδιδαχθῆναι (= aor., pass., inf. of προδιδάσκω) is to be translated as its direct object. "We consider not to be informed beforehand…"

II.40.3   διαφερόντως γὰρ δὴ καὶ τόδε ἔχομεν ἔχω   with an adverb functions like the verb "to be."

καὶ τόδε   "Also in this regard."

τολμᾶν…ἐκλογίζεσθαι   That is, Athenians can be daring and thoughtful at the same time.

ὅ   Adverbial accusative. "In which regard."

τοῖς ἄλλοις   That is, to non-Athenians.

θράσος   Neut., acc.

τὴν ψυχὴν   Acc. of respect. "Courage."

κριθεῖεν   Aor., opt., pass., 3rd, pl., from κρίνω.

διὰ ταῦτα   Trans. as a concessive: "In spite of their knowing these things (τά τε δεινὰ καὶ ἡδέα)."

II.40.4   ἀρετὴν   Difficult to trans. with a single English word. Perhaps "generosity" comes closest. Take with τά, which is an acc. of respect.

ἐνηντιώμεθα   Impf., mid., from ἐναντιόομαι, "differ."

βεβαιότερος   "More secure (friend)."

χάριν   The noun can mean both "favor" and "gratitude." Here, it means "favor."

ὀφειλομένην   Pres., pass. part., from ὀφείλω, "owed."

ᾧ δέδωκε   Supply ἐκείνου as the antecedent to ᾧ and repeat χάριν as the object of δέδωκε.

ἀντοφείλων   Pres., act., part., from ἀντοφείλω, "owe in return." Trans. as a substantive, i.e., as "debtor."

ἐς χάριν, ἀλλ᾽ ἐς ὀφείλημα   "Not as an act of generosity but as something owed."

II.40.5   τοῦ ξυμφέροντος   "Of what is advantageous." Trans. with λογισμῷ.

πιστῷ   Trans. as a substantive. "With faith in."

ὠφελοῦμεν   NB: this is the epsilon-contract verb ὠφελέω (and not ὀφείλω).

☙

II.41.1-5. Some unusual and memorable concepts are found here. For example, the Speaker posits that, in the case of Athens (and only Athens), subject nations can be pleased that at least they have been conquered by a worthy power. He also waxes prophetic in a prediction—a correct one, it would seem—that Athens would be a source of wonderment to future generations. The chapter concludes with a moving statement, where the greatness of the city is described as the source of inspiration for the men who made the supreme sacrifice and who are being honored at these funeral rites.

[1] ξυνελών τε λέγω τήν τε πᾶσαν πόλιν τῆς Ἑλλάδος παίδευσιν εἶναι καὶ καθ' ἕκαστον δοκεῖν ἄν μοι τὸν αὐτὸν ἄνδρα παρ' ἡμῶν ἐπὶ πλεῖστ' ἂν εἴδη καὶ μετὰ χαρίτων μάλιστ' ἂν εὐτραπέλως τὸ σῶμα αὔταρκες παρέχεσθαι. [2] καὶ ὡς οὐ λόγων ἐν τῷ παρόντι κόμπος τάδε μᾶλλον ἢ ἔργων ἐστὶν ἀλήθεια, αὐτὴ ἡ δύναμις τῆς πόλεως, ἣν ἀπὸ τῶνδε τῶν τρόπων ἐκτησάμεθα, σημαίνει. [3] μόνη γὰρ τῶν νῦν ἀκοῆς κρείσσων ἐς πεῖραν ἔρχεται, καὶ μόνη οὔτε τῷ πολεμίῳ ἐπελθόντι ἀγανάκτησιν ἔχει ὑφ' οἵων κακοπαθεῖ οὔτε τῷ ὑπηκόῳ κατάμεμψιν ὡς οὐχ ὑπ' ἀξίων ἄρχεται. [4] μετὰ μεγάλων δὲ σημείων καὶ οὐ δή τοι ἀμάρτυρόν γε τὴν δύναμιν παρασχόμενοι τοῖς τε νῦν καὶ τοῖς ἔπειτα θαυμασθησόμεθα, καὶ οὐδὲν προσδεόμενοι οὔτε Ὁμήρου ἐπαινέτου οὔτε ὅστις ἔπεσι μὲν τὸ αὐτίκα τέρψει, τῶν δ' ἔργων τὴν ὑπόνοιαν ἡ ἀλήθεια βλάψει, ἀλλὰ πᾶσαν μὲν θάλασσαν καὶ γῆν ἐσβατὸν τῇ ἡμετέρᾳ τόλμῃ καταναγκάσαντες γενέσθαι, πανταχοῦ δὲ μνημεῖα κακῶν τε κἀγαθῶν ἀίδια ξυγκατοικίσαντες. [5] περὶ τοιαύτης οὖν πόλεως οἵδε τε γενναίως δικαιοῦντες μὴ ἀφαιρεθῆναι αὐτὴν μαχόμενοι ἐτελεύτησαν, καὶ τῶν λειπομένων πάντα τινὰ εἰκὸς ἐθέλειν ὑπὲρ αὐτῆς κάμνειν.

II.41.1   ξυνελών   From συναιρέω: "Summing up."

καθ' ἕκαστον   "Individually" or "on his own."

δοκεῖν ἄν μοι   Optative in indirect statement after λέγω: "I say that it would seem to me." The infinitive δοκεῖν, in turn, produces another indirect statement with τὸν αὐτὸν ἄνδρα as the acc. subject, παρέχεσθαι as the infinitive verb, and τὸ σῶμα αὔταρκες as its object.

The two prepositional phrases, ἐπὶ πλεῖστ' ἂν εἴδη, μετὰ χαρίτων, and the adverb εὐτραπέλως, explain in what ways the Athenian citizen can present himself (τὸ σῶμα παρέχεσθαι) as αὔταρκες.

II.41.2   ὡς   It introduces the indirect statement triggered by σημαίνει, a verb which appears at the end of the sentence.

ἐν τῷ παρόντι   "At the present occasion."

ἔργων...ἀλήθεια   "Truth of the matter" or "truth (attested by) deeds."

ἀπὸ τῶνδε τῶν τρόπων τῶνδε   here means "such as those already mentioned."

II.41.3   μόνη   Refers to Athens. Trans., "Our city alone."

τῶν νῦν   "Of contemporary city states." Trans. with μόνη.

ἀγανάκτησιν ἔχει   Idiomatically, "Does not contribute to a feeling of disgust."

κατάμεμψιν   Supply ἔχει.

οὐχ ὑπ' ἀξίων   The adverb οὐχ negates ἀξίων.

II.41.4   τοῖς τε νῦν καὶ τοῖς ἔπειτα   "By present and future generations."

προσδεόμενοι οὔτε Ὁμήρου   The part. προσδεόμενοι takes the gen. in Ὁμήρου

ὅστις   Supply as antecedent "Anyone else."

τῶν δ' ἔργων τὴν ὑπόνοιαν ἡ ἀλήθεια βλάψει   Supply a gen., rel. pronoun to go with τὴν ὑπόνοιαν. Trans., "Whose assessment of what really happened (τῶν δ' ἔργων) the truth of the matter (ἡ ἀλήθεια) would invalidate (βλάψει)."

ἐσβατὸν = εἰσβατόν   (a hapax meaning "accessible"). Use as a predicate accusative with θάλασσαν and γῆν.

ἀίδια   Modifies μνημεῖα.

II.41.5   ἀφαιρεθῆναι αὐτὴν   Indirect statement construction after δικαιοῦντες, "deeming it worthy." αὐτήν refers to πόλεως.

εἰκὸς   Impersonal construction with ἐστί to be supplied: "It is fitting."

☙

II.42.1-4. With this chapter, the focus shifts from the city to the men being honored. It may well be the most fascinating section of the Funeral Oration, as the Speaker takes his listeners to the battlefield and goes through the thought processes and choices of those who died on behalf of the *polis*. Some very striking formulations are presented, including one where soldiers who die a patriot's death are said to be worthy of a kind of "general absolution" from their earlier missteps in life. But by far the most intriguing and most moving portion comes at the end, where the Speaker recreates the final moment of a soldier's ordeal on the battlefield and the very sudden transition from life to death. The syntax and vocabulary are such that in several places a "translation by sense" may be appropriate.

[1] δι' ὃ δὴ καὶ ἐμήκυνα τὰ περὶ τῆς πόλεως, διδασκαλίαν τε ποιούμενος μὴ περὶ ἴσου ἡμῖν εἶναι τὸν ἀγῶνα καὶ οἷς τῶνδε μηδὲν ὑπάρχει ὁμοίως, καὶ τὴν εὐλογίαν ἅμα ἐφ' οἷς νῦν λέγω φανερὰν σημείοις καθιστάς. [2] καὶ εἴρηται αὐτῆς τὰ μέγιστα· ἃ γὰρ τὴν πόλιν ὕμνησα, αἱ τῶνδε καὶ τῶν τοιῶνδε ἀρεταὶ ἐκόσμησαν, καὶ οὐκ ἂν πολλοῖς τῶν Ἑλλήνων ἰσόρροπος ὥσπερ τῶνδε ὁ λόγος τῶν ἔργων φανείη. δοκεῖ

δέ μοι δηλοῦν ἀνδρὸς ἀρετὴν πρώτη τε μηνύουσα καὶ τελευταία βεβαιοῦσα ἡ νῦν τῶνδε καταστροφή. [3] καὶ γὰρ τοῖς τἆλλα χείροσι δίκαιον τὴν ἐς τοὺς πολέμους ὑπὲρ τῆς πατρίδος ἀνδραγαθίαν προτίθεσθαι· ἀγαθῷ γὰρ κακὸν ἀφανίσαντες κοινῶς μᾶλλον ὠφέλησαν ἢ ἐκ τῶν ἰδίων ἔβλαψαν. [4] τῶνδε δὲ οὔτε πλούτου τις τὴν ἔτι ἀπόλαυσιν προτιμήσας ἐμαλακίσθη οὔτε πενίας ἐλπίδι, ὡς κἂν ἔτι διαφυγὼν αὐτὴν πλουτήσειεν, ἀναβολὴν τοῦ δεινοῦ ἐποιήσατο· τὴν δὲ τῶν ἐναντίων τιμωρίαν ποθεινοτέραν αὐτῶν λαβόντες καὶ κινδύνων ἅμα τόνδε κάλλιστον νομίσαντες ἐβουλήθησαν μετ᾽ αὐτοῦ τοὺς μὲν τιμωρεῖσθαι, τῶν δὲ ἐφίεσθαι, ἐλπίδι μὲν τὸ ἀφανὲς τοῦ κατορθώσειν ἐπιτρέψαντες, ἔργῳ δὲ περὶ τοῦ ἤδη ὁρωμένου σφίσιν αὐτοῖς ἀξιοῦντες πεποιθέναι, καὶ ἐν αὐτῷ τὸ ἀμύνεσθαι καὶ παθεῖν κάλλιον ἡγησάμενοι ἢ τὸ ἐνδόντες σῴζεσθαι, τὸ μὲν αἰσχρὸν τοῦ λόγου ἔφυγον, τὸ δ᾽ ἔργον τῷ σώματι ὑπέμειναν καὶ δι᾽ ἐλαχίστου καιροῦ τύχης ἅμα ἀκμῇ τῆς δόξης μᾶλλον ἢ τοῦ δέους ἀπηλλάγησαν.

II.42.1   δι᾽ ὅ   "For which reason." Phrase refers to what has preceded.

τὰ περὶ τῆς πόλεως   The τά refers to all of what the Speaker has just said.

διδασκαλίαν   The "lesson" the Speaker has wanted to teach will be expressed with the following indirect statement.

οἷς   Supply an antecedent, like τούτοις.

τῶνδε μηδὲν   "None of the things" which the Speaker has just mentioned.

φανερὰν   Predicate adjective, modifying εὐλογίαν.

II.42.2   εἴρηται   Perf., ind., pass. of ἐρῶ.

ἃ γὰρ τὴν πόλιν ὕμνησα   "The very things I praised about the city." The verb here can take a double accusative.

αἱ τῶνδε καὶ τῶν τοιῶνδε ἀρεταὶ ἐκόσμησαν   "These [that is, the things the Speaker has said about the city] are actually the ἀρεταὶ of these men and of men like them, which have made (the city) beautiful."

ἰσόρροπος   Modifies λόγος and takes the genitive in ἔργων.

φανείη   Aor., opt., pass., 3rd sing. of φαίνω.

δοκεῖ δέ μοι   The subject, ἡ καταστροφή, comes at the end of the sentence.

πρώτη τε μηνύουσα καὶ τελευταία βεβαιοῦσα   Both participles modify καταστροφή. Trans. πρώτη and τελευταία as adverbs: "in the first place" and "finally."

II.42.3   τἆλλα   "In other respects."

δίκαιον   Impersonal construction with ἐστί, supplied: "It is but right that."

τὴν ἐς τοὺς πολέμους ὑπὲρ τῆς πατρίδος ἀνδραγαθίαν   The phrase is the subject of the passive infinitive προτίθεσθαι. Note the bracketing function of the article τὴν and its noun ἀνδραγαθίαν.

κοινῶς   This adverb is contrasted with the prep. phrase ἐκ τῶν ἰδίων

II.42.4   τῶνδε   Trans. with τις.

ἔτι   "Continued."

ἐμαλακίσθη   Aor., ind., pass., from μαλακίζομαι.

ὡς κἂν ἔτι διαφυγὼν αὐτὴν πλουτήσειεν   Explains what they might have hoped for (ἐλπίδι).

τοῦ δεινοῦ   Treat as a substantive.

αὐτῶν   A genitive of comparison, it refers to the prospect of attaining wealth.

λαβόντες   In terms of meaning, it is the equivalent of the following νομίσαντες.

κινδύνων   Trans. with τόνδε κάλλιστον.

τῶν   The prospects for attaining wealth.

μετ' αὐτοῦ   "With the inherent dangers (notwithstanding)." The phrase appears to be concessive.

ἐβουλήθησαν   Aor., ind., pass. (= a passive deponent), from βούλομαι.

τοὺς   That is, the "enemy."

ἐφίεσθαι   Pres., mid., inf., from ἐφίημι.

τὸ ἀφανὲς τοῦ κατορθώσειν   The phrase (a substantive and an articular infinitive) is the direct object of ἐπιτρέψαντες. τὸ ἀφανὲς may best be translated as "the unforeseen prospect."

περὶ τοῦ ἤδη ὁρωμένου   "Concerning what they already see around themselves." This is in contrast to what they can only hope for.

πεποιθέναι   Perf., act., inf., from πείθω: "To have confidence in." Trans. with σφίσιν αὐτοῖς.

ἐν αὐτῷ   "In this situation."

τὸ ἀμύνεσθαι καὶ παθεῖν κάλλιον ἡγησάμενοι ἢ τὸ ἐνδόντες σῴζεσθαι   The first option an Athenian soldier might consider in imminent danger is represented by the two infinitives (τὸ ἀμύνεσθαι καὶ παθεῖν); the second, by a participle (ἐνδόντες) and an infinitive (σῴζεσθαι).

τὸ μὲν αἰσχρὸν τοῦ λόγου   The neuter substantive prompts the genitive in λόγου ("reproach").

τὸ δ' ἔργον   "The ordeal at hand."

δι' ἐλαχίστου καιροῦ τύχης   The preposition probably governs τύχης, and not καιροῦ.

ἅμα ἀκμῇ τῆς δόξης μᾶλλον ἢ τοῦ δέους   Supply ἐν with ἀκμῇ, which, in turn, takes the genitives δόξης and δέους (from the neuter δέος).

ἀπηλλάγησαν   Aor., ind., pass., from ἀπαλλάσσω. Supply τοῦ βίου.

☙

II.43.1-6. Yet another extraordinary chapter from the Funeral Oration. The Speaker shifts (but not entirely) from a eulogy for the dead to an exhortation for the living. In so doing, he utters some of the most celebrated formulations in all of Greek literature, as he calls upon his listeners to become *erastai* or "lovers" of Athens and reminds them that brave men can win a reputation that transcends even the grave. The passage concludes with yet another carefully crafted description of the moment of death.

[1] καὶ οἵδε μὲν προσηκόντως τῇ πόλει τοιοίδε ἐγένοντο· τοὺς δὲ λοιποὺς χρὴ ἀσφαλεστέραν μὲν εὔχεσθαι, ἀτολμοτέραν δὲ μηδὲν ἀξιοῦν τὴν ἐς τοὺς πολεμίους διάνοιαν ἔχειν, σκοποῦντας μὴ λόγῳ μόνῳ τὴν ὠφελίαν, ἣν ἄν τις πρὸς οὐδὲν χεῖρον αὐτοὺς ὑμᾶς εἰδότας μηκύνοι, λέγων ὅσα ἐν τῷ τοὺς πολεμίους ἀμύνεσθαι ἀγαθὰ ἔνεστιν, ἀλλὰ μᾶλλον τὴν τῆς πόλεως δύναμιν καθ᾽ ἡμέραν ἔργῳ θεωμένους καὶ ἐραστὰς γιγνομένους αὐτῆς, καὶ ὅταν ὑμῖν μεγάλη δόξῃ εἶναι, ἐνθυμουμένους ὅτι τολμῶντες καὶ γιγνώσκοντες τὰ δέοντα καὶ ἐν τοῖς ἔργοις αἰσχυνόμενοι ἄνδρες αὐτὰ ἐκτήσαντο, καὶ ὁπότε καὶ πείρᾳ του σφαλεῖεν, οὐκ οὖν καὶ τὴν πόλιν γε τῆς σφετέρας ἀρετῆς ἀξιοῦντες στερίσκειν, κάλλιστον δὲ ἔρανον αὐτῇ προϊέμενοι. [2] κοινῇ γὰρ τὰ σώματα διδόντες ἰδίᾳ τὸν ἀγήρων ἔπαινον ἐλάμβανον καὶ τὸν τάφον ἐπισημότατον, οὐκ ἐν ᾧ κεῖνται μᾶλλον, ἀλλ᾽ ἐν ᾧ ἡ δόξα αὐτῶν παρὰ τῷ ἐντυχόντι αἰεὶ καὶ λόγου καὶ ἔργου καιρῷ αἰείμνηστος καταλείπεται. [3] ἀνδρῶν γὰρ ἐπιφανῶν πᾶσα γῆ τάφος, καὶ οὐ στηλῶν μόνον ἐν τῇ οἰκείᾳ σημαίνει ἐπιγραφή, ἀλλὰ καὶ ἐν τῇ μὴ προσηκούσῃ ἄγραφος μνήμη παρ᾽ ἑκάστῳ τῆς γνώμης μᾶλλον ἢ τοῦ ἔργου ἐνδιαιτᾶται. [4] οὓς νῦν ὑμεῖς ζηλώσαντες καὶ τὸ εὔδαιμον τὸ ἐλεύθερον, τὸ δ᾽ ἐλεύθερον τὸ εὔψυχον κρίναντες μὴ περιορᾶσθε τοὺς πολεμικοὺς κινδύνους. [5] οὐ γὰρ οἱ κακοπραγοῦντες δικαιότερον ἀφειδοῖεν ἂν τοῦ βίου, οἷς ἐλπὶς οὐκ ἔστιν ἀγαθοῦ, ἀλλ᾽ οἷς ἡ ἐναντία μεταβολὴ ἐν τῷ ζῆν ἔτι κινδυνεύεται καὶ ἐν οἷς μάλιστα μεγάλα τὰ διαφέροντα, ἤν τι πταίσωσιν. [6] ἀλγεινοτέρα γὰρ ἀνδρί γε φρόνημα ἔχοντι ἡ μετὰ τοῦ μαλακισθῆναι κάκωσις ἢ ὁ μετὰ ῥώμης καὶ κοινῆς ἐλπίδος ἅμα γιγνόμενος ἀναίσθητος θάνατος.

II.43.1   προσηκόντως   "In a way befitting."

τοιοίδε   "As I have described them."

ἀσφαλεστέραν and ἀτολμοτέραν   Both modify διάνοιαν.

ἀξιοῦν   Complementary infinitive after χρή. In turn, ἀξιοῦν governs the infinitives εὔχεσθαι and ἔχειν.

σκοποῦντας   This participle, together with θεωμένους, γιγνομένους, and ἐνθυμουμένους, modifies τοὺς λοιπούς.

λόγῳ   "Speech."

οὐδὲν χεῖρον   "Just as well."

εἰδότας   Perf., act., part., from οἶδα.

ἐν τῷ τοὺς πολεμίους ἀμύνεσθαι   Articular infinitive is object of the preposition ἐν.

δόξῃ   Aor., subj., act., from δοκέω.

τολμῶντες, γιγνώσκοντες, αἰσχυνόμενοι   All three participles modify ἄνδρες.

τὰ δέοντα "Their obligations."

αἰσχυνόμενοι   Used in a positive sense here: "Maintaining a sense of honor."

σφαλεῖεν   Aor., opt., pass., from σφάλλω. "They were tripped up" or "They stumbled."

οὖν   "For that reason." In other words, "because they had stumbled."

στερίσκειν   Takes the genitive in ἀρετῆς.

ἔρανον   "Contribution (of their lives)."

II.43.2   κοινῇ…ἰδίᾳ   The two datives distinguish what the fallen soldiers had done for the common good (κοινῇ) and what they had accomplished for themselves (ἰδίᾳ).

ἀγήρων   Acc., masc., sing., it is the contracted form of ἀγήραον.

παρὰ τῷ ἐντυχόντι καὶ λόγου καὶ ἔργου καιρῷ   "At any opportunity for a speech or for action." The aor. part. is from ἐντυγχάνω.

καταλείπεται   Functions like a predicate verb, and αἰείμνηστος, like a predicate adjective with τάφος.

II.43.3   ἐν τῇ οἰκείᾳ   Supply γῇ here and with ἐν τῇ μὴ προσηκούσῃ.

τῆς γνώμης μᾶλλον ἢ τοῦ ἔργου   That is, the dead will have a memorial "more in the hearts and minds of other Athenians (τῆς γνώμης) than on stone (τοῦ ἔργου)."

II.43.4   οὕς   Transitive word: trans. as a demonstrative ("these").

τὸ εὔδαιμον τὸ ἐλεύθερον   Supply εἶναι between these two substantives and between τὸ ἐλεύθερον and τὸ εὔψυχον.

περιορᾶσθε   "Look on with dread" or simply "dread."

II.43.5   οὐ γὰρ οἱ κακοπραγοῦντες δικαιότερον ἀφειδοῖεν ἂν τοῦ βίου   "For those who are miserable are not more justifiably unsparing of their lives." The point here seems to be that the miserable person has little concern over cowardice and the shame it would entail, whereas the person who is prospering does indeed care, since his fall from grace would be a significant one.

ἐν τῷ ζῆν   Articular infinitive: "While still living."

τὰ διαφέροντα   "The difference(s)."

πταίσωσιν   Aor., subj., act., from πταίω.

II.43.6   ἡ μετὰ τοῦ μαλακισθῆναι κάκωσις   Articular infinitive construction μετὰ του μαλακισθῆναι comes between the article ἡ and its noun κάκωσις.

ὁ μετὰ ῥώμης καὶ κοινῆς ἐλπίδος ἅμα γιγνόμενος ἀναίσθητος θάνατος.   Note the hyberbaton whereby the article ὁ is distanced from its noun θάνατος.

CB

II.44.1-4. The consolation part of the Funeral Oration becomes not so much a consolation as a strongly worded exhortation to the survivors to get on with their lives. In what might be regarded today as a display of insensitivity, parents of the fallen soldiers are actually encouraged to produce more children, if they are still young enough to do so, as a way of lessening their own grief and of ensuring the strength of the *polis*. The chapter ends with a characteristically Greek homage to the importance of honor and reputation.

[1] δι' ὅπερ καὶ τοὺς τῶνδε νῦν τοκέας, ὅσοι πάρεστε, οὐκ ὀλοφύρομαι μᾶλλον ἢ παραμυθήσομαι. ἐν πολυτρόποις γὰρ ξυμφοραῖς ἐπίστανται τραφέντες· τὸ δ' εὐτυχές, οἳ ἂν τῆς εὐπρεπεστάτης λάχωσιν, ὥσπερ οἵδε μὲν νῦν, τελευτῆς, ὑμεῖς δὲ λύπης, καὶ οἷς ἐνευδαιμονῆσαί τε ὁ βίος ὁμοίως καὶ ἐντελευτῆσαι ξυνεμετρήθη. [2] χαλεπὸν μὲν οὖν οἶδα πείθειν ὄν, ὧν καὶ πολλάκις ἕξετε ὑπομνήματα ἐν ἄλλων εὐτυχίαις, αἷς ποτὲ καὶ αὐτοὶ ἠγάλλεσθε· καὶ λύπη οὐχ ὧν ἄν τις μὴ πειρασάμενος ἀγαθῶν στερίσκηται, ἀλλ' οὗ ἂν ἐθὰς γενόμενος ἀφαιρεθῇ. [3] καρτερεῖν δὲ χρὴ καὶ ἄλλων παίδων ἐλπίδι, οἷς ἔτι ἡλικία τέκνωσιν ποιεῖσθαι· ἰδίᾳ τε γὰρ τῶν οὐκ ὄντων λήθη οἱ ἐπιγιγνόμενοί τισιν ἔσονται, καὶ τῇ πόλει διχόθεν, ἔκ τε τοῦ μὴ ἐρημοῦσθαι καὶ ἀσφαλείᾳ, ξυνοίσει· οὐ γὰρ οἷόν τε ἴσον τι ἢ δίκαιον βουλεύεσθαι οἳ ἂν μὴ καὶ παῖδας ἐκ τοῦ ὁμοίου παραβαλλόμενοι κινδυνεύωσιν. [4] ὅσοι δ' αὖ παρηβήκατε, τόν τε πλέονα κέρδος ὃν ηὐτυχεῖτε βίον ἡγεῖσθε καὶ τόνδε βραχὺν ἔσεσθαι, καὶ τῇ τῶνδε εὐκλείᾳ κουφίζεσθε. τὸ γὰρ φιλότιμον ἀγήρων μόνον, καὶ οὐκ ἐν τῷ ἀχρείῳ τῆς ἡλικίας τὸ κερδαίνειν, ὥσπερ τινές φασι, μᾶλλον τέρπει, ἀλλὰ τὸ τιμᾶσθαι.

II.44.1 δι' ὅπερ "On account of which thing" or "for this reason."

οὐκ ὀλοφύρομαι μᾶλλον ἢ παραμυθήσομαι "I do not console so much as encourage."

τραφέντες Aor., pass., part., from τρέφω. It is accusative, because of the indirect statement after ἐπίστανται.

τὸ δ' εὐτυχές Article plus substantive = "Good fortune." Since a definition follows, supply "can be claimed by those."

λάχωσιν Aor., subj., act., from λαγχάνω. NB: It takes the genitive in τελευτῆς and again in λύπης (both are modified by εὐπρεπεστάτης).

ἐνευδαιμονῆσαι This infinitive and ἐντελευτῆσαι indicate the purpose of the verb ξυνεμετρήθη (aor., ind., pass, from συμμετρέω).

II.44.2 πείθειν "To convince you (in the matter of your sons)."

ἠγάλλεσθε Impf., ind., pass., from ἀγάλλω. In the passive (as here), it means to "be glorified in" or " take glory in," and it takes the dative.

λύπη   Supply ἐστί. "Grief exists over."

ὧν   Its antecedent ἀγαθῶν (a neut., pl. substantive) is postponed to the relative clause.

ἀλλ᾽ οὔ   "But there is grief over that thing."

ἐθὰς γενόμενος   "Once a person has gotten used to."

ἀφαιρεθῇ   Aor., subj., pass, from ἀφαιρέω. When used in the passive, it takes a genitive of the thing deprived.

II.44.3   οἷς   Antecedent is "those," the understood subject of καρτερεῖν.

ἡλικία   Subject of an understood ἐστί.

ἰδίᾳ   Contrasted with τῇ πόλει.

λήθη   Predicate noun construction.

διχόθεν...ξυνοίσει   "There will be a twofold advantage." The verb is the fut., ind., act. of συμφέρω.

ἔκ τε τοῦ μὴ ἐρημοῦσθαι   Articular infinitive construction. "From the city not being bereft (of its manpower)." ἐρημοῦσθαι is pres., pass. of ἐρημόω.

οὐ γὰρ οἷον   Supply ἐστί. "For it is not possible."

βουλεύεσθαι   Supply "men" as the infinitive's subject and as the antecedent to the following relative pronoun (οἵ).

οἵ ἂν μὴ καὶ παῖδας ἐκ τοῦ ὁμοίου παραβαλλόμενοι κινδυνεύωσιν   "Who do not undergo danger (κινδυνεύωσιν) in a similar way (ἐκ τοῦ ὁμοίου) by risking (παραβαλλόμενοι) the lives of their children."

II.44.4   παρηβήκατε   Perf., ind., act., from παρηβάω, "Gone beyond (the age of producing children)."

τόν τε πλέονα κέρδος ὃν ηὐτυχεῖτε βίον ἡγεῖσθε   The verb ἡγεῖσθε means "consider"and takes the double accusative construction. Note the deliberately disjointed word order, which draws special attention to κέρδος.

ηὐτυχεῖτε   Impf., ind., act. of εὐτυχέω.

τὸ...φιλότιμον   Substantive: "Love of honor."

τὸ γὰρ φιλότιμον ἀγήρων μόνον   Supply ἐστί.

ἐν τῷ ἀχρείῳ   Another substantive: "In the useless part."

τὸ κερδαίνειν, τὸ τιμᾶσθαι   Articular infinitives, subjects of τέρπει.

☙

II.45.1-2. Sons and brothers of the deceased are addressed. Again, they are not so much consoled as they are reminded of the challenges that await them as a result of the heroism of their fallen relatives. Mothers and widows come last and are treated with what may appear, to modern readers at least, as an insensitive dismissal and as a testament to the Speaker's (and/or Thucydides') low regard for women.

[1] παισὶ δ᾽ αὖ ὅσοι τῶνδε πάρεστε ἢ ἀδελφοῖς ὁρῶ μέγαν τὸν ἀγῶνα (τὸν γὰρ οὐκ ὄντα ἅπας εἴωθεν ἐπαινεῖν), καὶ μόλις ἂν καθ᾽ ὑπερβολὴν ἀρετῆς οὐχ ὁμοῖοι, ἀλλ᾽ ὀλίγῳ χείρους κριθεῖτε. φθόνος γὰρ τοῖς ζῶσι πρὸς τὸ ἀντίπαλον, τὸ δὲ μὴ ἐμποδὼν ἀνανταγωνίστῳ εὐνοίᾳ τετίμηται. [2] εἰ δέ με δεῖ καὶ γυναικείας τι ἀρετῆς, ὅσαι νῦν ἐν χηρείᾳ ἔσονται, μνησθῆναι, βραχείᾳ παραινέσει ἅπαν σημανῶ. τῆς τε γὰρ ὑπαρχούσης φύσεως μὴ χείροσι γενέσθαι ὑμῖν μεγάλη ἡ δόξα καὶ ἧς ἂν ἐπ᾽ ἐλάχιστον ἀρετῆς πέρι ἢ ψόγου ἐν τοῖς ἄρσεσι κλέος ᾖ.

II.45.1 τῶνδε   Referring to the fallen soldiers.

τὸν...οὐκ ὄντα   "Someone not there," that is, "the dead."

εἴωθεν   Perf., ind., act., from ἔθω, "Be accustomed to." Though perfect in form, translate as a present.

καθ᾽ ὑπερβολὴν ἀρετῆς κατά   here seems to mean "in spite of" or "because of."

χείρους = χείρονας.

κριθεῖτε   Aor., opt., pass, from κρίνω.

πρὸς τὸ ἀντίπαλον = πρὸς τοὺς ἀντιπάλους.

τὸ δὲ μὴ ἐμποδών   Subj. of τετίμηται. "That which is not in the way."

ἀνανταγωνίστῳ εὐνοίᾳ   Dative of manner construction, without a preposition.

II.45.2 ὅσαι   The antecedent is γυναῖκες, implied in the adj. γυναικείας.

τῆς τε γὰρ ὑπαρχούσης φύσεως   Genitive of comparison.

μὴ χείροσι γενέσθαι ὑμῖν   Supply ἐστί: "There is glory for you to be not less than."

ἧς ἂν ἐπ᾽ ἐλάχιστον ἀρετῆς πέρι ἢ ψόγου ἐν τοῖς ἄρσεσι κλέος ᾖ.   Before translating, repeat μεγάλη ἡ δόξα and supply ἐκείνη as the antecedent to ἧς.

ἀρετῆς πέρι ἢ ψόγου   The preposition governs both genitives.

ἄρσεσι   Dat., pl. of the adjective ἄρσην; used here as a substantive.

☙

II.46.1-2. The Funeral Oration concludes on a humanitarian note, as provisions are announced for the support of the children orphaned by the war. There is room for one final, brilliant observation, where the Speaker reveals how a *polis* can best be governed. The last sentence may be seen as somewhat callous and the last word as jarring in a speech that is otherwise so lofty.

[1] εἴρηται καὶ ἐμοὶ λόγῳ κατὰ τὸν νόμον ὅσα εἶχον πρόσφορα, καὶ ἔργῳ οἱ θαπτόμενοι τὰ μὲν ἤδη κεκόσμηνται, τὰ δὲ αὐτῶν τοὺς παῖδας τὸ ἀπὸ τοῦδε δημοσίᾳ ἡ πόλις μέχρι ἥβης θρέψει, ὠφέλιμον στέφανον τοῖσδέ τε καὶ τοῖς λειπομένοις τῶν τοιῶνδε ἀγώνων προτιθεῖσα· ἆθλα γὰρ οἷς κεῖται ἀρετῆς μέγιστα, τοῖς δὲ καὶ ἄνδρες ἄριστοι πολιτεύουσιν. [2] νῦν δὲ ἀπολοφυράμενοι ὃν προσήκει ἑκάστῳ ἀποχωρεῖτε.

II.46.1   εἴρηται   Perf., pass. of ἔρω.

ὅσα εἶχον πρόσφορα   "Whatever appropriate things I could (say)."

ἔργῳ   "By their deed(s)."

οἱ θαπτόμενοι   "Those who have been interred."

τὰ μὲν   Used correlatively with the following τὰ δέ.

κεκόσμηνται   Perf., ind., pass., from κοσμέω.

τὸ ἀπὸ τοῦδε   Adverbial construction: "From this time forward."

τῶν τοιῶνδε ἀγώνων   Trans. as a descriptive genitive with στέφανον.

προτιθεῖσα   Aor., act. part., modifying πόλις.

οἷς   Treat the following τοῖς as its antecedent: "On behalf of those (peoples)…, among whom…."

II.46.2   ὃν προσήκει ἑκάστῳ   "What is fitting for each."

☙

II.47.1-4. The account of the great Plague of Athens follows almost immediately after the Funeral Oration. In this chapter, Thucydides summarizes, albeit very briefly, Sparta's military activities at the start of the second year of the War, and then launches into a description of the *nosos*. The juxtaposition of the Funeral Oration and the Plague narrative in the text of the *Histories* has led to speculation that Thucydides may have been making an implied commentary about the true nature of Athenian society and of the Athenian "national character." Given the annalistic method that Thucydides adopted for his *Histories*, however, could he have arranged his material any other way?

[1] τοιόσδε μὲν ὁ τάφος ἐγένετο ἐν τῷ χειμῶνι τούτῳ· καὶ διελθόντος αὐτοῦ πρῶτον ἔτος τοῦ πολέμου τοῦδε ἐτελεύτα. [2] τοῦ δὲ θέρους εὐθὺς ἀρχομένου Πελοποννήσιοι καὶ οἱ ξύμμαχοι τὰ δύο μέρη ὥσπερ καὶ τὸ πρῶτον ἐσέβαλον ἐς τὴν Ἀττικήν (ἡγεῖτο δὲ Ἀρχίδαμος ὁ Ζευξιδάμου Λακεδαιμονίων βασιλεύς), καὶ καθεζόμενοι ἐδῄουν τὴν γῆν. [3] καὶ ὄντων αὐτῶν οὐ πολλάς πω ἡμέρας ἐν τῇ Ἀττικῇ ἡ νόσος πρῶτον ἤρξατο γενέσθαι τοῖς Ἀθηναίοις, λεγόμενον μὲν καὶ πρότερον πολλαχόσε ἐγκατασκῆψαι καὶ περὶ Λῆμνον καὶ ἐν ἄλλοις χωρίοις, οὐ μέντοι τοσοῦτός γε λοιμὸς οὐδὲ φθορὰ οὕτως ἀνθρώπων οὐδαμοῦ ἐμνημονεύετο γενέσθαι. [4] οὔτε γὰρ ἰατροὶ ἤρκουν τὸ πρῶτον θεραπεύοντες ἀγνοίᾳ, ἀλλ᾽ αὐτοὶ μάλιστα ἔθνησκον ὅσῳ καὶ μάλιστα προσῇσαν, οὔτε ἄλλη ἀνθρωπεία τέχνη οὐδεμία· ὅσα τε πρὸς ἱεροῖς ἱκέτευσαν ἢ μαντείοις καὶ τοῖς τοιούτοις ἐχρήσαντο, πάντα ἀνωφελῆ ἦν, τελευτῶντές τε αὐτῶν ἀπέστησαν ὑπὸ τοῦ κακοῦ νικώμενοι.

II.47.1 ἐτελεύτα   Meaning here is intransitive: "came to an end."

II.47.2 τὰ δύο μέρη   That is, "two [of the total three] parts," or "two-thirds" of the male, citizen population of military age. The construction is appositional.

ὥσπερ καὶ τὸ πρῶτον   "Just as [they had done] earlier."

καθεζόμενοι   From καθέζομαι; here, in a military sense, "invest."

ἐδῄουν   Impf., ind., act., 3rd pl. of δαϊόω.

II.47.3 λεγόμενον   This participle, though neuter, goes with ἡ νοσός, a 2nd declension feminine noun, which suggests the more common (and neuter) τὸ νόσημα.

ἐγκατασκῆψαι   Aor., act., inf., from ἐγκατασκήπτω.

ἐμνημονεύετο   Impf., ind., m/p, 3rd sing. of μνημονεύω.

II.47.4 ἤρκουν   Impf., ind., act., 3rd pl of ἀρκέω.

ὅσῳ   "By how much" or "in proportion as."

προσῇσαν   From πρόσειμι.

ὅσα   Treat as the internal acc. of ἱκέτευσαν and ἐχρήσαντο: "in whatever ways."

τελευτῶντες   Trans. as an adverb: "finally."

αὐτῶν   In the genitive case, because of ἀπέστησαν.

☙

II.48.1-3. This is a significant chapter, in that Thucydides lets the reader know that he himself had contracted the Plague, a circumstance which should, by his (or anyone's) estimate, give his account more credibility. In emphasizing the historical value of a description of the Plague which comes from an actual survivor of the Plague, Thucydides seems to be restating his belief that history, like plagues, is cyclical.

[1] ἤρξατο δὲ τὸ μὲν πρῶτον, ὡς λέγεται, ἐξ Αἰθιοπίας τῆς ὑπὲρ Αἰγύπτου, ἔπειτα δὲ καὶ ἐς Αἴγυπτον καὶ Λιβύην κατέβη καὶ ἐς τὴν βασιλέως γῆν τὴν πολλήν. [2] ἐς δὲ τὴν Ἀθηναίων πόλιν ἐξαπιναίως ἐσέπεσε, καὶ τὸ πρῶτον ἐν τῷ Πειραιεῖ ἥψατο τῶν ἀνθρώπων, ὥστε καὶ ἐλέχθη ὑπ᾽ αὐτῶν ὡς οἱ Πελοποννήσιοι φάρμακα ἐσβεβλήκοιεν ἐς τὰ φρέατα· κρῆναι γὰρ οὔπω ἦσαν αὐτόθι. ὕστερον δὲ καὶ ἐς τὴν ἄνω πόλιν ἀφίκετο, καὶ ἔθνησκον πολλῷ μᾶλλον ἤδη. [3] λεγέτω μὲν οὖν περὶ αὐτοῦ ὡς ἕκαστος γιγνώσκει καὶ ἰατρὸς καὶ ἰδιώτης, ἀφ᾽ ὅτου εἰκὸς ἦν γενέσθαι αὐτό, καὶ τὰς αἰτίας ἅστινας νομίζει τοσαύτης μεταβολῆς ἱκανάς· ἐγὼ δὲ οἷόν τε ἐγίγνετο λέξω, καὶ ἀφ᾽ ὧν ἄν τις σκοπῶν, εἴ ποτε καὶ αὖθις ἐπιπέσοι, μάλιστ᾽ ἂν ἔχοι τι προειδὼς μὴ ἀγνοεῖν, ταῦτα δηλώσω αὐτός τε νοσήσας καὶ αὐτὸς ἰδὼν ἄλλους πάσχοντας.

II.48.1 ἤρξατο Subject is τὸ κακόν.

βασιλέως The Persian "king," that is.

II.48.2 ἥψατο τῶν ἀνθρώπων The verb ἅπτομαι takes the genitive.

ἐλέχθη Aor., ind., pass., from λέγω. Used impersonally here.

ἐσβεβλήκοιεν Perf., opt., act., from εἰσβάλλω.

ἐς τὴν ἄνω πόλιν Athens proper.

ἔθνησκον Subject is "people."

II.48.3 λεγέτω Pres., imper., 3rd, sing.

αὐτοῦ Refers to the Plague.

εἰκὸς ἦν Takes the acc./inf. construction in γενέσθαι αὐτό.

ἱκανάς Supply εἶναι.

λέξω In contrast to the earlier λεγέτω.

ὧν The antecedent is ταῦτα (much later in the sentence and the object of δηλώσω).

ἐπιπέσοι Aor., opt., act., from ἐπιπίπτω.

μάλιστ᾽ ἂν ἔχοι τι προειδὼς μὴ ἀγνοεῖν "Might especially (μάλιστ᾽) be able (ἂν ἔχοι) to recognize it (μὴ ἀγνοεῖν), by knowing something in advance (τι προειδὼς)."

☙

II.49.1-8. Thucydides dons his laboratory coat in this chapter and gives a detailed account of the symptoms of the Plague. In a sense, his methodology is not all that different here from elsewhere in his *Histories*, where an important part of his approach is to observe things and then to write down what he has observed. The language in this chapter is, in general, fairly straightforward, and even the medical terms can be readily retrieved in a small Greek-English dictionary. Predictably, Thucydides saves his more complicated style for the later sections of the Plague account, where the psychological effects of the disease are described.

[1] τὸ μὲν γὰρ ἔτος, ὡς ὡμολογεῖτο, ἐκ πάντων μάλιστα δὴ ἐκεῖνο ἄνοσον ἐς τὰς ἄλλας ἀσθενείας ἐτύγχανεν ὄν· εἰ δέ τις καὶ προύκαμνέ τι, ἐς τοῦτο πάντα ἀπεκρίθη. [2] τοὺς δὲ ἄλλους ἀπ᾽ οὐδεμιᾶς προφάσεως, ἀλλ᾽ ἐξαίφνης ὑγιεῖς ὄντας πρῶτον μὲν τῆς κεφαλῆς θέρμαι ἰσχυραὶ καὶ τῶν ὀφθαλμῶν ἐρυθήματα καὶ φλόγωσις ἐλάμβανε, καὶ τὰ ἐντός, ἥ τε φάρυγξ καὶ ἡ γλῶσσα, εὐθὺς αἱματώδη ἦν καὶ πνεῦμα ἄτοπον καὶ δυσῶδες ἡφίει· [3] ἔπειτα ἐξ αὐτῶν πταρμὸς καὶ βράγχος ἐπεγίγνετο, καὶ ἐν οὐ πολλῷ χρόνῳ κατέβαινεν ἐς τὰ στήθη ὁ πόνος μετὰ βηχὸς ἰσχυροῦ· καὶ ὁπότε ἐς τὴν καρδίαν στηρίξειεν, ἀνέστρεφέ τε αὐτὴν καὶ ἀποκαθάρσεις χολῆς πᾶσαι ὅσαι ὑπὸ ἰατρῶν ὠνομασμέναι εἰσὶν ἐπῇσαν, καὶ αὗται μετὰ ταλαιπωρίας μεγάλης. [4] λύγξ τε τοῖς πλέοσιν ἐνέπιπτε κενή, σπασμὸν ἐνδιδοῦσα ἰσχυρόν, τοῖς μὲν μετὰ ταῦτα λωφήσαντα, τοῖς δὲ καὶ πολλῷ ὕστερον. [5] καὶ τὸ μὲν ἔξωθεν ἀπτομένῳ σῶμα οὔτ᾽ ἄγαν θερμὸν ἦν οὔτε χλωρόν, ἀλλ᾽ ὑπέρυθρον, πελιτνόν, φλυκταίναις μικραῖς καὶ ἕλκεσιν ἐξηνθηκός· τὰ δὲ ἐντὸς οὕτως ἐκάετο ὥστε μήτε τῶν πάνυ λεπτῶν ἱματίων καὶ σινδόνων τὰς ἐπιβολὰς μηδ᾽ ἄλλο τι ἢ γυμνοὶ ἀνέχεσθαι, ἥδιστά τε ἂν ἐς ὕδωρ ψυχρὸν σφᾶς αὐτοὺς ῥίπτειν. καὶ πολλοὶ τοῦτο τῶν ἡμελημένων ἀνθρώπων καὶ ἔδρασαν ἐς φρέατα, τῇ δίψῃ ἀπαύστῳ ξυνεχόμενοι· καὶ ἐν τῷ ὁμοίῳ καθειστήκει τό τε πλέον καὶ ἔλασσον ποτόν. [6] καὶ ἡ ἀπορία τοῦ μὴ ἡσυχάζειν καὶ ἡ ἀγρυπνία ἐπέκειτο διὰ παντός. καὶ τὸ σῶμα, ὅσονπερ χρόνον καὶ ἡ νόσος ἀκμάζοι, οὐκ ἐμαραίνετο, ἀλλ᾽ ἀντεῖχε παρὰ δόξαν τῇ ταλαιπωρίᾳ, ὥστε ἢ διεφθείροντο οἱ πλεῖστοι ἐναταῖοι καὶ ἑβδομαῖοι ὑπὸ τοῦ ἐντὸς καύματος, ἔτι ἔχοντές τι δυνάμεως, ἢ εἰ διαφύγοιεν, ἐπικατιόντος τοῦ νοσήματος ἐς τὴν κοιλίαν καὶ ἑλκώσεώς τε αὐτῇ ἰσχυρᾶς ἐγγιγνομένης καὶ διαρροίας ἅμα ἀκράτου ἐπιπιπτούσης οἱ πολλοὶ ὕστερον δι᾽ αὐτὴν ἀσθενείᾳ διεφθείροντο. [7] διεξῄει γὰρ διὰ παντὸς τοῦ σώματος ἄνωθεν ἀρξάμενον τὸ ἐν τῇ κεφαλῇ πρῶτον ἱδρυθὲν κακόν, καὶ εἴ τις ἐκ τῶν μεγίστων περιγένοιτο, τῶν γε ἀκρωτηρίων ἀντίληψις αὐτοῦ ἐπεσήμαινεν. [8] κατέσκηπτε γὰρ

ἐς αἰδοῖα καὶ ἐς ἄκρας χεῖρας καὶ πόδας, καὶ πολλοὶ στερισκόμενοι τούτων διέφευγον, εἰσὶ δ᾽ οἳ καὶ τῶν ὀφθαλμῶν. τοὺς δὲ καὶ λήθη ἐλάμβανε παραυτίκα ἀναστάντας τῶν πάντων ὁμοίως, καὶ ἠγνόησαν σφᾶς τε αὐτοὺς καὶ τοὺς ἐπιτηδείους.

II.49.1   τὸ ἔτος… ἐκεῖνο ἄνοσον   The words belong together grammatically.

ἐτύγχανεν ὄν   "Happened to be" (τυγχάνω + participle).

ἐς τοῦτο πάντα ἀπεκρίθη   "All (the other illnesses) were channelled (ἀπεκρίθη) into this (the Plague)." The verb is aor., ind., pass., from ἀποκρίνω.

II.49.2   τοὺς δὲ ἄλλους   That is, those who had been perfectly healthy before contracting the Plague. Direct object of ἐλάμβανε.

ἀπ᾽ οὐδεμιᾶς προφάσεως   "From no apparent cause."

ἠφίει   Imperf., ind., act., from ἀφίημι.

II.49.3   καρδίαν   "Stomach" in this instance, and not "heart."

στηρίξειεν   Aor., opt., act., from στηρίζω.

ἀνέστρεφέ   "Turned upside down" or "upset."

ὅσαι ὑπὸ ἰατρῶν ὠνομασμέναι εἰσὶν   "As many as have been classified by physicians."

II.49.4   ἐνδιδοῦσα   "Producing."

λωφήσαντα   Modifies ταῦτα. Note the τοῖς μέν…τοῖς δέ construction.

II.49.5   τὸ μὲν ἔξωθεν   Adverbial: "On the outside."

ἁπτομένῳ   Dative of reference: "To someone touching (an infected person)."

ἐκάετο   Imperf., ind., pass., from καίω: subject is τὰ δὲ ἐντός ("their insides").

τῶν πάνυ λεπτῶν ἱματίων καὶ σινδόνων   The descriptive genitives are to be taken with τὰς ἐπιβολάς.

μηδ᾽ ἄλλο τι ἢ γυμνοὶ   "Nothing other than being [with ὄντες understood] naked." The phrase is the object of ἀνέχεσθαι ("endure").

ἥδιστά τε ἄν…σφᾶς αὐτοὺς ῥίπτειν   "Most gladly they would have thrown themselves." (ῥίπτειν is the second inf. of the ὥστε clause.)

ἠμελημένων   Part., from ἀμελέω.

πολλοὶ τοῦτο τῶν ἠμελημένων ἀνθρώπων καὶ ἔδρασαν ἐς φρέατα   A compressed clause: "Many of the neglected did this (by throwing themselves) into cisterns."

ξυνεχόμενοι   "Held by" or "gripped by."

ἐν τῷ ὁμοίῳ καθειστήκει   "Was all the same." The pluperf., act. of καθίστημι is the equivalent here of the verb "to be."

II.49.6   τοῦ μὴ ἡσυχάζειν   Articular inf., used as descriptive gen. with ἡ ἀπορία.

ὅσονπερ χρόνον   "For as long a time as."

διὰ παντός   "Through it all."

ἀντεῖχε   Takes the dat. in τῇ ταλαιπωρίᾳ.

ἐπικατιόντος τοῦ νοσήματος   This gen. absolute is followed by two others, ἑλκώσεως...ἐγγιγνομένης and διαρροίας...ἐπιπιπτούσης   All three indicate "attendant circumstance."

II.49.7   διεξῄει   Imperf., ind., act., from διέξειμι.

τὸ ἐν τῇ κεφαλῇ πρῶτον ἱδρυθὲν κακόν   Subject phrase for διεξῄει.

ἱδρυθὲν   Aor., pass., part., from ἱδρύω.

τῶν γε ἀκρωτηρίων ἀντίληψις αὐτοῦ ἐπεσήμαινεν   "A seizure (ἀντίληψις) of the extremities (τῶν ἀκρωτηρίων) left marks (ἐπεσήμαινεν) there (αὐτοῦ)."

II.49.8   διέφευγον   "Escaped (death)."

λήθη...τῶν πάντων ὁμοίως   "Total amnesia."

ἀναστάντας   "Those who recovered" (obj. of ἐλάμβανε).

☙

II.50.1-2. Even in this somewhat disturbing chapter, with its rather ghoulish theme, Thucydides stays in full control and continues to rely on *tekmêria* or "positive evidence" in constructing his historical narrative.

[1] γενόμενον γὰρ κρεῖσσον λόγου τὸ εἶδος τῆς νόσου τά τε ἄλλα χαλεπωτέρως ἢ κατὰ τὴν ἀνθρωπείαν φύσιν προσέπιπτεν ἑκάστῳ καὶ ἐν τῷδε ἐδήλωσε μάλιστα ἄλλο τι ὂν ἢ τῶν ξυντρόφων τι· τὰ γὰρ ὄρνεα καὶ τετράποδα ὅσα ἀνθρώπων ἅπτεται, πολλῶν ἀτάφων γιγνομένων ἢ οὐ προσῄει ἢ γευσάμενα διεφθείρετο. [2] τεκμήριον δέ· τῶν μὲν τοιούτων ὀρνίθων ἐπίλειψις σαφὴς ἐγένετο, καὶ οὐχ ἑωρῶντο οὔτε ἄλλως οὔτε περὶ τοιοῦτον οὐδέν· οἱ δὲ κύνες μᾶλλον αἴσθησιν παρεῖχον τοῦ ἀποβαίνοντος διὰ τὸ ξυνδιαιτᾶσθαι.

II.50.1   γενόμενον   Trans. with τὸ εἶδος τῆς νόσου.

τά...ἄλλα   "In other respects."

ἐδήλωσε μάλιστα ἄλλο τι ὄν   The participle ὂν goes with ἐδήλωσε. "It especially showed itself to be something other."

πολλῶν ἀτάφων γιγνομένων   Gen. absolute: trans. as a concessive clause ("Though...").

προσῄει   Imperf., ind., act., from πρόσειμι.

II.50.2   σαφὴς ἐγένετο   "Became apparent."

περὶ τοιοῦτον οὐδέν   "With any such activity." That is, even if such birds were seen, they stayed away from the unburied corpses.

τοῦ ἀποβαίνοντος   "Of their being scarce."

διὰ τὸ ξυνδιαιτᾶσθαι   Articular inf. construction.

☙

II.51.1-6. Thucydides tells us here that the Plague swept away large numbers of Athenians and inevitably led to a sense of hopelessness on the part of the victims and their families. The fact that Thucydides seems to be very much aware of immunity makes this passage important to anyone interested in the history of medicine. When reading at the end of this chapter about the psychological effects of recovery, one cannot help but wonder whether Thucydides was describing here his own mental state in the wake of his own recovery.

[1] τὸ μὲν οὖν νόσημα, πολλὰ καὶ ἄλλα παραλιπόντι ἀτοπίας, ὡς ἑκάστῳ ἐτύγχανέ τι διαφερόντως ἑτέρῳ πρὸς ἕτερον γιγνόμενον, τοιοῦτον ἦν ἐπὶ πᾶν τὴν ἰδέαν. καὶ ἄλλο παρελύπει κατ᾽ ἐκεῖνον τὸν χρόνον οὐδὲν τῶν εἰωθότων· ὃ δὲ καὶ γένοιτο, ἐς τοῦτο ἐτελεύτα. [2] ἔθνῃσκον δὲ οἱ μὲν ἀμελείᾳ, οἱ δὲ καὶ πάνυ θεραπευόμενοι. ἕν τε οὐδὲν κατέστη ἴαμα ὡς εἰπεῖν ὅτι χρῆν προσφέροντας ὠφελεῖν· τὸ γάρ τῳ ξυνενεγκὸν ἄλλον τοῦτο ἔβλαπτεν. [3] σῶμά τε αὔταρκες ὂν οὐδὲν διεφάνη πρὸς αὐτὸ ἰσχύος πέρι ἢ ἀσθενείας, ἀλλὰ πάντα ξυνῄρει καὶ τὰ πάσῃ διαίτῃ θεραπευόμενα. [4] δεινότατον δὲ παντὸς ἦν τοῦ κακοῦ ἥ τε ἀθυμία ὁπότε τις αἴσθοιτο κάμνων (πρὸς γὰρ τὸ ἀνέλπιστον εὐθὺς τραπόμενοι τῇ γνώμῃ πολλῷ μᾶλλον προΐεντο σφᾶς αὐτοὺς καὶ οὐκ ἀντεῖχον), καὶ ὅτι ἕτερος ἀφ᾽ ἑτέρου θεραπείας ἀναπιμπλάμενοι ὥσπερ τὰ πρόβατα ἔθνῃσκον· καὶ τὸν πλεῖστον φθόρον τοῦτο ἐνεποίει. [5] εἴτε γὰρ μὴ ᾽θέλοιεν δεδιότες ἀλλήλοις προσιέναι, ἀπώλλυντο ἔρημοι, καὶ οἰκίαι πολλαὶ ἐκενώθησαν ἀπορίᾳ τοῦ θεραπεύσοντος· εἴτε προσίοιεν, διεφθείροντο, καὶ μάλιστα οἱ ἀρετῆς τι μεταποιούμενοι· αἰσχύνῃ γὰρ ἠφείδουν σφῶν αὐτῶν ἐσιόντες παρὰ τοὺς φίλους, ἐπεὶ καὶ τὰς ὀλοφύρσεις τῶν ἀπογιγνομένων τελευτῶντες καὶ οἱ οἰκεῖοι ἐξέκαμνον ὑπὸ τοῦ πολλοῦ κακοῦ νικώμενοι. [6] ἐπὶ πλέον δ᾽ ὅμως οἱ διαπεφευγότες τόν τε θνῄσκοντα καὶ τὸν πονούμενον ᾤκτίζοντο διὰ τὸ προειδέναι τε καὶ αὐτοὶ ἤδη ἐν τῷ θαρσαλέῳ εἶναι· δὶς γὰρ τὸν αὐτόν, ὥστε καὶ κτείνειν, οὐκ ἐπελάμβανεν. καὶ ἐμακαρίζοντό τε ὑπὸ τῶν ἄλλων, καὶ αὐτοὶ τῷ παραχρῆμα περιχαρεῖ καὶ ἐς τὸν ἔπειτα χρόνον ἐλπίδος τι εἶχον κούφης μηδ᾽ ἂν ὑπ᾽ ἄλλου νοσήματός ποτε ἔτι διαφθαρῆναι.

II.51.1 παραλιπόντι The part. modifies an understood, indefinite pronoun (e.g., "someone"). Trans. with τὸ μὲν οὖν νόσημα...τοιοῦτον ἦν ἐπὶ πᾶν τὴν ἰδέαν: "Such was the disease overall (ἐπὶ πᾶν) in terms of its appearance (τὴν ἰδέαν) for someone who leaves out...."

ὡς ἑκάστῳ ἐτύγχανέ τι διαφερόντως ἑτέρῳ πρὸς ἕτερον γιγνόμενον   "How it happened to occur (ἐτύγχανε…γιγνόμενον) somewhat differently (τι διαφερόντως) from each person (ἑκάστῳ…ἑτέρῳ) to the other (πρὸς ἕτερον)."

II.51.2   κατέστη   Its meaning here is equivalent to that of the verb εἶναι.

ὡς εἰπεῖν   Qualifies the previous generalization.

ὅτι χρῆν προσφέροντας ὠφελεῖν   "Which necessarily helped (χρῆν…ὠφελεῖν) those bringing it (προσφέροντας)."

τὸ γὰρ τῳ ξυνενεγκὸν   The part. comes from συμφέρω: "The thing which helped someone."

II.51.3   ὃν οὐδὲν διεφάνη   The verb (aor., ind., pass., from διαφαίνω) goes with the participle.

ἰσχύος πέρι ἢ ἀσθενείας   "From the standpoint of strength or weakness."

ξυνῄρει   Supply σώματα as the obj.

II.51.4   αἴσθοιτο   Aor., opt., mid., from αἰσθάνομαι. Translate with κάμνων.

τὸ ἀνέλπιστον   Substantive adj.

τραπόμενοι   Aor., mid., part., from τρέπω.

ὅτι ἕτερος ἀφ' ἑτέρου θεραπείας ἀναπιμπλάμενοι   The part. (pres., pass., from ἀναπίμπλημι), though plural, modifies ἕτερος.

II.51.5   δεδιότες   Perf., act., part., from δείδω.

ἀπώλλυντο   Subject is "the sick."

ἐκενώθησαν   Aor., ind., pass., from κενόω.

προσίοιεν   Pres., opt., act., from πρόσειμι.

διεφθείροντο   Imperf., ind., pass., from διαφθείρω.

οἱ ἀρετῆς τι μεταποιούμενοι   "Those who had a stake in virtue."

ἠφείδουν   Imperf., ind., act., from ἀφειδέω. Translate with σφῶν αὐτῶν.

τῶν ἀπογιγνομένων   "Of those who were dying."

τελευτῶντες   Treat as an adverb: "Finally."

II.51.6   διαπεφευγότες   Perf., act., part., from φεύγω: "The survivors (of the Plague)."

διὰ τὸ προειδέναι τε καὶ αὐτοὶ ἤδη ἐν τῷ θαρσαλέῳ εἶναι   Two articular inf. constructions are used to explain the compassion of the survivors.

τῷ παραχρῆμα περιχαρεῖ   "In their present state of joy."

ἐλπίδος τι εἶχον κούφης   "Had something of a vain hope."

διαφθαρῆναι   Aor., pass., inf., from διαφθείρω.

ℭℨ

II.52.1-4. The macabre story of the Plague and its consequences continues. The passage inevitably calls to mind the stirring evocation of a stately Athens in the Funeral Oration. Without his having to say so, Thucydides has told here a story of "how the mighty have fallen."

[1] ἐπίεσε δ' αὐτοὺς μᾶλλον πρὸς τῷ ὑπάρχοντι πόνῳ καὶ ἡ ξυγκομιδὴ ἐκ τῶν ἀγρῶν ἐς τὸ ἄστυ, καὶ οὐχ ἧσσον τοὺς ἐπελθόντας. [2] οἰκιῶν γὰρ οὐχ ὑπαρχουσῶν, ἀλλ' ἐν καλύβαις πνιγηραῖς ὥρᾳ ἔτους διαιτωμένων ὁ φθόρος ἐγίγνετο οὐδενὶ κόσμῳ, ἀλλὰ καὶ νεκροὶ ἐπ' ἀλλήλοις ἀποθνήσκοντες ἔκειντο καὶ ἐν ταῖς ὁδοῖς ἐκαλινδοῦντο καὶ περὶ τὰς κρήνας ἁπάσας ἡμιθνῆτες τοῦ ὕδατος ἐπιθυμίᾳ. [3] τά τε ἱερὰ ἐν οἷς ἐσκήνηντο νεκρῶν πλέα ἦν, αὐτοῦ ἐναποθνησκόντων· ὑπερβιαζομένου γὰρ τοῦ κακοῦ οἱ ἄνθρωποι, οὐκ ἔχοντες ὅτι γένωνται, ἐς ὀλιγωρίαν ἐτράποντο καὶ ἱερῶν καὶ ὁσίων ὁμοίως. [4] νόμοι τε πάντες ξυνεταράχθησαν οἷς ἐχρῶντο πρότερον περὶ τὰς ταφάς, ἔθαπτον δὲ ὡς ἕκαστος ἐδύνατο. καὶ πολλοὶ ἐς ἀναισχύντους θήκας ἐτράποντο σπάνει τῶν ἐπιτηδείων διὰ τὸ συχνοὺς ἤδη προτεθνάναι σφίσιν· ἐπὶ πυρὰς γὰρ ἀλλοτρίας φθάσαντες τοὺς νήσαντας οἱ μὲν ἐπιθέντες τὸν ἑαυτῶν νεκρὸν ὑφῆπτον, οἱ δὲ καιομένου ἄλλου ἐπιβαλόντες ἄνωθεν ὃν φέροιεν ἀπῇσαν.

II.52.1 πρός   "In addition to."

οὐχ ἧσσον τοὺς ἐπελθόντας   "[The crowding oppressed] even more the newcomers."

II.52.2 ὥρᾳ ἔτους   "At this time of the year." In other words, because it was summer.

διαιτωμένων   Supply "the people" as the noun for the gen. absolute.

νεκροὶ ἐπ' ἀλλήλοις ἀποθνήσκοντες ἔκειντο νεκροί   must mean something other than "corpses" in this sentence. Perhaps, "bodies."

ἡμιθνῆτες   Nom., masc., pl. adj., from ἡμιθνής, ἡμιθνῆτος: "half-dead."

τοῦ ὕδατος   Obj. genitive, with ἐπιθυμίᾳ.

II.52.3 ἐναποθνησκόντων   As with διαιτωμένων (above), supply "the people."

ὑπερβιαζομένου...τοῦ κακοῦ   Gen. absolute.

οὐκ ἔχοντες ὅτι γένωνται   "Not having [any idea] as to what would become of them."

ἐτράποντο   Aor., ind., mid., from τρέπω.

καὶ ἱερῶν καὶ ὁσίων ὁμοίως   Trans. with ἐς ὀλιγωρίαν.

II.52.4 ξυνεταράχθησαν   Aor., ind., pass., from ξυνταράσσω.

σπάνει   Dat. of cause.

διὰ τὸ συχνοὺς ἤδη προτεθνάναι σφίσιν   The articular inf. explains why there was a shortage of ἐπιτηδείων.

προτεθνάναι   Perf., act., inf., from προθνήσκω.

φθάσαντες τοὺς νήσαντας   The first participle, φθάσαντες (aor., act., from φθάνω) modifies the subj. pronouns οἱ μέν...οἱ δέ and takes τοὺς νήσαντας as its object.

καιομένου ἄλλου   Supply νεκροῦ with this gen. absolute.

ἀπῇσαν   Imperf., ind., act., from ἄπειμι.

☙

II.53.1-4. Additional forms of lawlessness are described here in language that can only be characterized as complex. Some of the ideas emerge from their sentences with sufficient clarity, while others need to be carefully coaxed out before they can be understood. The extra effort is worthwhile, however, since it eventually becomes apparent that some of Thucydides' best thinking went into this passage.

[1] πρῶτόν τε ἦρξε καὶ ἐς τἆλλα τῇ πόλει ἐπὶ πλέον ἀνομίας τὸ νόσημα. ῥᾷον γὰρ ἐτόλμα τις ἃ πρότερον ἀπεκρύπτετο μὴ καθ᾽ ἡδονὴν ποιεῖν, ἀγχίστροφον τὴν μεταβολὴν ὁρῶντες τῶν τε εὐδαιμόνων καὶ αἰφνιδίως θνησκόντων καὶ τῶν οὐδὲν πρότερον κεκτημένων, εὐθὺς δὲ τἀκείνων ἐχόντων. [2] ὥστε ταχείας τὰς ἐπαυρέσεις καὶ πρὸς τὸ τερπνὸν ἠξίουν ποιεῖσθαι, ἐφήμερα τά τε σώματα καὶ τὰ χρήματα ὁμοίως ἡγούμενοι. [3] καὶ τὸ μὲν προσταλαιπωρεῖν τῷ δόξαντι καλῷ οὐδεὶς πρόθυμος ἦν, ἄδηλον νομίζων εἰ πρὶν ἐπ᾽ αὐτὸ ἐλθεῖν διαφθαρήσεται· ὅτι δὲ ἤδη τε ἡδὺ πανταχόθεν τε ἐς αὐτὸ κερδαλέον, τοῦτο καὶ καλὸν καὶ χρήσιμον κατέστη. [4] θεῶν δὲ φόβος ἢ ἀνθρώπων νόμος οὐδεὶς ἀπεῖργε, τὸ μὲν κρίνοντες ἐν ὁμοίῳ καὶ σέβειν καὶ μὴ ἐκ τοῦ πάντας ὁρᾶν ἐν ἴσῳ ἀπολλυμένους, τῶν δὲ ἁμαρτημάτων οὐδεὶς ἐλπίζων μέχρι τοῦ δίκην γενέσθαι βιοὺς ἂν τὴν τιμωρίαν ἀντιδοῦναι, πολὺ δὲ μείζω τὴν ἤδη κατεψηφισμένην σφῶν ἐπικρεμασθῆναι, ἣν πρὶν ἐμπεσεῖν εἰκὸς εἶναι τοῦ βίου τι ἀπολαῦσαι.

II.53.1   ἐς τἆλλα   "In other ways [besides the desecration of funeral practices]."

ἀνομίας   Gen. case, governed by ἦρξε.

ῥᾷον   Adverb: "More readily."

ἃ πρότερον ἀπεκρύπτετο μὴ καθ᾽ ἡδονὴν ποιεῖν   "What things he previously concealed [by claiming that he had] not done something for the sake of his own pleasure." The antecedent of ἃ is the understood object of ἐτόλμα.

ἀγχίστροφον τὴν μεταβολὴν   "Sudden transformation."

τῶν τε εὐδαιμόνων καὶ αἰφνιδίως θνησκόντων   The two pairs of gen. constructions are governed by τὴν μεταβολὴν. The first pair of genitives: "Men who were prosperous and who are in an instant dead."

τῶν οὐδὲν πρότερον κεκτημένων, εὐθὺς δὲ τἀκείνων ἐχόντων   The second pair of genitives.

κεκτημένων   Perf., mid. part., from κτάομαι.

τἀκείνων   refers to the property of τῶν τε εὐδαιμόνων καὶ αἰφνιδίως θνησκόντων.

II.53.2   ταχείας τὰς ἐπαυρέσεις καὶ πρὸς τὸ τερπνὸν ἠξίουν ποιεῖσθαι   "They [the subject of ἠξίουν, impf., ind., act., from ἀξιόω] demanded gratification (ἐπαυρέσεις) that was instant (ταχείας) and conducive to pleasure (πρὸς τὸ τερπνὸν…ποιεῖσθαι)."

II.53.3   τὸ μὲν προσταλαιπωρεῖν   Trans. as an acc. of respect: "In respect to striving in an extra way."

τῷ δόξαντι καλῷ   "For something seemingly good."

ἄδηλον νομίζων   Supply εἶναι.

ἐπ᾽ αὐτο   Refers to τὸ καλόν.

διαφθαρήσεται   Fut., ind., pass., from διαφθείρω.

ὅτι δὲ ἤδη τε ἡδὺ πανταχόθεν   Supply ἦν: "Whatever was…."

τε ἐς αὐτὸ κερδαλέον   "And helpful towards its [pleasure's] pursuit."

καλὸν καὶ χρήσιμον   Both adjectives are used as substantives.

κατέστη   Aor., ind., act., from καθίστημι: here, it is the equivalent of the verb "to be."

II.53.4   οὐδεὶς   Take with φόβος and νόμος.

τὸ μὲν   "On the one hand."

κρίνοντες ἐν ὁμοίῳ καὶ σέβειν καὶ μη   The participle modifies "they." "Judging it to be the same whether they were pious or not."

ἐκ τοῦ πάντας ὁρᾶν ἐν ἴσῳ ἀπολλυμένους   The articular inf. (ἐκ τοῦ ὁρᾶν) explains the reason for their "judging it to be the same…," namely, because they saw that everyone died, no matter what.

τῶν δὲ ἁμαρτημάτων   Translate with τὴν τιμωρίαν, the obj of ἀντιδοῦναι.

οὐδεὶς ἐλπίζων μέχρι τοῦ δίκην γενέσθαι βιοὺς ἂν τὴν τιμωρίαν ἀντιδοῦναι   The syntax here is rather loose. "No one expected to be alive to face a trial and pay retribution."

•

II.54.1-3 Thucydides relates the existence of an oracle—he does not specify which one—which, depending on its exact language, may have predicted the Plague. The passage is important to anyone wishing to gain some understanding of Thucydides' views on religion in general and on oracles in particular.

[1] τοιούτῳ μὲν πάθει οἱ Ἀθηναῖοι περιπεσόντες ἐπιέζοντο, ἀνθρώπων τ᾽ ἔνδον θνησκόντων καὶ γῆς ἔξω δηουμένης. [2] ἐν δὲ τῷ κακῷ οἷα εἰκὸς ἀνεμνήσθησαν καὶ τοῦδε τοῦ ἔπους, φάσκοντες οἱ πρεσβύτεροι πάλαι ᾄδεσθαι

ἥξει Δωριακὸς πόλεμος καὶ λοιμὸς ἅμ᾽ αὐτῷ.

[3] ἐγένετο μὲν οὖν ἔρις τοῖς ἀνθρώποις μὴ λοιμὸν ὠνομάσθαι ἐν τῷ ἔπει ὑπὸ τῶν παλαιῶν, ἀλλὰ λιμόν, ἐνίκησε δὲ ἐπὶ τοῦ παρόντος εἰκότως λοιμὸν εἰρῆσθαι· οἱ γὰρ ἄνθρωποι πρὸς ἃ ἔπασχον τὴν μνήμην ἐποιοῦντο. ἢν δέ γε οἶμαί ποτε ἄλλος πόλεμος καταλάβῃ Δωρικὸς τοῦδε ὕστερος καὶ ξυμβῇ γενέσθαι λιμόν, κατὰ τὸ εἰκὸς οὕτως ᾄσονται.

II.54.1 δηουμένης Pres., pass., part., from δηιόω, in a gen. absolute construction with γῆς.

II.54.2 οἷα εἰκὸς "As was likely."

ἀνεμνήσθησαν Aor., ind., pass., from ἀναμιμνήσκω: "Remembered." The verb's subject, "they," is made more specific with οἱ πρεσβύτεροι.

ἔπους "Verse," since it refers to an oracular utterance.

ᾄδεσθαι Pres., pass. inf., from ἀείδω. τὸ ἔπος is to be supplied as the acc. subject of the indirect statement.

II.54.3 μὴ λοιμὸν ὠνομάσθαι ἐν τῷ ἔπει ὑπὸ τῶν παλαιῶν, ἀλλὰ λιμόν The indirect statement here is triggered by ἐγένετο…ἔρις τοῖς ἀνθρώποις: "There was a dispute among the men, (with some of them saying) that…."

ὠνομάσθαι Perf., pass., inf., from ὀνομάζω.

ἐπὶ τοῦ παρόντος "Under the circumstances."

λοιμὸν εἰρῆσθαι Make this infinitive phrase, "that λοιμός had been said," the subject of ἐνίκησε.

εἰρῆσθαι Perf., pass., inf., from ἐρῶ.

τὴν μνήμην ἐποιοῦντο "Were making their memory (fit)."

τοῦδε ὕστερος "After this one."

καὶ ξυμβῇ "If it should happen." The verb is aor., subj., act., from συμβαίνω.

κατὰ τὸ εἰκὸς οὕτως ᾄσονται "It is likely that they will recite (the prophecy) thus [that is, in accordance with what actually happened]."

ᾄσονται Fut., ind., mid., from ἀείδω.

☙

III.37.1-5. The year is 427 and the Athenian Assembly has resolved to punish with death and enslavement the citizens of Mytilene, a city which had revolted against Athens. Thucydides tells us (III.36) that the members of the Assembly had a change of heart the day after their original vote and arranged to meet again to discuss their options. Two speakers are recorded by Thucydides as having spoken at this second meeting: Cleon, who spoke in favor of the original vote, and Diodotus, who argued against it. Below is the opening of Cleon's speech, one of the most challenging in all of Thucydides' *Histories*, both because of the difficulties in syntax and vocabulary, but also because of the novelty of the ideas expressed therein. It should be noted that Thucydides, in what may be termed a rare editorial, refers to Cleon, in the sentence immediately preceding this section, as a "man with a violent character."

[1] πολλάκις μὲν ἤδη ἔγωγε καὶ ἄλλοτε ἔγνων δημοκρατίαν ὅτι ἀδύνατόν ἐστιν ἑτέρων ἄρχειν, μάλιστα δ᾽ ἐν τῇ νῦν ὑμετέρᾳ περὶ Μυτιληναίων μεταμελείᾳ. [2] διὰ γὰρ τὸ καθ᾽ ἡμέραν ἀδεὲς καὶ ἀνεπιβούλευτον πρὸς ἀλλήλους καὶ ἐς τοὺς ξυμμάχους τὸ αὐτὸ ἔχετε, καὶ ὅτι ἂν ἢ λόγῳ πεισθέντες ὑπ᾽ αὐτῶν ἁμάρτητε ἢ οἴκτῳ ἐνδῶτε, οὐκ ἐπικινδύνως ἡγεῖσθε ἐς ὑμᾶς καὶ οὐκ ἐς τὴν τῶν ξυμμάχων χάριν μαλακίζεσθαι, οὐ σκοποῦντες ὅτι τυραννίδα ἔχετε τὴν ἀρχὴν καὶ πρὸς ἐπιβουλεύοντας αὐτοὺς καὶ ἄκοντας ἀρχομένους, οἳ οὐκ ἐξ ὧν ἂν χαρίζησθε βλαπτόμενοι αὐτοὶ ἀκροῶνται ὑμῶν, ἀλλ᾽ ἐξ ὧν ἂν ἰσχύι μᾶλλον ἢ τῇ ἐκείνων εὐνοίᾳ περιγένησθε. [3] πάντων δὲ δεινότατον εἰ βέβαιον ἡμῖν μηδὲν καθεστήξει ὧν ἂν δόξῃ πέρι, μηδὲ γνωσόμεθα ὅτι χείροσι νόμοις ἀκινήτοις χρωμένη πόλις κρείσσων ἐστὶν ἢ καλῶς ἔχουσιν ἀκύροις, ἀμαθία τε μετὰ σωφροσύνης ὠφελιμώτερον ἢ δεξιότης μετὰ ἀκολασίας, οἵ τε φαυλότεροι τῶν ἀνθρώπων πρὸς τοὺς ξυνετωτέρους ὡς ἐπὶ τὸ πλέον ἄμεινον οἰκοῦσι τὰς πόλεις. [4] οἱ μὲν γὰρ τῶν τε νόμων σοφώτεροι βούλονται φαίνεσθαι τῶν τε αἰεὶ λεγομένων ἐς τὸ κοινὸν περιγίγνεσθαι, ὡς ἐν ἄλλοις μείζοσιν οὐκ ἂν δηλώσαντες τὴν γνώμην, καὶ ἐκ τοῦ τοιούτου τὰ πολλὰ σφάλλουσι τὰς πόλεις· οἱ δ᾽ ἀπιστοῦντες τῇ ἐξ αὑτῶν ξυνέσει ἀμαθέστεροι μὲν τῶν νόμων ἀξιοῦσιν εἶναι, ἀδυνατώτεροι δὲ τοῦ καλῶς εἰπόντος μέμψασθαι λόγον, κριταὶ δὲ ὄντες ἀπὸ τοῦ ἴσου μᾶλλον ἢ ἀγωνισταὶ ὀρθοῦνται τὰ πλείω. [5] ὣς οὖν χρὴ καὶ ἡμᾶς ποιοῦντας μὴ δεινότητι καὶ ξυνέσεως ἀγῶνι ἐπαιρομένους παρὰ δόξαν τῷ ὑμετέρῳ πλήθει παραινεῖν.

III.37.1 ἔγνων   Aor., ind., act., 1st, sing., from γιγνώσκω.

μεταμελείᾳ   "Change of heart."

III.37.2 διὰ γὰρ τὸ καθ᾽ ἡμέραν ἀδεὲς καὶ ἀνεπιβούλευτον πρὸς ἀλλήλους   "On account of there not being [in Athens] fear and plotting against one another on a daily basis."

τὸ αὐτὸ ἔχετε   Loosely translated, "You think you have the same situation."

πεισθέντες   Aor., pass., part., from πείθω.

ἁμάρτητε   Aor., subj., act., from ἁμαρτάνω.

ἐνδῶτε   Aor., subj., act., from ἐνδίδωμι: "Surrender to."

οὐκ ἐπικινδύνως ἡγεῖσθε ἐς ὑμᾶς...μαλακίζεσθαι   "You do not realize that your becoming weak is [supply εἶναι] a danger to yourselves."

χάριν   "Good will."

ὅτι τυραννίδα ἔχετε τὴν ἀρχὴν   "That you have a rule (which is) a tyranny."

καὶ πρὸς ἐπιβουλεύοντας αὐτοὺς καὶ ἄκοντας ἀρχομένους   The entire prep. phrase is the second qualifier for ἀρχήν.

ἄκοντας ἀρχομένους   "People ruled unwillingly."

οἳ οὐκ ἐξ ὧν ἂν χαρίζησθε βλαπτόμενοι αὐτοὶ ἀκροῶνται ὑμῶν   "Who in general do not obey you (ἀκροῶνται ὑμῶν) on the basis of those things which (ἐξ ὧν) you, while hurting yourselves (βλαπτόμενοι), do in their favor (χαρίζησθε)."

ἀλλ' ἐξ ὧν ἂν ἰσχύι μᾶλλον ἢ τῇ ἐκείνων εὐνοίᾳ περιγένησθε   Repeat οἳ ἀκροῶνται ὑμῶν before translating the relative clause: "But who obey you on the basis of...." The two datives are datives of respect.

περιγένησθε   Aor., subj., mid., from περιγίγνομαι: "Be superior."

III.37.3 καθεστήξει   Fut. perf., ind., act., 3rd, sing., from καθίστημι.

μηδὲν...ὧν ἂν δόξῃ πέρι   Supply antecedent to the relative: "Not one of the things about which it has seemed good to you [on which you have voted in the affirmative]."

χείροσι νόμοις ἀκινήτοις   In the dative, because of χρωμένη: "Laws [that are] fixed, though flawed."

καλῶς ἔχουσιν ἀκύροις   "[Laws] that are good but unenforced."

ὠφελιμώτερον   "More helpful [to the city]."

πρὸς τοὺς ξυνετωτέρους   "In comparison to the rather intelligent." ξυνετωτέρους is the comp. of ξυνετός.

III.37.4 τῶν τε αἰεὶ λεγομένων ἐς τὸ κοινὸν περιγίγνεσθαι   "And to prevail always over those speaking about public matters."

ὡς ἐν ἄλλοις μείζοσιν οὐκ ἂν δηλώσαντες τὴν γνώμην   "As though they could not display their intelligence in more weighty situations."

ἀξιοῦσιν   "Deem themselves."

μέμψασθαι   Aor., mid., inf., from μέμφομαι: "Criticize."

ἀπὸ τοῦ ἴσου   Translate as an adjective: "Fair"

τὰ πλείω   "For the most part."

III.37.5 ὡς οὖν χρὴ καὶ ἡμᾶς ποιοῦντας   "It is necessary therefore that we also behave thus."

ἐπαιρομένους   "Excited."

παρὰ δόξαν   "Against our best judgment."

πλήθει   That is, to the members of the Assembly.

℃ℬ

III.38.1-7. Cleon roundly criticizes the members of the Assembly for their vacillation and for their excessive interest in the theatrical aspects of Assembly meetings. The former criticism may have had some validity in general, though surely not in this situation, where the Assembly was reconsidering an earlier vote to commit mass murder. (Thucydides himself seems to endorse the larger notion that the lack of a consistent foreign policy was one of the reasons for the eventual downfall of Athens.) The second of Cleon's criticisms is illustrated in this passage with some remarkable paradoxes.

[1] ἐγὼ μὲν οὖν ὁ αὐτός εἰμι τῇ γνώμῃ καὶ θαυμάζω μὲν τῶν προθέντων αὖθις περὶ Μυτιληναίων λέγειν καὶ χρόνου διατριβὴν ἐμποιησάντων, ὅ ἐστι πρὸς τῶν ἠδικηκότων μᾶλλον (ὁ γὰρ παθὼν τῷ δράσαντι ἀμβλυτέρᾳ τῇ ὀργῇ ἐπεξέρχεται, ἀμύνεσθαι δὲ τῷ παθεῖν ὅτι ἐγγυτάτω κείμενον ἀντίπαλον μάλιστα τὴν τιμωρίαν ἀναλαμβάνει), θαυμάζω δὲ καὶ ὅστις ἔσται ὁ ἀντερῶν καὶ ἀξιώσων ἀποφαίνειν τὰς μὲν Μυτιληναίων ἀδικίας ἡμῖν ὠφελίμους οὔσας, τὰς δ᾽ ἡμετέρας ξυμφορὰς τοῖς ξυμμάχοις βλάβας καθισταμένας. [2] καὶ δῆλον ὅτι ἢ τῷ λέγειν πιστεύσας τὸ πάνυ δοκοῦν ἀνταποφῆναι ὡς οὐκ ἔγνωσται ἀγωνίσαιτ᾽ ἄν, ἢ κέρδει ἐπαιρόμενος τὸ εὐπρεπὲς τοῦ λόγου ἐκπονήσας παράγειν πειράσεται. [3] ἡ δὲ πόλις ἐκ τῶν τοιῶνδε ἀγώνων τὰ μὲν ἆθλα ἑτέροις δίδωσιν, αὐτὴ δὲ τοὺς κινδύνους ἀναφέρει. [4] αἴτιοι δ᾽ ὑμεῖς κακῶς ἀγωνοθετοῦντες, οἵτινες εἰώθατε θεαταὶ μὲν τῶν λόγων γίγνεσθαι, ἀκροαταὶ δὲ τῶν ἔργων, τὰ μὲν μέλλοντα ἔργα ἀπὸ τῶν εὖ εἰπόντων σκοποῦντες ὡς δυνατὰ γίγνεσθαι, τὰ δὲ πεπραγμένα ἤδη, οὐ τὸ δρασθὲν πιστότερον ὄψει λαβόντες ἢ τὸ ἀκουσθέν, ἀπὸ τῶν λόγῳ καλῶς ἐπιτιμησάντων· [5] καὶ μετὰ καινότητος μὲν λόγου ἀπατᾶσθαι ἄριστοι, μετὰ δεδοκιμασμένου δὲ μὴ ξυνέπεσθαι ἐθέλειν, δοῦλοι ὄντες τῶν αἰεὶ ἀτόπων, ὑπερόπται δὲ τῶν εἰωθότων, [6] καὶ μάλιστα μὲν αὐτὸς εἰπεῖν ἕκαστος βουλόμενος δύνασθαι, εἰ δὲ μή, ἀνταγωνιζόμενοι τοῖς τοιαῦτα λέγουσι μὴ ὕστεροι ἀκολουθῆσαι δοκεῖν τῇ γνώμῃ, ὀξέως δέ τι λέγοντος προεπαινέσαι, καὶ προαισθέσθαι τε πρόθυμοι εἶναι τὰ λεγόμενα καὶ προνοῆσαι βραδεῖς τὰ ἐξ αὐτῶν ἀποβησόμενα, [7] ζητοῦντές τε ἄλλο τι ὡς εἰπεῖν ἢ ἐν οἷς ζῶμεν, φρονοῦντες δὲ οὐδὲ περὶ τῶν παρόντων ἱκανῶς· ἁπλῶς τε ἀκοῆς ἡδονῇ ἡσσώμενοι καὶ σοφιστῶν θεαταῖς ἐοικότες καθημένοις μᾶλλον ἢ περὶ πόλεως βουλευομένοις.

III.38.1 τῶν προθέντων   From προτίθημι: "Those proposing."

πρὸς   "To the advantage of."

τῶν ἠδικηκότων   The perf., act., part. is from ἀδικέω: "Those who have injured (us)."

ὁ γὰρ παθὼν τῷ δράσαντι....   Before translating this thought on what constitutes the best revenge, supply "When there is a delay."

ἀμύνεσθαι   Trans. this inf. as the subject of ἀναλαμβάνει. ἀμύνεσθαι is modified by κείμενον, a part. which, in this context, simply means "being."

τῷ παθεῖν   "To the injury."

ἀντίπαλον   Pred., adj., modifying τιμωρίαν.

ὅστις ἔσται ὁ ἀντερῶν καὶ ἀξιώσων ἀποφαίνειν   "Who will it be who will speak in opposition (ἀντερῶν) and insist on showing (ἀξιώσων ἀποφαίνειν)."

τὰς μὲν Μυτιληναίων ἀδικίας ἡμῖν ὠφελίμους οὔσας, τὰς δ᾽ ἡμετέρας ξυμφορὰς τοῖς ξυμμάχοις βλάβας καθισταμένας   The opposition speaker would have to show that the revolt of the Mytilenaeans (referred to as ἀδικίας in the first instance and as τὰς δ᾽ ἡμετέρας ξυμφορὰς in the second) helped the Athenians and hurt the Mytilenaeans, neither of which is possible.

καθισταμένας   Pres., mid., part., from καθίστημι; its meaning is equivalent to that of οὔσας.

III.38.2 τῷ λέγειν πιστεύσας   "Trusting in his ability to speak."

ἀνταποφῆναι   Aor., act., inf., from ἀνταποφαίνω; it is complementary to ἀγωνίσαιτ᾽ ("He would strive to").

ὡς οὐκ ἔγνωσται   Object clause of ἀνταποφῆναι. τὸ πάνυ δοκοῦν ("What seemed good," that is, a "decree") is subj. of ἔγνωσται, the perf., ind., pass., of γιγνώσκω.

τὸ εὐπρεπές   An adj. in the neuter, along with an article, is used as a substitute for an abstract noun: "Cleverness."

III.38.4 κακῶς ἀγωνοθετοῦντες   "By being bad contest-producers."

εἰώθατε   Perf., ind., act., from ἔθω.

ὡς δυνατὰ γίγνεσθαι   "As to what things are possible."

τὰ δὲ πεπραγμένα ἤδη   Acc. of respect construction. The phrase means the opposite of τὰ μέλλοντα.

τὸ δρασθὲν   Paired with τὸ ἀκουσθέν; both are aor., pass., neut., participles; they are used as substantives.

ἀπὸ τῶν λόγῳ καλῶς ἐπιτιμησάντων   "By those who make clever criticisms."

III.38.5 ἄριστοι   Supply "you are."

μετὰ δεδοκιμασμένου   Perf., pass., part., from δοκιμάζω. "With (something) already approved," that is, with a proposal that has undergone adequate scrutiny (the decree against Mytilene, in this case).

III.38.6 ἀνταγωνιζόμενοι   "Competing."

ἀκολουθῆσαι   Aor., act., inf., from ἀκολουθέω.

λέγοντος   Gen. absolute, with τινός understood.

προεπαινέσαι   Aor., act., inf., from προεπαινέω: "Be the first to praise."

προαισθέσθαι   Aor., mid., inf., from προαισθάνομαι.

προνοῆσαι βραδεῖς τὰ ἐξ αὐτῶν ἀποβησόμενα   "Slow to understand the things that will result from them."

ἀποβησόμενα   Fut., mid., part., from ἀποβαίνω.

III.38.7 ὡς εἰπεῖν   "So to speak."

ἐν οἷς ζῶμεν   Supply an antecedent for the relative, like "the realities."

ἡσσώμενοι   Pres., pass., part., from ἡσσάομαι.

ἐοικότες   "Similar to." The adj. takes the dative.

θεαταῖς…καθημένοις   "Sitting as spectators."

☙

III.39.1-8. In a systematic and detailed way, Cleon reiterates the offenses of the Mytilenaeans and calls for a punishment that befits their crime. Rather curiously, he accuses the rebels of placing "might before right" (ἰσχὺν ἀξιώσαντες τοῦ δικαίου προθεῖναι), the very tactic that he advocates for the Athenians later in the speech. Some interesting observations on human nature are woven into this section of the speech—a feature of many of the speeches in the *Histories*.

[1] ὧν ἐγὼ πειρώμενος ἀποτρέπειν ὑμᾶς ἀποφαίνω Μυτιληναίους μάλιστα δὴ μίαν πόλιν ἠδικηκότας ὑμᾶς. [2] ἐγὼ γάρ, οἵτινες μὲν μὴ δυνατοὶ φέρειν τὴν ὑμετέραν ἀρχὴν ἢ οἵτινες ὑπὸ τῶν πολεμίων ἀναγκασθέντες ἀπέστησαν, ξυγγνώμην ἔχω· νῆσον δὲ οἵτινες ἔχοντες μετὰ τειχῶν καὶ κατὰ θάλασσαν μόνον φοβούμενοι τοὺς ἡμετέρους πολεμίους, ἐν ᾧ καὶ αὐτοὶ τριήρων παρασκευῇ οὐκ ἄφαρκτοι ἦσαν πρὸς αὐτούς, αὐτόνομοί τε οἰκοῦντες καὶ τιμώμενοι ἐς τὰ πρῶτα ὑπὸ ἡμῶν τοιαῦτα εἰργάσαντο, τί ἄλλο οὗτοι ἢ ἐπεβούλευσάν τε καὶ ἐπανέστησαν μᾶλλον ἢ ἀπέστησαν (ἀπόστασις μὲν γε τῶν βίαιόν τι πασχόντων ἐστίν), ἐζήτησάν τε μετὰ τῶν πολεμιωτάτων ἡμᾶς στάντες διαφθεῖραι; καίτοι δεινότερόν ἐστιν ἢ εἰ καθ' αὑτοὺς δύναμιν κτώμενοι ἀντεπολέμησαν. [3] παράδειγμα δὲ αὐτοῖς οὔτε αἱ τῶν πέλας ξυμφοραὶ ἐγένοντο, ὅσοι ἀποστάντες ἤδη ἡμῶν ἐχειρώθησαν, οὔτε ἡ παροῦσα εὐδαιμονία παρέσχεν ὄκνον μὴ ἐλθεῖν ἐς τὰ δεινά· γενόμενοι δὲ πρὸς τὸ μέλλον θρασεῖς καὶ ἐλπίσαντες μακρότερα μὲν τῆς δυνάμεως, ἐλάσσω δὲ τῆς βουλήσεως, πόλεμον ἤραντο, ἰσχὺν ἀξιώσαντες τοῦ δικαίου προθεῖναι· ἐν ᾧ γὰρ ᾠήθησαν περιέσεσθαι, ἐπέθεντο ἡμῖν οὐκ ἀδικούμενοι. [4] εἴωθε δὲ τῶν πόλεων αἷς ἂν μάλιστα καὶ δι' ἐλαχίστου ἀπροσδόκητος εὐπραγία ἔλθῃ, ἐς ὕβριν τρέπειν· τὰ δὲ πολλὰ κατὰ λόγον τοῖς ἀνθρώποις εὐτυχοῦντα ἀσφαλέστερα ἢ παρὰ δόξαν,

καὶ κακοπραγίαν ὡς εἰπεῖν ῥᾷον ἀπωθοῦνται ἢ εὐδαιμονίαν διασῴζονται. [5] χρῆν δὲ Μυτιληναίους καὶ πάλαι μηδὲν διαφερόντως τῶν ἄλλων ὑφ᾽ ἡμῶν τετιμῆσθαι, καὶ οὐκ ἂν ἐς τόδε ἐξύβρισαν· πέφυκε γὰρ καὶ ἄλλως ἄνθρωπος τὸ μὲν θεραπεῦον ὑπερφρονεῖν, τὸ δὲ μὴ ὑπεῖκον θαυμάζειν. [6] κολασθέντων δὲ καὶ νῦν ἀξίως τῆς ἀδικίας, καὶ μὴ τοῖς μὲν ὀλίγοις ἡ αἰτία προστεθῇ, τὸν δὲ δῆμον ἀπολύσητε. πάντες γὰρ ὑμῖν γε ὁμοίως ἐπέθεντο, οἷς γ᾽ ἐξῆν ὡς ἡμᾶς τραπομένοις νῦν πάλιν ἐν τῇ πόλει εἶναι· ἀλλὰ τὸν μετὰ τῶν ὀλίγων κίνδυνον ἡγησάμενοι βεβαιότερον ξυναπέστησαν. [7] τῶν τε ξυμμάχων σκέψασθε εἰ τοῖς τε ἀναγκασθεῖσιν ὑπὸ τῶν πολεμίων καὶ τοῖς ἑκοῦσιν ἀποστᾶσι τὰς αὐτὰς ζημίας προσθήσετε, τίνα οἴεσθε ὅντινα οὐ βραχείᾳ προφάσει ἀποστήσεσθαι, ὅταν ἢ κατορθώσαντι ἐλευθέρωσις ἢ ἢ σφαλέντι μηδὲν παθεῖν ἀνήκεστον; [8] ἡμῖν δὲ πρὸς ἑκάστην πόλιν ἀποκεκινδυνεύσεται τά τε χρήματα καὶ αἱ ψυχαί, καὶ τυχόντες μὲν πόλιν ἐφθαρμένην παραλαβόντες τῆς ἔπειτα προσόδου, δι᾽ ἣν ἰσχύομεν, τὸ λοιπὸν στερήσεσθε, σφαλέντες δὲ πολεμίους πρὸς τοῖς ὑπάρχουσιν ἕξομεν, καὶ ὃν χρόνον τοῖς νῦν καθεστηκόσι δεῖ ἐχθροῖς ἀνθίστασθαι, τοῖς οἰκείοις ξυμμάχοις πολεμήσομεν.

III.39.1 μίαν πόλιν   In apposition to Μυτιληναίους.

ἠδικηκότας   Perf., act., part., from αδικέω.

III.39.2 ἀναγκασθέντες   Aor., pass., part., from ἀναγκάζω.

ἀπέστησαν   Aor., ind., act., from ἀφίστημι.

ἄφαρκτοι   "Unguarded."

αὐτούς   The enemy.

αὐτόνομοί τε οἰκοῦντες   "Living independently."

τιμώμενοι ἐς τὰ πρῶτα ὑπὸ ἡμῶν   "Respected to the utmost by us."

τί ἄλλο οὗτοι ἢ   "What else [did] these people [do] other than...."

ἐπεβούλευσάν τε καὶ ἐπανέστησαν μᾶλλον ἢ ἀπέστησαν   The difference between the two possible courses of action is explained in the parenthetical clause that follows.

στάντες   Take with μετὰ τῶν πολεμιωτάτων.

δεινότερόν ἐστιν   "This is a more serious matter."

κτώμενοι   Pres., mid., part., from κτάομαι.

III.39.3 ἐχειρώθησαν   Aor., ind., pass., from χείρω.

ὄκνον μὴ ἐλθεῖν   "A warning that they not...."

πρὸς τὸ μέλλον   "In regard to the future."

μακρότερα μὲν τῆς δυνάμεως, ἐλάσσω δὲ τῆς βουλήσεως   "Results greater than their might but less than their intention."

ἤραντο   Aor., ind., mid., from αἴρω.

προθεῖναι   Aor., act., inf., from προθέω (= προτίθημι).

ἐν ᾧ   "As soon as."

ᾠήθησαν   Aor., ind., pass., from οἴομαι.

περιέσεσθαι   Fut., mid., inf., from περίειμι.

III.39.4 εἴωθε   Perf., ind., act., from ἔθω: "It is customary."

τὰ δὲ πολλά   "In most instances."

κατὰ λόγον τοῖς ἀνθρώποις εὐτυχοῦντα ἀσφαλέστερα ἢ παρὰ δόξαν   The contrast here is between success (εὐτυχοῦντα) that is derived from careful planning (κατὰ λόγον) as opposed to success that is unexpected (παρὰ δόξαν). The former is said to be safer (ἀσφαλέστερα) than the latter.

εὐτυχοῦντα   Pres., act., part., from εὐτυχέω; here, an abstract substantive.

ὡς εἰπεῖν   "So to speak."

ἀπωθοῦνται...διασῴζονται   The subject of both verbs is "men" (in general).

III.39.5 μηδὲν διαφερόντως τῶν ἄλλων   "No differently than our other allies."

τετιμῆσθαι   Perf., pass., inf., from τιμάω.

ἐς τόδε   "To this extent."

τὸ μὲν θεραπεῦον...τὸ δὲ μὴ ὑπεῖκον   Both of the neuter participles are used as abstract substantives and are the objects of their respective infinitives.

III.39.6 κολασθέντων   Aor., imperative, pass., 3rd, pl., from κολάζω.

προστεθῇ   Aor., subj., pass., from προστίθημι.

οἷς γ᾽ ἐξῆν ὡς ἡμᾶς τραπομένοις   "To whom (οἷς) it would have been possible (ἐξῆν), had they turned (τραπομένοις) to us (ὡς ἡμᾶς)."

τραπομένοις   Aor., mid., part., from τρέπω.

ξυναπέστησαν   Aor., ind., act., from συναφίστημι.

III.39.7 σκέψασθε   Aor., imperative, mid., from σκέπτομαι.

ἀναγκασθεῖσιν   Aor., pass., part., from ἀναγκάζω.

ἀποστᾶσι   Aor., act., part., from ἀφίστημι.

προσθήσετε   Fut., ind., act., from προστίθημι.

οἴεσθε   Pres., ind., act., from οἴομαι.

ἀποστήσεσθαι   Fut., mid., inf., from ἀφίστημι

μηδὲν παθεῖν ἀνήκεστον   "Nothing unbearable to suffer" (= the alternative to ἐλευθέρωσις).

σφαλέντι   Aor., pass., part, from σφάλλω.

III.39.8 ἀποκεκινδυνεύσεται   Fut. perf., ind., pass., from ἀποκινδυνεύω: "Will be endangered."

τυχόντες   Aor., act., part., from τυγχάνω: "Upon succeeding."

ἐφθαρμένην   Perf., pass., part., from φθείρω.

τῆς ἔπειτα προσόδου   "Former revenue."

στερήσεσθε   Fut., ind., mid., from στερέω.

σφαλέντες   Aor., pass., part., from σφάλλω: "Should you fail."

πρὸς τοῖς ὑπάρχουσιν   "In addition to our existing (enemies)."

ὃν χρόνον   "At a time when."

καθεστηκόσι   Perf., act., part., from καθίστημι.

ἀνθίστασθαι   Pres., mid., part., from ἀνθίστημι.

☙

III.40.1-7. Cleon concludes by repeatedly stating that it is in the best interests of the Athenians to stay with their earlier resolution and carry out their sentence against the Mytilenaeans. He still mentions justice (40.4) and actually makes it seem identical with Athens' self-interest, but this reference to τὰ δίκαια quickly recedes into the background and the focus shifts entirely to self-interest and expediency. As is the case in many of the speeches in Thucydides' *Histories*, some rather unique-sounding aphorisms or sayings about the ways of international relations are formulated. Case in point: Cleon argues here that a state which has been attacked, but which has also survived the attack, is a much more likely candidate for eventual destruction at the hands of the original aggressors.

[1] οὔκουν δεῖ προθεῖναι ἐλπίδα οὔτε λόγῳ πιστὴν οὔτε χρήμασιν ὠνητήν, ὡς ξυγγνώμην ἁμαρτεῖν ἀνθρωπίνως λήψονται. ἄκοντες μὲν γὰρ οὐκ ἔβλαψαν, εἰδότες δὲ ἐπεβούλευσαν· ξύγγνωμον δ᾽ ἐστὶ τὸ ἀκούσιον. [2] ἐγὼ μὲν οὖν καὶ τότε πρῶτον καὶ νῦν διαμάχομαι μὴ μεταγνῶναι ὑμᾶς τὰ προδεδογμένα, μηδὲ τρισὶ τοῖς ἀξυμφορωτάτοις τῇ ἀρχῇ, οἴκτῳ καὶ ἡδονῇ λόγων καὶ ἐπιεικείᾳ, ἁμαρτάνειν. [3] ἔλεός τε γὰρ πρὸς τοὺς ὁμοίους δίκαιος ἀντιδίδοσθαι, καὶ μὴ πρὸς τοὺς οὔτ᾽ ἀντοικτιοῦντας ἐξ ἀνάγκης τε καθεστῶτας αἰεὶ πολεμίους· οἵ τε τέρποντες λόγῳ ῥήτορες ἕξουσι καὶ ἐν ἄλλοις ἐλάσσοσιν ἀγῶνα, καὶ μὴ ἐν ᾧ ἡ μὲν πόλις βραχέα ἡσθεῖσα μεγάλα ζημιώσεται, αὐτοὶ δὲ ἐκ τοῦ εὖ εἰπεῖν τὸ παθεῖν εὖ ἀντιλήψονται· καὶ ἡ ἐπιείκεια πρὸς τοὺς μέλλοντας ἐπιτηδείους καὶ τὸ λοιπὸν ἔσεσθαι μᾶλλον δίδοται ἢ πρὸς τοὺς ὁμοίους τε καὶ οὐδὲν ἧσσον πολεμίους ὑπολειπομένους. [4] ἔν τε ξυνελὼν λέγω· πειθόμενοι μὲν ἐμοὶ τά τε δίκαια ἐς Μυτιληναίους καὶ τὰ ξύμφορα ἅμα ποιήσετε, ἄλλως δὲ γνόντες τοῖς μὲν οὐ χαριεῖσθε, ὑμᾶς δὲ αὐτοὺς μᾶλλον δικαιώσεσθε. εἰ γὰρ οὗτοι ὀρθῶς ἀπέστησαν, ὑμεῖς ἂν οὐ χρεὼν ἄρχοιτε. εἰ δὲ δὴ καὶ οὐ προσῆκον ὅμως ἀξιοῦτε τοῦτο δρᾶν, παρὰ τὸ εἰκός τοι καὶ τούσδε ξυμφόρως δεῖ κολάζεσθαι, ἢ παύεσθαι τῆς ἀρχῆς καὶ ἐκ τοῦ ἀκινδύνου ἀνδραγαθίζεσθαι. [5] τῇ τε αὐτῇ ζημίᾳ ἀξιώσατε ἀμύνασθαι καὶ μὴ ἀναλγητότεροι οἱ διαφεύγοντες τῶν

ἐπιβουλευσάντων φανῆναι, ἐνθυμηθέντες ἃ εἰκὸς ἦν αὐτοὺς ποιῆσαι κρατήσαντας ὑμῶν, ἄλλως τε καὶ προϋπάρξαντας ἀδικίας. [6] μάλιστα δὲ οἱ μὴ ξὺν προφάσει τινὰ κακῶς ποιοῦντες ἐπεξέρχονται καὶ διολλύναι, τὸν κίνδυνον ὑφορώμενοι τοῦ ὑπολειπομένου ἐχθροῦ· ὁ γὰρ μὴ ξὺν ἀνάγκῃ τι παθὼν χαλεπώτερος διαφυγὼν τοῦ ἀπὸ τῆς ἴσης ἐχθροῦ. [7] μὴ οὖν προδόται γένησθε ὑμῶν αὐτῶν, γενόμενοι δ᾽ ὅτι ἐγγύτατα τῇ γνώμῃ τοῦ πάσχειν καὶ ὡς πρὸ παντὸς ἂν ἐτιμήσασθε αὐτοὺς χειρώσασθαι, νῦν ἀνταπόδοτε μὴ μαλακισθέντες πρὸς τὸ παρὸν αὐτίκα μηδὲ τοῦ ἐπικρεμασθέντος ποτὲ δεινοῦ ἀμνημονοῦντες. κολάσατε δὲ ἀξίως τούτους τε καὶ τοῖς ἄλλοις ξυμμάχοις παράδειγμα σαφὲς καταστήσατε, ὃς ἂν ἀφιστῆται, θανάτῳ ζημιωσόμενον. τόδε γὰρ ἢν γνῶσιν, ἧσσον τῶν πολεμίων ἀμελήσαντες τοῖς ὑμετέροις αὐτῶν μαχεῖσθε ξυμμάχοις.

III.40.1 ἐλπίδα οὔτε λόγῳ πιστὴν οὔτε χρήμασιν ὠνητήν   "Neither a hope that is made credible (πιστὴν) by rhetoric (λόγῳ) nor one that is available for purchase (ὠνητήν) by means of money."

ὡς ξυγγνώμην ἁμαρτεῖν ἀνθρωπίνως λήψονται   This clause explains what the Mytilenaeans might hope for. The noun ξυγγνώμην means "forgiveness for" and takes the complementary inf. ἁμαρτεῖν (which is to be trans. with the adv. ἀνθρωπίνως).

λήψονται   Fut., ind., mid., from λαμβάνω. (The verb becomes a middle in the future.)

εἰδότες   Perf., act., part., from οἶδα: "knowingly."

τὸ ἀκούσιον   With the article, the adj. becomes an abstract noun.

III.40.2 διαμάχομαι   "I strongly contend." Takes the acc./inf. in μὴ μεταγνῶναι ὑμᾶς.

μεταγνῶναι   Aor., act., inf., from μεταγιγνώσκω.

τὰ προδεδογμένα   "Things already voted on."

τρισὶ τοῖς ἀξυμφορωτάτοις τῇ ἀρχῇ, οἴκτῳ καὶ ἡδονῇ λόγων καὶ ἐπιεικείᾳ, ἁμαρτάνειν
The Athenians are urged not to err (ἁμαρτάνειν), because of the three things most harmful (τρισὶ τοῖς ἀξυμφορωτάτοις) to an empire (τῇ ἀρχῇ).

III.40.3 πρὸς τοὺς ὁμοίους   "To those similarly disposed [towards pity]."

ἔλεός...δίκαιος   Supply ἐστί and translate the adj. (δίκαιος) as an adverb.

ἀντοικτιοῦντας   "Show no compassion in return."

ἐξ ἀνάγκης   Take with καθεστῶτας αἰεὶ πολεμίους, a phrase where καθεστῶτας, a perf., act., part., from καθίστημι, means "are."

καὶ μὴ ἐν ᾧ   "And not one (contest) in which."

βραχέα ἡσθεῖσα   "For a moment's pleasure." The part. is aor., pass., from ἥδομαι, while βραχέα is a cognate acc. in the neut., plural.

ζημιώσεται   Fut., ind., mid., from ζημιόω.

ἐκ τοῦ εὖ εἰπεῖν   Articular inf., indicating cause.

τὸ παθεῖν εὖ   Articular inf. construction (παθεῖν is aor., act., from πάσχω), obj. of ἀντιλήψονται (fut., ind., mid., from ἀντιλαμβάνω): trans., "They will take for themselves a reward."

πρὸς τοὺς μέλλοντας ἐπιτηδείους καὶ τὸ λοιπὸν ἔσεσθαι   "For those who are going to be faithful [to us] also in the future."

τούς...ὑπολειπομένους   "Who remain" (cf. μέλλοντας above).

ὁμοίους...πολεμίους   Pred. adjectives with ὑπολειπομένους.

III.40.4 ξυνελὼν   Aor., act., part., from συναιρέω.

ἄλλως δὲ γνόντες τοῖς μὲν οὐ χαριεῖσθε   "Knowing (γνόντες = aor., act., part., from γιγνώσκω) that if you do otherwise (ἄλλως) you will not win their favor (οὐ χαριεῖσθε)."

δικαιώσεσθε   Fut., ind., mid., from δικαιόω: "You will condemn."

ὑμεῖς ἂν οὐ χρεὼν ἄρχοιτε   "You would be ruling (ἄρχοιτε = pres., opt., act., from ἄρχω) illegitimately (οὐ χρεών)."

καὶ οὐ προσῆκον   Acc. absolute: "With it [your empire or rule] being improper."

τοῦτο δρᾶν   That is, to maintain an empire.

παρὰ τὸ εἰκός τοι καὶ τούσδε ξυμφόρως δεῖ κολάζεσθαι   "It is necessary to punish them (τούσδε...δεῖ κολάζεσθαι) in a way that is perhaps beyond equity (παρὰ τὸ εἰκός), but in a way that is surely (τοι) to your advantage (ξυμφόρως)."

ἐκ τοῦ ἀκινδύνου   Adverbial periphrasis: trans., "Without any risk."

III.40.5 τῇ τε αὐτῇ ζημίᾳ   The thought here seems to be "With the same punishment [the Mytilenaeans would have used if they had been victorious]."

ἀξιώσατε   Aor., imperative, act., from ἀξιόω.

ἀμύνασθαι   Aor., mid., inf., from ἀμύνω.

καὶ μὴ ἀναλγητότεροι οἱ διαφεύγοντες τῶν ἐπιβουλευσάντων φανῆναι   This is the second thing the Athenians have to resolve to do. The first substantive (οἱ διαφεύγοντες) refers to the Athenians, who have just recently escaped from the plots of the Mytilenaeans, while the second (τῶν ἐπιβουλευσάντων) refers to the Mytilenaeans themselves. φανῆναι is the aor., pass., inf., from φαίνω.

προϋπάρξαντας   "As the instigators."

III.40.6 ἐπεξέρχονται καὶ διολλύναι   The implied obj. is "the people they originally harmed."

ὑφορώμενοι   Pres., mid., part., from ὑφοράω: trans., "Looking apprehensively."

ὑπολειπομένου   The part. is passive.

μὴ ξὺν ἀνάγκῃ   "Without compulsion."

τοῦ ἀπὸ τῆς ἴσης ἐχθροῦ   "The evenly matched enemy." Construction is that of the gen. of comparison.

III.40.7 γενόμενοι δ᾽ ὅτι ἐγγύτατα τῇ γνώμῃ   "Remembering as accurately as possible." This idiom takes the gen. articular inf. in τοῦ πάσχειν ("the suffering") and the following ὡς clause.

ἐτιμήσασθε   Aor., ind., mid., from τιμάω.

χειρώσασθαι   Aor., mid., inf., from χειρόω.

πρὸς τὸ παρὸν αὐτίκα   Translate with μὴ μαλακισθέντες: "Becoming weak in view of their current state of affairs."

μηδὲ τοῦ ἐπικρεμασθέντος ποτὲ δεινοῦ   Translate with ἀμνημονοῦντες.

ἐπικρεμασθέντος   Aor., pass., part., from ἐπικρεμάννυμι.

κολάσατε   Aor., imperative, act., from κολάζω.

καταστήσατε   Aor., imperative, act., from καθίστημι.

ἀφιστῆται   Pres., subj., mid., from ἀφίστημι.

γνῶσιν   Aor., subj., act., from γιγνώσκω.

ἧσσον τῶν πολεμίων ἀμελήσαντες   "Being less unattentive with the enemy." The participle modifies "you," the subject of μαχεῖσθε. The adv. ἧσσον qualifies both the participle and the verb.

○ʒ

III.42.1-6. The speaker here is said by Thucydides (III.41) to be a certain Diodotus, who had argued for clemency towards the Mytilenaeans during the initial debate. His name is not recorded anywhere else in the *Histories* or in any of our other sources. Many of the remarks here are in direct refutation of the previous speaker (Cleon), but they also address the serious difficulties of Athenian statesmen who, all too frequently, could be accused of bribery and who, for that reason, were stymied in their efforts to help the city.

[1] οὔτε τοὺς προθέντας τὴν διαγνώμην αὖθις περὶ Μυτιληναίων αἰτιῶμαι, οὔτε τοὺς μεμφομένους μὴ πολλάκις περὶ τῶν μεγίστων βουλεύεσθαι ἐπαινῶ, νομίζω δὲ δύο τὰ ἐναντιώτατα εὐβουλίᾳ εἶναι, τάχος τε καὶ ὀργήν, ὧν τὸ μὲν μετὰ ἀνοίας φιλεῖ γίγνεσθαι, τὸ δὲ μετὰ ἀπαιδευσίας καὶ βραχύτητος γνώμης. [2] τούς τε λόγους ὅστις διαμάχεται μὴ διδασκάλους τῶν πραγμάτων γίγνεσθαι, ἢ ἀξύνετός ἐστιν ἢ ἰδίᾳ τι αὐτῷ διαφέρει· ἀξύνετος μέν, εἰ ἄλλῳ τινὶ ἡγεῖται περὶ τοῦ μέλλοντος δυνατὸν εἶναι καὶ μὴ ἐμφανοῦς φράσαι, διαφέρει δ᾽ αὐτῷ, εἰ βουλόμενός τι αἰσχρὸν πεῖσαι εὖ μὲν εἰπεῖν οὐκ ἂν ἡγεῖται περὶ τοῦ μὴ καλοῦ δύνασθαι, εὖ δὲ διαβαλὼν ἐκπλῆξαι ἂν τούς τε ἀντεροῦντας καὶ τοὺς ἀκουσομένους. [3] χαλεπώτατοι δὲ καὶ οἱ ἐπὶ χρήμασι προσκατηγοροῦντες ἐπίδειξίν τινα. εἰ μὲν γὰρ ἀμαθίαν κατῃτιῶντο, ὁ μὴ πείσας ἀξυνετώτερος ἂν δόξας εἶναι ἢ ἀδικώτερος ἀπεχώρει· ἀδικίας δ᾽ ἐπιφερομένης πείσας τε ὕποπτος γίγνεται καὶ μὴ τυχὼν μετὰ ἀξυνεσίας καὶ ἄδικος. [4] ἥ τε πόλις οὐκ ὠφελεῖται ἐν τῷ τοιῷδε· φόβῳ γὰρ ἀποστερεῖται τῶν ξυμβούλων. καὶ πλεῖστ᾽ ἂν ὀρθοῖτο ἀδυνάτους λέγειν ἔχουσα τοὺς τοιούτους τῶν πολιτῶν· ἐλάχιστα γὰρ ἂν πεισθεῖεν ἁμαρτάνειν. [5] χρὴ δὲ τὸν μὲν ἀγαθὸν πολίτην μὴ ἐκφοβοῦντα τοὺς ἀντεροῦντας, ἀλλ᾽ ἀπὸ τοῦ ἴσου φαίνεσθαι ἄμεινον λέγοντα, τὴν δὲ σώφρονα

πόλιν τῷ τε πλεῖστα εὖ βουλεύοντι μὴ προστιθέναι τιμήν, ἀλλὰ μηδ' ἐλασσοῦν τῆς ὑπαρχούσης, καὶ τὸν μὴ τυχόντα γνώμης οὐχ ὅπως ζημιοῦν ἀλλὰ μηδ' ἀτιμάζειν. [6] οὕτω γὰρ ὅ τε κατορθῶν ἥκιστα ἂν ἐπὶ τῷ ἔτι μειζόνων ἀξιοῦσθαι παρὰ γνώμην τι καὶ πρὸς χάριν λέγοι, ὅ τε μὴ ἐπιτυχὼν ὀρέγοιτο τῷ αὐτῷ χαριζόμενός τι καὶ αὐτὸς προσάγεσθαι τὸ πλῆθος.

III.42.1 τοὺς μεμφομένους μὴ πολλάκις περὶ τῶν μεγίστων βουλεύεσθαι   The participial phrase is the object of ἐπαινῶ.

μεμφομένους   pres., mid., part., from μέμφομαι: here, it takes the complementary inf. in βουλεύεσθαι.

φιλεῖ γίγνεσθαι   "Tends to be."

III.42.2 διαμάχεται   "Argues that."

ἰδίᾳ τι αὐτῷ διαφέρει   "Has some personal matter at stake."

ἀξύνετος   Supply ἐστί.

δυνατὸν εἶναι   Impersonal: "It is possible."

καὶ μὴ ἐμφανοῦς φράσαι   "To shed light (φράσαι = aor., act., inf., from φράζω) even on what is unclear." ἐμφανοῦς is in the gen. case and is the second object of περί.

ἐκπλῆξαι   Aor., act., inf., from ἐκπλήγνυμι; used as complementary inf. with the previous ἡγεῖται.

ἀντεροῦντας   Fut., act., part., from ἀντερῶ; used here as a substantive.

III.42.3 οἱ ἐπὶ χρήμασι προσκατηγοροῦντες ἐπίδειξίν τινα   The phrase refers to those who accuse (προσκατηγοροῦντες) their opponents of being on the take (ἐπὶ χρήμασι).

κατῃτιῶντο   Imperf., ind., mid., from καταιτιάομαι.

ὁ μὴ πείσας   "One who has not convinced [the Assembly]."

ἀδικίας δ' ἐπιφερομένης   Gen. absolute: "With [a charge of] corruption being brought forth."

πείσας…μὴ τυχὼν   "Having made his case…not having succeeded [in making his case]." τυχὼν is aor., act., part., from τυγχάνω.

III.42.4 ὠφελεῖται   Pres., ind., pass., from ὠφελέω; πόλις is also the subj. of the next two verbs.

ὀρθοῖτο   Pres., opt., mid., from ὀρθόω; the subj. πόλις is modified by ἔχουσα.

πεισθεῖεν   Aor., opt., pass., from πείθω; subject is οἱ πολῖται.

III.42.5 χρὴ δὲ τὸν μὲν ἀγαθὸν πολίτην… φαίνεσθαι ἄμεινον λέγοντα   "It is necessary for the good citizen to show himself to be a superior speaker."

μὴ ἐκφοβοῦντα τοὺς ἀντεροῦντας   "Not by means of…."

ἀπὸ τοῦ ἴσου   "From [arguing] fairly."

τὴν δὲ σώφρονα πόλιν   Continues the construction with χρή. Translate as the acc. subj. of μὴ προστιθέναι.

τῷ τε πλεῖστα εὖ βουλεύοντι μὴ προστιθέναι τιμήν   The thought here seems to be that the city need not always be rewarding with added honor those citizens who give good advice.

ἐλασσοῦν   Pres., act., inf., from ἐλασσόω. Translate with the same χρή.

τῆς ὑπαρχούσης   Modifies τιμῆς understood.

τὸν μὴ τυχόντα γνώμης   "The man not winning [your] approval."

οὐχ ὅπως…ἀλλὰ μηδ᾽   "Not only not…but not even."

III.42.6 ὅ τε κατορθῶν   "One who wins [a debate]."

ἐπὶ τῷ ἔτι μειζόνων ἀξιοῦσθαι   The articular inf. expresses purpose. ἀξιοῦσθαι is pres., mid., from ἀξιόω; it takes the gen. in μειζόνων.

ὅ τε μὴ ἐπιτυχὼν   Refers to the unsuccessful speaker, as opposed to ὅ τε κατορθῶν.

ὀρέγοιτο   Pres., opt., mid., from ὀρέγω; trans.,"strive for." It takes the inf. in προσάγεσθαι.

☙

III.43.1-5. Diodotus is still dealing here with some preliminary considerations and has yet to get to the heart of his speech. Although an introduction this long—it takes up almost a third of the entire speech—may seem excessive, it is packed with the kind of wise observations that one finds throughout the speeches of the *Histories*. One thing seems certain: the portrait of Athenian political life that emerges here and elsewhere in the *Histories* is anything but complimentary.

[1] ὧν ἡμεῖς τἀναντία δρῶμεν, καὶ προσέτι ἤν τις καὶ ὑποπτεύηται κέρδους μὲν ἕνεκα τὰ βέλτιστα δὲ ὅμως λέγειν, φθονήσαντες τῆς οὐ βεβαίου δοκήσεως τῶν κερδῶν τὴν φανερὰν ὠφελίαν τῆς πόλεως ἀφαιρούμεθα. [2] καθέστηκε δὲ τἀγαθὰ ἀπὸ τοῦ εὐθέος λεγόμενα μηδὲν ἀνυποπτότερα εἶναι τῶν κακῶν, ὥστε δεῖν ὁμοίως τόν τε τὰ δεινότατα βουλόμενον πεῖσαι ἀπάτῃ προσάγεσθαι τὸ πλῆθος καὶ τὸν τὰ ἀμείνω λέγοντα ψευσάμενον πιστὸν γενέσθαι. [3] μόνην τε πόλιν διὰ τὰς περινοίας εὖ ποιῆσαι ἐκ τοῦ προφανοῦς μὴ ἐξαπατήσαντα ἀδύνατον· ὁ γὰρ διδοὺς φανερῶς τι ἀγαθὸν ἀνθυποπτεύεται ἀφανῶς πῃ πλέον ἕξειν. [4] χρὴ δὲ πρὸς τὰ μέγιστα καὶ ἐν τῷ τοιῷδε ἀξιοῦν τι ἡμᾶς περαιτέρω προνοοῦντας λέγειν ὑμῶν τῶν δι᾽ ὀλίγου σκοπούντων, ἄλλως τε καὶ ὑπεύθυνον τὴν παραίνεσιν ἔχοντας πρὸς ἀνεύθυνον τὴν ὑμετέραν ἀκρόασιν. [5] εἰ γὰρ ὅ τε πείσας καὶ ὁ ἐπισπόμενος ὁμοίως ἐβλάπτοντο, σωφρονέστερον ἂν ἐκρίνετε· νῦν δὲ πρὸς ὀργὴν ἥντινα τύχητε ἔστιν ὅτε σφαλέντες τὴν τοῦ πείσαντος μίαν γνώμην ζημιοῦτε καὶ οὐ τὰς ὑμετέρας αὐτῶν, εἰ πολλαὶ οὖσαι ξυνεξήμαρτον.

III.43.1 ὧν   The pronoun refers to the sound practices mentioned in the previous section. Trans. as though it were a demonstrative pronoun.

ὑποπτεύηται   Pres., subj., pass., from ὑποπτεύω; trans., "Comes under suspicion."

κέρδους μὲν ἕνεκα τὰ βέλτιστα δὲ ὅμως λέγειν   "Of advising (λέγειν) for the sake of profit (κέρδους μὲν ἕνεκα), even though (ὅμως) [he is advising] the very best things (τὰ βέλτιστα)."

φθονήσαντες   Aor., act., part., from φθονέω.

τῆς οὐ βεβαίου δοκήσεως   "The unconfirmed suspicion."

III.43.2 καθέστηκε   Perf., ind., act., from καθίστημι; trans., "It has come to this."

τἀγαθὰ   "Good counsels."

ἀπὸ τοῦ εὐθέος   Translate with λεγόμενα to indicate manner in which.

πεῖσαι   Aor., act., inf., from πείθω.

προσάγεσθαι   Pres., mid., inf., from προσάγω; its obj. is τὸ πλῆθος.

τὸν τὰ ἀμείνω λέγοντα   This is in contrast to τὸν τὰ δεινότατα βουλόμενον.

ψευσάμενον   Aor., mid., part., from ψεύδω; trans., "By lying."

III.43.3 μόνην τε πόλιν   Supply καθέστηκε.

τὰς περινοίας   "Being too smart for its own good."

ἐκ τοῦ προφανοῦς   The prep. phrase qualifies εὖ ποιῆσαι.

μὴ ἐξαπατήσαντα   Aor., act., part., from ἐξαπατάω; it modifies "a statesman," the understood subject of εὖ ποιῆσαι.

ἀδύνατον   "It is impossible."

ἀνθυποπτεύεται   Pres., ind., pass., from ἀνθυποπτεύω.

πλέον ἕξειν   The idiom here seems to mean "To get more [than a person should]," in other words, "To be bribed."

III.43.4 πρὸς τὰ μέγιστα   "In view of the very great [issues]."

ἀξιοῦν   Pres., act., inf., from ἀξιόω.

προνοοῦντας   Translate with περαιτέρω.

ὑμῶν τῶν δι' ὀλίγου σκοπούντων   Gen. of comparison after περαιτέρω.

δι' ὀλίγου   In contrast to περαιτέρω.

ἔχοντας   Modifies ἡμᾶς.

πρός   "In contrast to."

ἀκρόασιν   "[Act of] hearing."

III.43.5 ὅ τε πείσας   Refers to the statesman who is giving advice.

ὁ ἐπισπόμενος   Refers to the citizen who accepts the advice of the statesman; the part. is aor., mid., from ἐφέπω.

πρὸς ὀργὴν ἥντινα τύχητε   "According to whatever anger you happen to have."

τύχητε   Aor., subj., act., from τυγχάνω.

ἔστιν ὅτε   "There exists a situation in which."

σφαλέντες   Aor., pass., part., from σφάλλω.

τὰς ὑμετέρας   Modifies an understood γνώμας.

εἰ πολλαὶ οὖσαι ξυνεξήμαρτον.   "As if [indeed] there were many decisions (γνῶμαι) that were in error."

ξυνεξήμαρτον   Aor., ind., act., from συνεξαμαρτάνω.

⋈

III.44.1-4. Diodotus finally starts to argue about the matter at hand—Mytilene and its rebellion. He borrows one of the approachs of the previous speaker (Cleon) by insisting that, above all, "that which is useful" (τὸ χρήσιμον) to the city must dictate the Assembly's course of action. This position, he argues, is dictated entirely by communal self-interest and not by the kinds of feelings of pity the earlier speaker had condemned. Note that while δίκη still appears in this chapter, it is only as the root word in expressions referring to legal matters, like δικαίων ("law-suits").

[1] ἐγὼ δὲ παρῆλθον οὔτε ἀντερῶν περὶ Μυτιληναίων οὔτε κατηγορήσων. οὐ γὰρ περὶ τῆς ἐκείνων ἀδικίας ἡμῖν ὁ ἀγών, εἰ σωφρονοῦμεν, ἀλλὰ περὶ τῆς ἡμετέρας εὐβουλίας. [2] ἤν τε γὰρ ἀποφήνω πάνυ ἀδικοῦντας αὐτούς, οὐ διὰ τοῦτο καὶ ἀποκτεῖναι κελεύσω, εἰ μὴ ξυμφέρον, ἤν τε καὶ ἔχοντάς τι ξυγγνώμης, εἶεν, εἰ τῇ πόλει μὴ ἀγαθὸν φαίνοιτο. [3] νομίζω δὲ περὶ τοῦ μέλλοντος ἡμᾶς μᾶλλον βουλεύεσθαι ἢ τοῦ παρόντος. καὶ τοῦτο ὃ μάλιστα Κλέων ἰσχυρίζεται, ἐς τὸ λοιπὸν ξυμφέρον ἔσεσθαι πρὸς τὸ ἧσσον ἀφίστασθαι θάνατον ζημίαν προθεῖσι, καὶ αὐτὸς περὶ τοῦ ἐς τὸ μέλλον καλῶς ἔχοντος ἀντισχυριζόμενος τἀναντία γιγνώσκω. [4] καὶ οὐκ ἀξιῶ ὑμᾶς τῷ εὐπρεπεῖ τοῦ ἐκείνου λόγου τὸ χρήσιμον τοῦ ἐμοῦ ἀπώσασθαι. δικαιότερος γὰρ ὢν αὐτοῦ ὁ λόγος πρὸς τὴν νῦν ὑμετέραν ὀργὴν ἐς Μυτιληναίους τάχ' ἂν ἐπισπάσαιτο· ἡμεῖς δὲ οὐ δικαζόμεθα πρὸς αὐτούς, ὥστε τῶν δικαίων δεῖν, ἀλλὰ βουλευόμεθα περὶ αὐτῶν, ὅπως χρησίμως ἕξουσιν.

III.44.1 ἀντερῶν...κατηγορήσων   Note that both participles are future and indicate purpose.

III.44.2 ἀποφήνω   Aor., subj., act., from ἀποφαίνω.

ἀποκτεῖναι   Aor., act., inf., from ἀποκτείνω.

ἤν τε καὶ ἔχοντάς τι ξυγγνώμης   Supply ἀποφήνω.

ἐᾶν   Pres., act., inf., from ἐάω. Supply οὐ... κελεύσω.

φαίνοιτο   Pres., opt., pass., from φαίνω.

III.44.3 τοῦ μέλλοντος   In contrast to τοῦ παρόντος.

ἐς τὸ λοιπὸν ξυμφέρον ἔσεσθαι   The acc./inf. construction explains what Cleon emphasized (ἰσχυρίζεται).

πρὸς τὸ ἧσσον ἀφίστασθαι   Articular inf. construction; trans., "From the standpoint of there being fewer rebellions."

ἀφίστασθαι   Aor., mid., inf., from ἀφίστημι.

θάνατον ζημίαν προθεῖσι   The part. (aor., act., from προτίθημι) modifies ὑμῖν, the understood object of ξυμφέρον ἔσεσθαι.

περὶ τοῦ ἐς τὸ μέλλον καλῶς ἔχοντος   "In regard to our prospering into the future."

III.44.4 τῷ εὐπρεπεῖ   Causal dat. construction.

ἀπώσασθαι   Aor., mid., inf., from ἀπωθέω.

δικαιότερος γὰρ ὢν αὐτοῦ ὁ λόγος   Trans. as causal: "Because…." δικαιότερος is used here in the legalistic sense and means "More legally compelling."

πρὸς τὴν νῦν ὑμετέραν ὀργὴν ἐς Μυτιληναίους   Trans. πρός as "in view of."

ἐπισπάσαιτο   Aor., opt., mid., from ἐπισπάω. Supply ὑμᾶς as object.

δικαίων   "Law suits" or "court cases."

περὶ αὐτῶν   Refers to the Mytilenaeans, as does the understood subj. of ἕξουσιν.

☙

III.45.1-7. The topic here shifts from the importance of the principle of self-interest as a guide to the conduct of Athenian foreign policy to that of the deterrent value of capital punishment. Although this is ostensibly the first such discourse in the history of Greek literature, the modernity of Diodotus' arguments is what seizes the attention of a first-time reader. Where the Speaker undertakes to show the evolution of capital punishment over the ages, the language becomes difficult and, despite the best efforts of commentators, the full import of some of the ideas in this section is still in doubt. The obscurities notwithstanding, the passage is a "must read," not only because of its importance as a document in the history of Western thought, but also because of its generous serving of the kind of extraordinary insights which are almost never absent from any part of Thucydides' *Histories*.

[1] ἐν οὖν ταῖς πόλεσι πολλῶν θανάτου ζημία πρόκειται, καὶ οὐκ ἴσων τῷδε, ἀλλ᾽ ἐλασσόνων ἁμαρτημάτων· ὅμως δὲ τῇ ἐλπίδι ἐπαιρόμενοι κινδυνεύουσι, καὶ οὐδείς πω καταγνοὺς ἑαυτοῦ μὴ περιέσεσθαι τῷ ἐπιβουλεύματι ἦλθεν ἐς τὸ δεινόν. [2] πόλις τε ἀφισταμένη τίς πω ἥσσω τῇ δοκήσει ἔχουσα τὴν παρασκευὴν ἢ οἰκείαν ἢ ἄλλων ξυμμαχίᾳ τούτῳ ἐπεχείρησεν; [3] πεφύκασί τε ἅπαντες καὶ ἰδίᾳ καὶ δημοσίᾳ ἁμαρτάνειν, καὶ οὐκ ἔστι νόμος ὅστις ἀπείρξει τούτου, ἐπεὶ διεξεληλύθασί γε διὰ πασῶν τῶν ζημιῶν οἱ ἄνθρωποι προστιθέντες, εἴ πως ἧσσον ἀδικοῖντο ὑπὸ τῶν κακούργων. καὶ εἰκὸς τὸ πάλαι τῶν μεγίστων ἀδικημάτων μαλακωτέρας κεῖσθαι αὐτάς, παραβαινομένων δὲ τῷ χρόνῳ ἐς τὸν θάνατον αἱ πολλαὶ ἀνήκουσιν· καὶ τούτῳ ὅμως παραβαίνεται. [4] ἢ τοίνυν δεινότερόν τι τούτου δέος εὑρετέον ἐστὶν ἢ τόδε γε οὐδὲν ἐπίσχει, ἀλλ᾽ ἡ μὲν πενία ἀνάγκῃ τὴν τόλμαν παρέχουσα, ἡ δ᾽ ἐξουσία

ὕβρει τὴν πλεονεξίαν καὶ φρονήματι, αἱ δ᾽ ἄλλαι ξυντυχίαι ὀργῇ τῶν ἀνθρώπων ὡς ἑκάστη τις κατέχεται ὑπ᾽ ἀνηκέστου τινὸς κρείσσονος ἐξάγουσιν ἐς τοὺς κινδύνους. [5] ἥ τε ἐλπὶς καὶ ὁ ἔρως ἐπὶ παντί, ὁ μὲν ἡγούμενος, ἡ δ᾽ ἐφεπομένη, καὶ ὁ μὲν τὴν ἐπιβουλὴν ἐκφροντίζων, ἡ δὲ τὴν εὐπορίαν τῆς τύχης ὑποτιθεῖσα, πλεῖστα βλάπτουσι, καὶ ὄντα ἀφανῆ κρείσσω ἐστὶ τῶν ὁρωμένων δεινῶν. [6] καὶ ἡ τύχη ἐπ᾽ αὐτοῖς οὐδὲν ἔλασσον ξυμβάλλεται ἐς τὸ ἐπαίρειν· ἀδοκήτως γὰρ ἔστιν ὅτε παρισταμένη καὶ ἐκ τῶν ὑποδεεστέρων κινδυνεύειν τινὰ προάγει, καὶ οὐχ ἧσσον τὰς πόλεις, ὅσῳ περὶ τῶν μεγίστων τε, ἐλευθερίας ἢ ἄλλων ἀρχῆς, καὶ μετὰ πάντων ἕκαστος ἀλογίστως ἐπὶ πλέον τι αὑτὸν ἐδόξασεν. [7] ἁπλῶς τε ἀδύνατον καὶ πολλῆς εὐηθείας, ὅστις οἴεται τῆς ἀνθρωπείας φύσεως ὁρμωμένης προθύμως τι πρᾶξαι ἀποτροπήν τινα ἔχειν ἢ νόμων ἰσχύι ἢ ἄλλῳ τῳ δεινῷ.

III.45.1 πολλῶν   Trans. with ἁμαρτημάτων.

καὶ οὐκ ἴσων τῷδε, ἀλλ᾽ ἐλασσόνων ἁμαρτημάτων   Supply "As the penalty for."

τῷδε   That is, the rebellion of the Mytilenaeans.

πρόκειται   "There exists."

ἐπαιρόμενοι κινδυνεύουσι   The participle modifies "men [in general]," which is also the subj. of the verb.

οὐδείς πω καταγνοὺς ἑαυτοῦ μὴ περιέσεσθαι τῷ ἐπιβουλεύματι ἦλθεν ἐς τὸ δεινόν   "No one has come (ἦλθεν) into dire straits (ἐς τὸ δεινόν) convinced (καταγνοὺς) that he will not succeed (μὴ περιέσεσθαι) with his original plan."

καταγνοὺς   Aor., act., part., from καταγιγνώσκω.

III.45.2 πόλις   Trans. with the interrogative τίς.

ἀφισταμένη   Pres., mid., part., from ἀφίστημι.

τῇ δοκήσει ἔχουσα   "Having the expectation."

ἥσσω...τὴν παρασκευὴν   Acc./inf., construction (with εἶναι understood) after τῇ δοκήσει ἔχουσα.

ἢ οἰκείαν ἢ ἄλλων ξυμμαχίᾳ   Refers to the two kinds of τὴν παρασκευήν. Treat ἄλλων ξυμμαχίᾳ as though it were an adj. parallel with οἰκείαν.

ἐπεχείρησεν   Aor., ind., act., from ἐπιχειρέω. It takes the dat. in τούτῳ.

III.45.3 πεφύκασί   Perf., ind., act., from φύω.

ἀπείρξει   Fut., ind., act., from ἀπείργω.

διεξεληλύθασι   Perf., ind., act., from διέρχομαι.

προστιθέντες   "Adding on [more and more punishments]."

εἴ πως ἧσσον ἀδικοῖντο ὑπὸ τῶν κακούργων   "If only…." The clause expresses the expectation of the men who, over the years, have added on new punishments.

καὶ εἰκὸς τὸ πάλαι τῶν μεγίστων ἀδικημάτων μαλακωτέρας κεῖσθαι αὐτάς, παραβαινομένων δὲ τῷ χρόνῳ ἐς τὸν θάνατον αἱ πολλαὶ ἀνήκουσιν· καὶ τούτῳ ὅμως παραβαίνεται.   A crux-laden passage, it seems to mean the following. "It is likely (εἰκός) that, in the past (τὸ πάλαι), milder forms of punishment (μαλακωτέρας …αὐτάς) were imposed (κεῖσθαι) for even the greatest crimes (τῶν μεγίστων), but that in time (τῷ χρόνῳ), with men continuing to transgress (παραβαινομένων), the punishments for many crimes (αἱ πολλαί) went as far as (ἀνήκουσιν) the death penalty (ἐς τὸν θάνατον). Despite this (τούτῳ), crimes continued to be committed (παραβαίνεται)."

III.45.4 τούτου   Refers to the death penalty.

εὑρετέον ἐστὶν   "Must be discovered." εὑρετέον (from εὑρίσκω) is a verbal adj., denoting necessity.

ἢ τόδε γε οὐδὲν ἐπίσχει   This second alternative presumes a remark like "We must conclude that."

ἀνάγκῃ   The dat. here is causal.

ἡ δ᾽ ἐξουσία   Supply παρέχουσα.

ὕβρει…φρονήματι   Causal datives.

αἱ δ᾽ ἄλλαι ξυντυχίαι ὀργῇ τῶν ἀνθρώπων   "The other human situations associated with passion."

ὡς ἑκάστη τις κατέχεται   "As each [of the ἄλλαι ξυντυχίαι] is entangled with."

III.45.5 ἐπὶ παντί   "In every instance."

ὁ μὲν ἡγούμενος, ἡ δ᾽ ἐφεπομένη   Both here and in the following phrase, ὁ μὲν refers to Desire and ἡ δέ to Hope.

ὄντα   Neut., nom., pl., part.; it refers to both Hope and Desire.

III.45.6 ἐπ᾽ αὐτοῖς   "Besides these [Hope and Desire]."

ἐς τὸ ἐπαίρειν   Articular. inf. (from ἐπαίρω) construction; it indicates purpose.

παρισταμένη   Pres., mid., part., from παρίστημι.

καὶ ἐκ τῶν ὑποδεεστέρων   "Even from less than adequate means."

καὶ οὐχ ἧσσον τὰς πόλεις   Repeat προάγει.

καὶ μετὰ πάντων   "Along with everyone else [in the majority]."

ἕκαστος   "Each [individual citizen]."

αὐτὸν ἐδόξασεν   The verb (a gnomic aor.) is transitive: "Esteems himself."

III.45.7 ἁπλῶς τε ἀδύνατον καὶ πολλῆς εὐηθείας   Impersonal construction: "Simply put, it is absurd and [in keeping with a person] of a foolish mind."

ὅστις οἴεται   "Whenever he [i.e., the person with a foolish mind] thinks." The relative is only loosely connected with the preceding clause.

τῆς ἀνθρωπείας φύσεως ὁρμωμένης προθύμως τι πρᾶξαι   A circumstantial gen. absolute. The part. is pres., mid., from ὁρμάω.

ἀποτροπήν τινα ἔχειν   "It [human nature] can be deterred."

ॐ

III.46.1-6. Diodotus reverts in this section to the argument of expediency, which he had temporarily abandoned in the previous section in order to expound on the deterrent value of capital punishment. He repeatedly reminds the Athenians that the abrogation of their earlier vote concerning Mytilene would be to their advantage in terms of the immediate situation and also for the future, in case other revolts break out. Very deliberately, it seems, he does not mention pity or generosity towards the Mytilenaeans as motivating factors for his position.

[1] οὔκουν χρὴ οὔτε τοῦ θανάτου τῇ ζημίᾳ ὡς ἐχεγγύῳ πιστεύσαντας χεῖρον βουλεύσασθαι οὔτε ἀνέλπιστον καταστῆσαι τοῖς ἀποστᾶσιν ὡς οὐκ ἔσται μεταγνῶναι καὶ ὅτι ἐν βραχυτάτῳ τὴν ἁμαρτίαν καταλῦσαι. [2] σκέψασθε γὰρ ὅτι νῦν μέν, ἤν τις καὶ ἀποστᾶσα πόλις γνῷ μὴ περιεσομένη, ἔλθοι ἂν ἐς ξύμβασιν δυνατὴ οὖσα ἔτι τὴν δαπάνην ἀποδοῦναι καὶ τὸ λοιπὸν ὑποτελεῖν· ἐκείνως δὲ τίνα οἴεσθε ἥντινα οὐκ ἄμεινον μὲν ἢ νῦν παρασκευάσεσθαι, πολιορκίᾳ δὲ παρατενεῖσθαι ἐς τοὔσχατον, εἰ τὸ αὐτὸ δύναται σχολῇ καὶ ταχὺ ξυμβῆναι; [3] ἡμῖν τε πῶς οὐ βλάβη δαπανᾶν καθημένοις διὰ τὸ ἀξύμβατον καί, ἢν ἕλωμεν, πόλιν ἐφθαρμένην παραλαβεῖν καὶ τῆς προσόδου τὸ λοιπὸν ἀπ᾽ αὐτῆς στέρεσθαι; ἰσχύομεν δὲ πρὸς τοὺς πολεμίους τῷδε. [4] ὥστε οὐ δικαστὰς ὄντας δεῖ ἡμᾶς μᾶλλον τῶν ἐξαμαρτανόντων ἀκριβεῖς βλάπτεσθαι ἢ ὁρᾶν ὅπως ἐς τὸν ἔπειτα χρόνον μετρίως κολάζοντες ταῖς πόλεσιν ἕξομεν ἐς χρημάτων λόγον ἰσχυούσαις χρῆσθαι, καὶ τὴν φυλακὴν μὴ ἀπὸ τῶν νόμων τῆς δεινότητος ἀξιοῦν ποιεῖσθαι, ἀλλ᾽ ἀπὸ τῶν ἔργων τῆς ἐπιμελείας. [5] οὗ νῦν τοὐναντίον δρῶντες, ἤν τινα ἐλεύθερον καὶ βίᾳ ἀρχόμενον εἰκότως πρὸς αὐτονομίαν ἀποστάντα χειρωσώμεθα, χαλεπῶς οἰόμεθα χρῆναι τιμωρεῖσθαι. [6] χρὴ δὲ τοὺς ἐλευθέρους οὐκ ἀφισταμένους σφόδρα κολάζειν, ἀλλὰ πρὶν ἀποστῆναι σφόδρα φυλάσσειν καὶ προκαταλαμβάνειν ὅπως μηδ᾽ ἐς ἐπίνοιαν τούτου ἴωσι, κρατήσαντάς τε ὅτι ἐπ᾽ ἐλάχιστον τὴν αἰτίαν ἐπιφέρειν.

III.46.1 ὡς ἐχεγγύῳ   "[As though it were] a source of security."

ἀνέλπιστον   Substantive: "Hopelessness," or "despair," obj. of καταστῆσαι (aor., act., inf., from καθίστημι).

τοῖς ἀποστᾶσιν   Aor., act., part., from ἀφίστημι; used as a substantive.

ὡς οὐκ ἔσται....   Completes the thought in ἀνέλπιστον.

μεταγνῶναι   Aor., act., inf., from μεταγιγνώσκω; complementary after ὡς οὐκ ἔσται.

καταλῦσαι   Another complementary inf. to be taken with ὡς οὐκ ἔσται.

III.46.2 γνῷ μὴ περιεσομένη   "Comes to the realization (γνῷ = aor., subj., act., from γιγνώσκω) that it will not succeed (περιεσομένη = fut., mid, part., from περίειμι)."

ὑποτελεῖν   "Pay tribute."

παρασκευάσεσθαι   Fut., mid., inf., from παρασκευάζω.

παρατενεῖσθαι   Fut., mid., inf., from παρατείνω; with ἐς τοὔσχατον, "To stretch oneself to the extreme."

εἰ τὸ αὐτὸ δύναται σχολῇ καὶ ταχὺ ξυμβῆναι   "If to surrender (ξυμβῆναι = aor., act., inf., from συμβαίνω) slowly or quickly (σχολῇ καὶ ταχὺ) means (δύναται) the same."

III.46.3   ἡμῖν τε πῶς οὐ βλάβη   Supply ἐστί.

δαπανᾶν   Pres., act., inf., from δαπανάω.

καθημένοις   Pres., mid., part., from κάθημαι; modifies ἡμῖν.

τὸ ἀξύμβατον   Abstract substantive: "The inability to come to terms."

ἕλωμεν   Aor., subj., act., from αἱρέω.

παραλαβεῖν, στέρεσθαι   Supply "How does it not hurt us" for both infinitives.

ἐφθαρμένην   Perf., pass., part., from φθείρω.

στέρεσθαι   Pres., pass., inf., from στέρομαι.

III.46.4   ὥστε   "And so."

ἢ ὁρᾶν   "Rather, [it is necessary that] we see…."

βλάπτεσθαι   Pres., pass., inf., from βλάπτω.

ἕξομεν   "We will be able."

ἐς χρημάτων λόγον   The idiom means "for the purpose of revenue."

χρῆσθαι   Complementary inf. (pres., mid., from χράομαι) to ἕξομεν.

ἀξιοῦν   The inf. (pres., act., from ἀξιόω) is dependent on δεῖ ἡμᾶς: "We must make up our minds to."

ποιεῖσθαι   The object of this mid. inf. is τὴν φυλακὴν.

III.46.5   οὗ   "Of this [policy]."

εἰκότως   "As is wont to happen."

χειρωσώμεθα   Aor., subj., mid., from χειρόω.

τιμωρεῖσθαι   pres., pass., inf., from τιμωρέω.

χρῆναι   Inf. of χρή.

III.46.6   ὅπως μηδ᾽ ἐς ἐπίνοιαν τούτου ἴωσι   "How they do not come (ἴωσι = pres., subj., of εἶμι) into a predisposition for this [revolution]."

☙

III.47.1-5. In this penultimate section of his speech, Diodotus seems at last to mention "justice" as part of his argument that the vote to punish Mytilene be rescinded, but a closer examination of the context shows that he has in mind what is legal or illegal, and not the concept of justice. He makes a striking proposal, that in the future it would be to Athens' advantage to pretend that a revolt did not actually happen, even if in reality it had occurred, since in this way Athens could still make the most of a bad situation.

[1] ὑμεῖς δὲ σκέψασθε ὅσον ἂν καὶ τοῦτο ἁμαρτάνοιτε Κλέωνι πειθόμενοι. [2] νῦν μὲν γὰρ ὑμῖν ὁ δῆμος ἐν πάσαις ταῖς πόλεσιν εὔνους ἐστί, καὶ ἢ οὐ ξυναφίσταται τοῖς ὀλίγοις ἢ, ἐὰν βιασθῇ, ὑπάρχει τοῖς ἀποστήσασι πολέμιος εὐθύς, καὶ τῆς ἀντικαθισταμένης πόλεως τὸ πλῆθος ξύμμαχον ἔχοντες ἐς πόλεμον ἐπέρχεσθε. [3] εἰ δὲ διαφθερεῖτε τὸν δῆμον τὸν Μυτιληναίων, ὃς οὔτε μετέσχε τῆς ἀποστάσεως, ἐπειδή τε ὅπλων ἐκράτησεν, ἑκὼν παρέδωκε τὴν πόλιν, πρῶτον μὲν ἀδικήσετε τοὺς εὐεργέτας κτείνοντες, ἔπειτα καταστήσετε τοῖς δυνατοῖς τῶν ἀνθρώπων ὃ βούλονται μάλιστα· ἀφιστάντες γὰρ τὰς πόλεις τὸν δῆμον εὐθὺς ξύμμαχον ἕξουσι, προδειξάντων ὑμῶν τὴν αὐτὴν ζημίαν τοῖς τε ἀδικοῦσιν ὁμοίως κεῖσθαι καὶ τοῖς μή. [4] δεῖ δέ, καὶ εἰ ἠδίκησαν, μὴ προσποιεῖσθαι, ὅπως ὃ μόνον ἡμῖν ἔτι ξύμμαχόν ἐστι μὴ πολέμιον γένηται. [5] καὶ τοῦτο πολλῷ ξυμφορώτερον ἡγοῦμαι ἐς τὴν κάθεξιν τῆς ἀρχῆς, ἑκόντας ἡμᾶς ἀδικηθῆναι ἢ δικαίως οὓς μὴ δεῖ διαφθεῖραι· καὶ τὸ Κλέωνος τὸ αὐτὸ δίκαιον καὶ ξύμφορον τῆς τιμωρίας οὐχ εὑρίσκεται ἐν αὐτῷ δυνατὸν ὂν ἅμα γίγνεσθαι.

III.47.1 σκέψασθε   Aor., imperative, mid., from σκέπτομαι.

ὅσον   "To what extent."

τοῦτο   Cognate acc.

III.47.2 βιασθῇ   Aor., subj., pass., from βιάζω.

ἀποστήσασι   Aor., act., part., from ἀφίστημι. Trans. as a substantive.

τῆς ἀντικαθισταμένης πόλεως   Gen. absolute.

III.47.3 διαφθερεῖτε   Fut., ind., act., from διαφθείρω.

καταστήσετε   Fut., ind., act., from καθίστημι: "You will create."

δυνατοῖς τῶν ἀνθρώπων   "The ruling class."

ὃ   Supply an antecedent: "The very thing which."

ἀφιστάντες   Modifies the subj. of ἕξουσι.

προδειξάντων ὑμῶν   Gen. absolute (the part. is aor., act., from προδείκνυμι); an acc./ inf. construction (τὴν αὐτὴν ζημίαν...κεῖσθαι) follows.

III.47.4 ἠδίκησαν   Aor., ind., act., from ἀδικέω.

μὴ προσποιεῖσθαι   "Pretend [that they had not been guilty]."

ὅ   Supply the antecedent: "That which."

γένηται   Aor., subj., mid., from γίγνομαι.

III.47.5 ἑκόντας ἡμᾶς ἀδικηθῆναι ἢ δικαίως οὓς μὴ δεῖ διαφθεῖραι   The clause explains what the preceding τοῦτο is all about. δικαίως has the sense here of "legally."

διαφθεῖραι   Aor., act., inf., from διαφθείρω.

καὶ τὸ Κλέωνος τὸ αὐτὸ δίκαιον καὶ ξύμφορον τῆς τιμωρίας οὐχ εὑρίσκεται ἐν αὐτῷ δυνατὸν ὂν ἅμα γίγνεσθαι   The sentence seems to mean: "And the argument of Cleon (τὸ Κλέωνος), that justice and self-interest (δίκαιον καὶ ξύμφορον) are one and the same (τὸ αὐτὸ) in the matter of punishment (τῆς τιμωρίας), is not found (οὐχ εὑρίσκεται) to be possible (δυνατὸν ὂν) in this situation (ἐν αὐτῷ)."

CB

III.48.1-2. Diodotus' speech concludes with yet another reminder that he does not base his arguments on pity or compassion but on the advantages of a foreign policy that springs from calm and dispassionate counsel.

[1] ὑμεῖς δὲ γνόντες ἀμείνω τάδε εἶναι καὶ μήτε οἴκτῳ πλέον νείμαντες μήτ᾽ ἐπιεικείᾳ, οἷς οὐδὲ ἐγὼ ἐῶ προσάγεσθαι, ἀπ᾽ αὐτῶν δὲ τῶν παραινουμένων πείθεσθέ μοι Μυτιληναίων οὓς μὲν Πάχης ἀπέπεμψεν ὡς ἀδικοῦντας κρῖναι καθ᾽ ἡσυχίαν, τοὺς δ᾽ ἄλλους ἐᾶν οἰκεῖν. [2] τάδε γὰρ ἔς τε τὸ μέλλον ἀγαθὰ καὶ τοῖς πολεμίοις ἤδη φοβερά· ὅστις γὰρ εὖ βουλεύεται πρὸς τοὺς ἐναντίους κρείσσων ἐστὶν ἢ μετ᾽ ἔργων ἰσχύος ἀνοίᾳ ἐπιών.

III.48.1 γνόντες   Aor., act., part., from γιγνώσκω.

πλέον νείμαντες   "Relying more [than you should]." The part. is aor., act., from νέμω.

ἐῶ   Pres., subj., act., from ἐάω.

προσάγεσθαι   Pres., mid., part., from προσάγω.

ἀπ᾽ αὐτῶν δὲ τῶν παραινουμένων   "But on the basis of the things that have been advised."

πείθεσθε   Pres., imperative, pass., from πείθω: "Be persuaded to," or "Resolve to."

ἐᾶν   Pres., act., inf., from ἐάω.

III.48.2 πολεμίοις   Refers to the Peloponnesians.

ἢ μετ᾽ ἔργων ἰσχύος ἀνοίᾳ ἐπιών   This is the second part of the comparison: "Than a person attacking (ἐπιών)...."

CB

III.81.2-5. In the sections preceding this one, Thucydides gives a detailed (and a mostly military) account of the *stasis* or "civil war" in Corcyra, an island off the west coast of Greece. Corinth had long since colonized Corcyra, but by the time of the outbreak of the Peloponnesian War the colony had almost eclipsed its "metropolis" and operated one of the most powerful navies of the time. When a *stasis* broke out in Corcyra in 427 and the democratic factions there became engaged in mortal combat with the oligarchs, Athens and the Peloponnesian League were predictably drawn into the conflict, with the Athenians taking the side of the democrats and the Peloponnesians taking the side of the oligarchs. In this chapter, Thucydides relates some of the horrific acts of violence that took place in Corcyra once the Peloponnesian fleet had left and the Athenian fleet showed up. Although both the democrats and the oligarchs of Corcyra were guilty of acts of barbarism, this particular passage concentrates on the vengeance of the democrats, who apparently felt empowered by the presence of the Athenian fleet.

[2] Κερκυραῖοι δὲ αἰσθόμενοι τάς τε Ἀττικὰς ναῦς προσπλεούσας τάς τε τῶν πολεμίων οἰχομένας, λαβόντες τούς τε Μεσσηνίους ἐς τὴν πόλιν ἤγαγον πρότερον ἔξω ὄντας, καὶ τὰς ναῦς περιπλεῦσαι κελεύσαντες ἃς ἐπλήρωσαν ἐς τὸν Ὑλλαϊκὸν λιμένα, ἐν ὅσῳ περιεκομίζοντο, τῶν ἐχθρῶν εἴ τινα λάβοιεν, ἀπέκτεινον· καὶ ἐκ τῶν νεῶν ὅσους ἔπεισαν ἐσβῆναι ἐκβιβάζοντες ἀπεχρῶντο, ἐς τὸ Ἡραῖόν τε ἐλθόντες τῶν ἱκετῶν ὡς πεντήκοντα ἄνδρας δίκην ὑποσχεῖν ἔπεισαν καὶ κατέγνωσαν πάντων θάνατον. [3] οἱ δὲ πολλοὶ τῶν ἱκετῶν, ὅσοι οὐκ ἐπείσθησαν, ὡς ἑώρων τὰ γιγνόμενα, διέφθειρον αὐτοῦ ἐν τῷ ἱερῷ ἀλλήλους, καὶ ἐκ τῶν δένδρων τινὲς ἀπήγχοντο, οἱ δ᾽ ὡς ἕκαστοι ἐδύναντο ἀνηλοῦντο. [4] ἡμέρας τε ἑπτά, ἃς ἀφικόμενος ὁ Εὐρυμέδων ταῖς ἑξήκοντα ναυσὶ παρέμεινε, Κερκυραῖοι σφῶν αὐτῶν τοὺς ἐχθροὺς δοκοῦντας εἶναι ἐφόνευον, τὴν μὲν αἰτίαν ἐπιφέροντες τοῖς τὸν δῆμον καταλύουσιν, ἀπέθανον δέ τινες καὶ ἰδίας ἔχθρας ἕνεκα, καὶ ἄλλοι χρημάτων σφίσιν ὀφειλομένων ὑπὸ τῶν λαβόντων· [5] πᾶσά τε ἰδέα κατέστη θανάτου, καὶ οἷον φιλεῖ ἐν τῷ τοιούτῳ γίγνεσθαι, οὐδὲν ὅ τι οὐ ξυνέβη καὶ ἔτι περαιτέρω. καὶ γὰρ πατὴρ παῖδα ἀπέκτεινε καὶ ἀπὸ τῶν ἱερῶν ἀπεσπῶντο καὶ πρὸς αὐτοῖς ἐκτείνοντο, οἱ δέ τινες καὶ περιοικοδομηθέντες ἐν τοῦ Διονύσου τῷ ἱερῷ ἀπέθανον.

III.81.2 τάς τε τῶν πολεμίων οἰχομένας   The phrase refers to the Peloponnesian fleet.

τούς τε Μεσσηνίους… πρότερον ἔξω ὄντας   Some 500 Messenians had been previously positioned by the Athenians outside of the walls.

ἐπλήρωσαν   Aor., ind., act., from πληρόω.

ἐν ὅσῳ   "While."

περιεκομίζοντο   Imperf., ind., pass., from περικομίζω: "Go around."

ἐκ τῶν νεῶν ὅσους ἔπεισαν ἐσβῆναι ἐκβιβάζοντες   The oligarchs who had been forcibly placed on board ships were now made to disembark by their democrat enemies.

ἐσβῆναι   Aor., act., inf., from εἰσβαίνω.

ἀπεχρῶντο   Imperf., ind., mid., from ἀποχράομαι: "use up totally," that is, "kill."

ὡς πεντήκοντα   "Approximately 50."

ὑποσχεῖν   Aor., act., inf., from ὑπέχω. Trans. with δίκην as direct obj.

III.81.3 ἑώρων   Imperf., ind., act., from ὁράω.

αὐτοῦ   The adverb.

ἀπήγχοντο   Imperf., ind., mid., from ἀπάγχω.

ἀνηλοῦντο   Imperf., ind., mid., from ἀναλίσκω.

III.81.4 ἃς   "During which [days]."

ἀφικόμενος   Aor., mid., part., from ἀφικνέομαι.

ὁ Εὐρυμέδων   The Athenian commander for the Corcyraean operations.

τὴν μὲν αἰτίαν ἐπιφέροντες   Supply "against the oligarchs."

τοῖς τὸν δῆμον καταλύουσιν   The phrase explains the accusation brought against the oligarchs; the part. modifies "the oligarchs," understood.

καὶ ἄλλοι....   Supply ἀπέθανον.

ὑπὸ τῶν λαβόντων   "At the hands of the debtors."

III.81.5 κατέστη   Aor., ind., act., from καθίστημι: "Existed."

φιλεῖ   "Is accustomed to."

οὐδὲν ὅ τι οὐ ξυνέβη καὶ ἔτι περαιτέρω   "There was nothing even worse (οὐδέν...ἔτι περαιτέρω) that did not happen (ὅ τι οὐ ξυνέβη)."

ἀπεσπῶντο   Subject is "men."

περιοικοδομηθέντες   Aor., pass., part., from περιοικοδομέω.

☙

III.82.1-8. In this chapter, one of the longest in the entire *Histories*, Thucydides takes the opportunity to fashion a political analysis of the situation in Corcyra and to offer what is his longest extended commentary. The chapter received a lot of attention already in antiquity, and the 1st century B.C. writer Dionysius of Halicarnassus criticized it for its complex, or even convoluted, phrasing and for the many periphrastic constructions. Dionysius' criticisms notwithstanding, chapter 82 is perhaps best known for its outstanding insights into the internal politics of any Greek city-state which, as a result of the Peloponnesian War, was torn apart by party strife, and also for its rather pessimistic (or realistic?) appraisal of politicians who, their fine-sounding slogans aside, were in the business of politics and of promoting themselves and their partisan causes. Thucydides allows that there were other civil wars besides the one in Corcyra—actually, it does not even appear as if the *stasis* in Corcyra had been especially important in the larger scheme of things or that it had any long term consequences for the outcome of the Peloponnesian War—but, in his customary way, he chooses to describe in considerable detail this one *stasis* and then to have it function as a paradigm for the others that broke out during the course of the War. The larger, historical lesson Thucydides may want to teach here is that civil wars, like plagues, are an inevitable consequence of a prolonged conflict.

[1] οὕτως ὠμὴ ἡ στάσις προυχώρησε, καὶ ἔδοξε μᾶλλον, διότι ἐν τοῖς πρώτη ἐγένετο, ἐπεὶ ὕστερόν γε καὶ πᾶν ὡς εἰπεῖν τὸ Ἑλληνικὸν ἐκινήθη, διαφορῶν οὐσῶν ἑκασταχοῦ τοῖς τε τῶν δήμων προστάταις τοὺς Ἀθηναίους ἐπάγεσθαι καὶ τοῖς ὀλίγοις τοὺς Λακεδαιμονίους. καὶ ἐν μὲν εἰρήνῃ οὐκ ἂν ἐχόντων πρόφασιν οὐδ᾽ ἑτοίμων παρακαλεῖν αὐτούς, πολεμουμένων δὲ καὶ ξυμμαχίας ἅμα ἑκατέροις τῇ τῶν ἐναντίων κακώσει καὶ σφίσιν αὐτοῖς ἐκ τοῦ αὐτοῦ προσποιήσει ῥᾳδίως αἱ ἐπαγωγαὶ τοῖς νεωτερίζειν τι βουλομένοις ἐπορίζοντο. [2] καὶ ἐπέπεσε πολλὰ καὶ χαλεπὰ κατὰ στάσιν ταῖς πόλεσι, γιγνόμενα μὲν καὶ αἰεὶ ἐσόμενα, ἕως ἂν ἡ αὐτὴ φύσις ἀνθρώπων ᾖ, μᾶλλον δὲ καὶ ἡσυχαίτερα καὶ τοῖς εἴδεσι διηλλαγμένα, ὡς ἂν ἕκασται αἱ μεταβολαὶ τῶν ξυντυχιῶν ἐφιστῶνται. ἐν μὲν γὰρ εἰρήνῃ καὶ ἀγαθοῖς πράγμασιν αἵ τε πόλεις καὶ οἱ ἰδιῶται ἀμείνους τὰς γνώμας ἔχουσι διὰ τὸ μὴ ἐς ἀκουσίους ἀνάγκας πίπτειν· ὁ δὲ πόλεμος ὑφελὼν τὴν εὐπορίαν τοῦ καθ᾽ ἡμέραν βίαιος διδάσκαλος καὶ πρὸς τὰ παρόντα τὰς ὀργὰς τῶν πολλῶν ὁμοιοῖ. [3] ἐστασίαζέ τε οὖν τὰ τῶν πόλεων, καὶ τὰ ἐφυστερίζοντά που πύστει τῶν προγενομένων πολὺ ἐπέφερε τὴν ὑπερβολὴν τοῦ καινοῦσθαι τὰς διανοίας τῶν τ᾽ ἐπιχειρήσεων περιτεχνήσει καὶ τῶν τιμωριῶν ἀτοπίᾳ. [4] καὶ τὴν εἰωθυῖαν ἀξίωσιν τῶν ὀνομάτων ἐς τὰ ἔργα ἀντήλλαξαν τῇ δικαιώσει. τόλμα μὲν γὰρ ἀλόγιστος ἀνδρεία φιλέταιρος ἐνομίσθη, μέλλησις δὲ προμηθὴς δειλία εὐπρεπής, τὸ δὲ σῶφρον τοῦ ἀνάνδρου πρόσχημα, καὶ τὸ πρὸς ἅπαν ξυνετὸν ἐπὶ πᾶν ἀργόν· τὸ δ᾽ ἐμπλήκτως ὀξὺ ἀνδρὸς μοίρᾳ προσετέθη, ἀσφαλείᾳ δὲ τὸ ἐπιβουλεύσασθαι ἀποτροπῆς πρόφασις εὔλογος. [5] καὶ ὁ μὲν χαλεπαίνων πιστὸς αἰεί, ὁ δ᾽ ἀντιλέγων αὐτῷ ὕποπτος. ἐπιβουλεύσας δέ τις τυχὼν ξυνετὸς καὶ ὑπονοήσας ἔτι δεινότερος· προβουλεύσας δὲ ὅπως μηδὲν αὐτῶν δεήσει, τῆς τε ἑταιρίας διαλυτὴς καὶ τοὺς ἐναντίους ἐκπεπληγμένος. ἁπλῶς δὲ ὁ φθάσας τὸν μέλλοντα κακόν τι δρᾶν ἐπῃνεῖτο, καὶ ὁ ἐπικελεύσας τὸν μὴ διανοούμενον. [6] καὶ μὴν καὶ τὸ ξυγγενὲς τοῦ ἑταιρικοῦ ἀλλοτριώτερον ἐγένετο διὰ τὸ ἑτοιμότερον εἶναι ἀπροφασίστως τολμᾶν· οὐ γὰρ μετὰ τῶν κειμένων νόμων ὠφελίᾳ αἱ τοιαῦται ξύνοδοι, ἀλλὰ παρὰ τοὺς καθεστῶτας πλεονεξίᾳ. καὶ τὰς ἐς σφᾶς αὐτοὺς πίστεις οὐ τῷ θείῳ νόμῳ μᾶλλον ἐκρατύνοντο ἢ τῷ κοινῇ τι παρανομῆσαι. [7] τά τε ἀπὸ τῶν ἐναντίων καλῶς λεγόμενα ἐνεδέχοντο ἔργων φυλακῇ, εἰ προύχοιεν, καὶ οὐ

γενναιότητι. ἀντιτιμωρήσασθαί τέ τινα περὶ πλείονος ἦν ἢ αὐτὸν μὴ προπαθεῖν. καὶ ὅρκοι εἴ που ἄρα γένοιντο ξυναλλαγῆς, ἐν τῷ αὐτίκα πρὸς τὸ ἄπορον ἑκατέρῳ διδόμενοι ἴσχυον οὐκ ἐχόντων ἄλλοθεν δύναμιν· ἐν δὲ τῷ παρατυχόντι ὁ φθάσας θαρσῆσαι, εἰ ἴδοι ἄφαρκτον, ἥδιον διὰ τὴν πίστιν ἐτιμωρεῖτο ἢ ἀπὸ τοῦ προφανοῦς, καὶ τό τε ἀσφαλὲς ἐλογίζετο καὶ ὅτι ἀπάτῃ περιγενόμενος ξυνέσεως ἀγώνισμα προσελάμβανεν. ῥᾷον δ᾽ οἱ πολλοὶ κακοῦργοι δεξιοὶ κέκληνται ἢ ἀμαθεῖς ἀγαθοί, καὶ τῷ μὲν αἰσχύνονται, ἐπὶ δὲ τῷ ἀγάλλονται. [8] πάντων δ᾽ αὐτῶν αἴτιον ἀρχὴ ἡ διὰ πλεονεξίαν καὶ φιλοτιμίαν· ἐκ δ᾽ αὐτῶν καὶ ἐς τὸ φιλονικεῖν καθισταμένων τὸ πρόθυμον. οἱ γὰρ ἐν ταῖς πόλεσι προστάντες μετὰ ὀνόματος ἑκάτεροι εὐπρεποῦς, πλήθους τε ἰσονομίας πολιτικῆς καὶ ἀριστοκρατίας σώφρονος προτιμήσει, τὰ μὲν κοινὰ λόγῳ θεραπεύοντες ἆθλα ἐποιοῦντο, παντὶ δὲ τρόπῳ ἀγωνιζόμενοι ἀλλήλων περιγίγνεσθαι ἐτόλμησάν τε τὰ δεινότατα ἐπεξῇσάν τε τὰς τιμωρίας ἔτι μείζους, οὐ μέχρι τοῦ δικαίου καὶ τῇ πόλει ξυμφόρου προτιθέντες, ἐς δὲ τὸ ἑκατέροις που αἰεὶ ἡδονὴν ἔχον ὁρίζοντες, καὶ ἢ μετὰ ψήφου ἀδίκου καταγνώσεως ἢ χειρὶ κτώμενοι τὸ κρατεῖν ἕτοιμοι ἦσαν τὴν αὐτίκα φιλονικίαν ἐκπιμπλάναι. ὥστε εὐσεβείᾳ μὲν οὐδέτεροι ἐνόμιζον, εὐπρεπείᾳ δὲ λόγου οἷς ξυμβαίη ἐπιφθόνως τι διαπράξασθαι, ἄμεινον ἤκουον. τὰ δὲ μέσα τῶν πολιτῶν ὑπ᾽ ἀμφοτέρων ἢ ὅτι οὐ ξυνηγωνίζοντο ἢ φθόνῳ τοῦ περιεῖναι διεφθείροντο.

III.82.1 προυχώρησε   Aor., ind., act., from προχωρέω

ἔδοξε μᾶλλον   Supply ὠμὴ προυχωρῆσαι.

ὡς εἰπεῖν   "In a manner of speaking."

ἐκινήθη   Aor., ind., pass., from κινέω.

διαφορῶν οὐσῶν   Gen. absolute: "Since there were [political] differences."

ἐπάγεσθαι....   The inf. (pres., mid., from ἐπάγω) is loosely connected with the above gen. absolute and seems to express result: "With the result that the leaders of the *dêmos* called on the Athenians for help...."

ἐχόντων πρόφασιν   Supply αὐτῶν for this gen. absolute.

ἑτοίμων   Supply ὄντων for this gen. absolute.

πολεμουμένων   Another gen. absolute: it modifies "Athenians and Peloponnesians," understood.

ξυμμαχίας   Transl. with αἱ ἐπαγωγαί: "The bringing in of an ally."

ἑκατέροις   "For either side (democrats and oligarchs)."

τῇ τῶν ἐναντίων κακώσει   Dat. of purpose.

προσποιήσει   Also a dat. of purpose.

νεωτερίζειν   The inf. is complementary to βουλομένοις.

III.82.2 μᾶλλον δὲ καὶ ἡσυχαίτερα   "To a greater or lesser degree."

τοῖς εἴδεσι   Dat. of respect.

διηλλαγμένα   Perf., pass., part., from διαλλάσσω.

ὡς ἄν   "According as."

ἐφιστῶνται   Pres., subj., mid., from ἐφίστημι: "Show themselves."

διὰ τὸ μὴ ἐς ἀκουσίους ἀνάγκας πίπτειν   Articular. inf. construction.

ὑφελών   Aor., act., part., from ὑφαιρέω.

τοῦ καθ᾽ ἡμέραν   Supply βίου.

III.82.3 τὰ τῶν πόλεων   Basically, the phrase means the same as "the cities."

τὰ ἐφυστερίζοντα   "Those coming later on," that is, "Those cities that experienced revolutions later on."

πύστει   "From their learning of …."

τῶν προγενομένων   Refers to earlier revolutions.

πολὺ ἐπέφερε   "Greatly advanced."

τὴν ὑπερβολὴν τοῦ καινοῦσθαι τὰς διανοίας   "An excess of devising schemes." In other words, the later revolutionaries did their best to outdo their precursors and to come up with new ways of plotting to overthrow the government.

τῶν τ᾽ ἐπιχειρήσεων περιτεχνήσει   A dative of means construction, as is τῶν τιμωριῶν ἀτοπίᾳ.

III.82.4 ἐς τὰ ἔργα   "In relation to facts."

ἀντήλλαξαν   Aor., ind., act., from ἀνταλλάσσω.

τῇ δικαιώσει   "According to whatever suited their whims."

ἐνομίσθη   Aor., ind., pass., from νομίζω.

μέλλησις δὲ προμηθὴς δειλία εὐπρεπής   Supply ἐνομίσθη here and in the next two equations.

τὸ δ᾽ ἐμπλήκτως ὀξύ   The adverb ἐμπλήκτως modifies the substantive τὸ…ὀξύ: "Stunning quickness."

προσετέθη   Aor., ind., pass., from προστίθημι: "Was regarded." Use also in the next clause.

ἀσφαλείᾳ δὲ τὸ ἐπιβουλεύσασθαι ἀποτροπῆς πρόφασις εὔλογος   The meaning is not entirely clear, but the two parts of this equation seem to be "careful planning" (ἀσφαλείᾳ δὲ τὸ ἐπιβουλεύσασθαι) and a "specious excuse for inactivity" (ἀποτροπῆς πρόφασις εὔλογος).

III.82.5 ἐπιβουλεύσας δέ τις τυχών   "Someone having succeeded (τυχών = aor., act., part. from τυγχάνω) in a plot (ἐπιβουλεύσας)."

ὑπονοήσας   Aor., act., part., from ὑπονοέω: "The person who detected [a plot]."

προβουλεύσας δὲ ὅπως   "The man who decided ahead of time that…."

τοὺς ἐναντίους   Acc. of respect.

ἐκπεπληγμένος   Perf., pass., part., from ἐκπλήγνυμι.

ὁ φθάσας   Aor., act., part., from φθάνω: "He who anticipated."

ἐπηνεῖτο   Imperf., ind., pass., from ἐπαινέω.

τὸν μὴ διανοούμενον   "A person not intending [originally to do evil]."

III.82.6 τὸ ξυγγενὲς   Article and neut. adj. = abstract substantive.

διὰ τὸ ἑτοιμότερον εἶναι   Articular infinitive: "On account of the greater state of readiness."

ὠφελίᾳ   A dat. of purpose, along with πλεονεξίᾳ.

παρὰ τοὺς καθεστῶτας   The part. (perf., act., from καθίστημι) modifies νόμους understood.

ἐκρατύνοντο   Imperf., ind., mid., from κρατύνω.

τῷ κοινῇ τι παρανομῆσαι   Articular. inf. construction (παρανομῆσαι = aor., act., from παρανομέω).

III.82.7 ἔργων φυλακή   Dat. of manner construction, paired with γενναιότητι.

προύχοιεν   Pres., opt., act., from προέχω; οἱ ἐναντίοι is its subject.

ἀντιτιμωρήσασθαι   Aor., mid., inf., from ἀντιτιμωρέομαι; subject of the sentence.

ὅρκοι   Trans. with ξυναλλαγῆς.

πρὸς τὸ ἄπορον   "In response to there being no other recourse." Take with διδόμενοι.

ἐχόντων   Gen. absolute; supply "political opponents [who had exchanged oaths]."

ἐν δὲ τῷ παρατυχόντι   The part. is aor., act., from παρατυγχάνω. "When the opportunity presented itself."

ὁ φθάσας   Aor., act., part., from φθάνω: trans. with θαρσῆσαι (aor., act., inf., from θαρσέω).

ἄφαρκτον   Supply τὸν ἐναντίον.

τό τε ἀσφαλὲς   Abstract substantive; obj. of ἐλογίζετο.

ὅτι ἀπάτῃ περιγενόμενος ξυνέσεως ἀγώνισμα προσελάμβανεν   The clause is the second obj. of ἐλογίζετο.

περιγενόμενος   "If victorious."

ῥᾷον   "More readily."

κέκληνται   Perf., ind., pass., from καλέω.

τῷ μὲν αἰσχύνονται, ἐπὶ δὲ τῷ ἀγάλλονται.   The articles refer to the two kinds of reputations.

III.82.8 αἴτιον   Abstract substantive.

ἀρχή   "Desire to rule." It is further explained with ἡ διὰ πλεονεξίαν καὶ φιλοτιμίαν.

τὸ πρόθυμον   Abstract substantive. Supply ἦν.

καθισταμένων   Gen. absolute, with "men" understood; trans. with ἐς τὸ φιλονικεῖν, an articular inf.

προστάντες   "Party leaders."

πλήθους τε ἰσονομίας πολιτικῆς καὶ ἀριστοκρατίας σώφρονος προτιμήσει   These are examples of the hollow slogans employed by party leaders.

προτιμήσει   Dat. of instrument: "With an advocacy of."

ἐπεξῆσάν   Imperf., ind., act., from ἐπέξειμι: "Went after."

προτιθέντες   "Setting a limit."

ἐς δὲ τὸ ἑκατέροις που αἰεὶ ἡδονὴν ἔχον   "As far as that which at any time offered (τό...ἔχον) pleasure always to both sides."

χειρὶ κτώμενοι τὸ κρατεῖν   "Acquiring (κτώμενοι = pres., mid., part., from κτάομαι) power (τὸ κρατεῖν) by violent means (χειρί)."

τὴν αὐτίκα φιλονικίαν   The adverb in this phrase qualifies the noun, hence its situation between article and noun.

ἐκπιμπλάναι   Pres., act., inf., from ἐκπίμπλημι.

ἐνόμιζον   Means "used" and takes the dat.

οἷς ξυμβαίη   Supply the antecedent (actually, the subject of ἤκουον) for the pronoun: "For those to whom it so happened that…." ξυμβαίη is aor., opt., act., from συμβαίνω.

διαπράξασθαι   Aor., mid., inf., from διαπράσσω; complementary to ξυμβαίη.

ἄμεινον ἤκουον   "Had better reputations."

τὰ δὲ μέσα τῶν πολιτῶν   "The moderate among the citizenry."

φθόνῳ τοῦ περιεῖναι   "Envy over their being able to survive."

☙

III.83.1-4. With this chapter, Thucydides finishes his extended commentary on *stasis* as a by-product of prolonged warfare. (Chapter 84 is regarded by most commentators as spurious and is omitted here.) The key sentence may be the first, where the author appears to be passing judgment on the whole of Hellenic civilization and perhaps even positing a theory on the decline of that civilization.

[1] οὕτω πᾶσα ἰδέα κατέστη κακοτροπίας διὰ τὰς στάσεις τῷ Ἑλληνικῷ, καὶ τὸ εὔηθες, οὗ τὸ γενναῖον πλεῖστον μετέχει, καταγελασθὲν ἠφανίσθη, τὸ δὲ ἀντιτετάχθαι ἀλλήλοις τῇ γνώμῃ ἀπίστως ἐπὶ πολὺ διήνεγκεν· [2] οὐ γὰρ ἦν ὁ διαλύσων οὔτε λόγος ἐχυρὸς οὔτε ὅρκος φοβερός, κρείσσους δὲ ὄντες ἅπαντες λογισμῷ ἐς τὸ ἀνέλπιστον τοῦ βεβαίου μὴ παθεῖν μᾶλλον προυσκόπουν ἢ πιστεῦσαι ἐδύναντο. [3] καὶ οἱ φαυλότεροι γνώμην ὡς τὰ πλείω περιεγίγνοντο· τῷ γὰρ δεδιέναι τό τε αὐτῶν ἐνδεὲς καὶ τὸ τῶν ἐναντίων ξυνετόν, μὴ λόγοις τε ἥσσους ὦσι καὶ ἐκ τοῦ πολυτρόπου αὐτῶν τῆς γνώμης φθάσωσι προεπιβουλευόμενοι, τολμηρῶς πρὸς τὰ ἔργα ἐχώρουν. [4] οἱ δὲ καταφρονοῦντες κἂν προαισθέσθαι καὶ ἔργῳ οὐδὲν σφᾶς δεῖν λαμβάνειν ἃ γνώμῃ ἔξεστιν, ἄφαρκτοι μᾶλλον διεφθείροντο.

III.83.1 κατέστη   Aor., ind., act., from καθίστημι: "Came into being."

τὸ εὔηθες…τὸ γενναῖον   Adjectives with their articles are used as abstract substantives.

πλεῖστον μετέχει   "Has the greatest share."

καταγελασθέν   Aor., pass., part., from καταγελάω.

ἠφανίσθη   Aor., ind., pass., from ἀφανίζω.

τὸ δὲ ἀντιτετάχθαι   Articular inf. (perf., mid., from ἀντιτάσσω) construction.

τῇ γνώμῃ   This dat. of respect is paired with the adv. ἀπίστως.

διήνεγκεν   Aor., ind., act., from διαφέρω: "Was triumphant."

III.83.2 οὐ γὰρ ἦν ὁ διαλύσων οὔτε λόγος ἐχυρὸς οὔτε ὅρκος φοβερός   The meaning seems to be that "No word (λόγος) was strong enough (ἐχυρὸς) to reconcile (διαλύσων = fut., act., part., from διαλύω) and no oath (ὅρκος) was feared (φοβερός) enough [again, to bring about reconciliation]."

κρείσσους δὲ ὄντες ἅπαντες   The following λογισμῷ explains in what sense people could still feel strong in this kind of a situation.

λογισμῷ ἐς τὸ ἀνέλπιστον τοῦ βεβαίου   "With a calculation (λογισμῷ) towards the hopelessness (ἐς τὸ ἀνέλπιστον) of being secure (τοῦ βεβαίου)." In other words, "With a sense of resignation that security was impossible." (The ambiguities in this part of III.83 have been much debated by commentators.)

προυσκόπουν   Imperf., ind., act., from προσκοπέω.

III.83.3 γνώμην   Acc. of respect.

ὡς τὰ πλείω   "More often than not."

τῷ γὰρ δεδιέναι   Articular inf. (perf., act., from δείδω) construction; it triggers the following μή clause.

ἐκ τοῦ πολυτρόπου αὐτῶν τῆς γνώμης   The phrase itself indicates cause; αὐτῶν refers to "Their [smarter] enemies."

φθάσωσι   Aor., subj., act., from φθάνω; trans. with προεπιβουλευόμενοι.

III.83.4 καταφρονοῦντες   Pres., act., part., from καταφρονέω: "In their arrogance, assuming."

προαισθέσθαι   Aor., mid., inf., from προαισθάνομαι. Trans. with καταφρονοῦντες.

ἔργῳ οὐδὲν σφᾶς δεῖν λαμβάνειν ἃ γνώμῃ ἔξεστιν   The acc./inf. construction in σφᾶς δεῖν is also dependent on καταφρονοῦντες. This is the second false assumption of the allegedly "smarter" group. Note the contrast between ἔργῳ and γνώμῃ.

☙

IV.29.1-4. We rejoin Thucydides' narrative in Book IV, with the story of the siege at Pylos, an event from the seventh year of the War (425) which radically altered the prospects of victory for both Athens and Sparta. Situated on the southwest coast of the Peloponnesus in an area once controlled by the Messenians (but very much in the Spartan orbit in 425), Pylos fronted a harbor, the entrance to which was almost totally blocked by a long, uninhabited island called Sphacteria. Demosthenes, one of the ten Athenian *stratêgoi* at the time, had decided (somewhat fortuitously) to seize and fortify a portion of the territory of Pylos, perhaps as a way of diverting the attention of the Spartans, who were engaged with their customary depredations in Attica. The Spartans responded to this threat by sending a fleet to the area and by occupying the island of Sphacteria with hoplites in order to keep naval reinforcements from reaching the Athenians. The chapter opens with a reference to Cleon—one of the speakers at the Mytilenaean Debate—and his secural of approval from the Athenian Assembly to join his colleague general, Demosthenes, at Pylos.

[1] καὶ πάντα διαπραξάμενος ἐν τῇ ἐκκλησίᾳ καὶ ψηφισαμένων Ἀθηναίων αὐτῷ τὸν πλοῦν, τῶν τε ἐν Πύλῳ στρατηγῶν ἕνα προσελόμενος Δημοσθένη, τὴν ἀναγωγὴν διὰ τάχους ἐποιεῖτο. [2] τὸν δὲ Δημοσθένη προσέλαβε πυνθανόμενος τὴν ἀπόβασιν αὐτὸν ἐς τὴν νῆσον διανοεῖσθαι. οἱ γὰρ στρατιῶται κακοπαθοῦντες τοῦ χωρίου τῇ ἀπορίᾳ καὶ μᾶλλον πολιορκούμενοι ἢ πολιορκοῦντες ὥρμηντο διακινδυνεῦσαι. καὶ αὐτῷ ἔτι ῥώμην καὶ ἡ νῆσος ἐμπρησθεῖσα παρέσχεν. [3] πρότερον μὲν γὰρ οὔσης αὐτῆς ὑλώδους ἐπὶ τὸ πολὺ καὶ ἀτριβοῦς διὰ τὴν αἰεὶ ἐρημίαν ἐφοβεῖτο καὶ πρὸς τῶν πολεμίων τοῦτο ἐνόμιζε μᾶλλον εἶναι· πολλῷ γὰρ ἂν στρατοπέδῳ ἀποβάντι ἐξ ἀφανοῦς χωρίου προσβάλλοντας αὐτοὺς βλάπτειν. σφίσι μὲν γὰρ τὰς ἐκείνων ἁμαρτίας καὶ παρασκευὴν ὑπὸ τῆς ὕλης οὐκ ἂν ὁμοίως δῆλα εἶναι, τοῦ δὲ αὑτῶν στρατοπέδου καταφανῆ ἂν εἶναι πάντα τὰ ἁμαρτήματα, ὥστε προσπίπτειν ἂν αὐτοὺς ἀπροσδοκήτως ᾗ βούλοιντο· ἐπ᾽ ἐκείνοις γὰρ εἶναι ἂν τὴν ἐπιχείρησιν. [4] εἰ δ᾽ αὖ ἐς δασὺ χωρίον βιάζοιτο ὁμόσε ἰέναι, τοὺς ἐλάσσους, ἐμπείρους δὲ τῆς χώρας, κρείσσους ἐνόμιζε τῶν πλεόνων ἀπείρων· λανθάνειν τε ἂν τὸ ἑαυτῶν στρατόπεδον πολὺ ὂν διαφθειρόμενον, οὐκ οὔσης τῆς προσόψεως ᾗ χρῆν ἀλλήλοις ἐπιβοηθεῖν.

IV.29.1 ψηφισαμένων Ἀθηναίων   Gen. absolute.

αὐτῷ   Refers to Cleon.

προσελόμενος   Aor., mid., part., from προσαιρέομαι; modifies Cleon.

IV.29.2 διανοεῖσθαι   Pres., mid., inf., from διανοέομαι.

ὥρμηντο   Imperf., ind., mid., from ὁρμάω: "Were eager for."

ῥώμην   "Confidence."

ἐμπρησθεῖσα   Aor., pass., part., from ἐμπίμπρημι

IV.29.3 οὔσης ὑλώδους… καὶ ἀτριβοῦς   Gen. absolute construction, with αὐτῆς referring to νῆσος.

πρὸς τῶν πολεμίων   "To the advantage of the enemy."

ἀποβάντι   "Disembarking."

προσβάλλοντας αὐτοὺς βλάπτειν   This acc./inf. construction—it depends on ἐνόμιζε—explains why Demosthenes had thought (before the fire denuded the island) that the enemy would have an advantage if the Athenians landed.

ἐκείνων   Referring to the enemy.

προσπίπτειν   Subject is "the enemy" (understood).

ᾗ   "Whenever."

τὴν ἐπιχείρησιν   "The initiative to attack."

IV.29.4 ὁμόσε ἰέναι   The expression means "To come to the same place," which is to say, "To engage the enemy."

τοὺς ἐλάσσους, ἐμπείρους δὲ τῆς χώρας, κρείσσους   All three adjectives refer to "the enemy."

τῶν πλεόνων ἀπείρων   Gen. of comparison; supply ὄντων.

πολὺ ὄν   Trans. as a concessive: "Though large."

λανθάνειν   As usual, λανθάνω is followed by a supplementary participle (διαφθειρόμενον).

οὐκ οὔσης τῆς προσόψεως   Gen. absolute.

χρῆν   "It would have been possible."

CB

IV.30.1-4. We see in this chapter that, because of an accident, the strategic position of Demosthenes and the Athenian forces had been greatly improved, while that of the Spartans on Sphacteria had deteriorated significantly. Even (or perhaps especially) in a military narrative, Thucydides wants to go beyond the superficial and to explore the thought processes of the commanding generals. Consequently, the syntax here is difficult and the passage has been subject to several emendations.

[1] ἀπὸ δὲ τοῦ Αἰτωλικοῦ πάθους, ὃ διὰ τὴν ὕλην μέρος τι ἐγένετο, οὐχ ἥκιστα αὐτὸν ταῦτα ἐσῄει. [2] τῶν δὲ στρατιωτῶν ἀναγκασθέντων διὰ τὴν στενοχωρίαν τῆς νήσου τοῖς ἐσχάτοις προσίσχοντας ἀριστοποιεῖσθαι διὰ προφυλακῆς καὶ ἐμπρήσαντός τινος κατὰ μικρὸν τῆς ὕλης ἄκοντος καὶ ἀπὸ τούτου πνεύματος ἐπιγενομένου τὸ πολὺ αὐτῆς ἔλαθε κατακαυθέν. [3] οὕτω δὴ τούς τε Λακεδαιμονίους μᾶλλον κατιδὼν πλείους ὄντας, ὑπονῶν πρότερον ἐλάσσοσι τὸν σῖτον αὐτοῦ ἐσπέμπειν, τήν τε νῆσον εὐαποβατωτέραν οὖσαν, τότε ὡς ἐπ᾽ ἀξιόχρεως τοὺς Ἀθηναίους μᾶλλον σπουδὴν ποιεῖσθαι τὴν ἐπιχείρησιν παρεσκευάζετο, στρατιάν τε

μεταπέμπων ἐκ τῶν ἐγγὺς ξυμμάχων καὶ τὰ ἄλλα ἑτοιμάζων. [4] Κλέων δὲ ἐκείνῳ τε
προπέμψας ἄγγελον ὡς ἥξων καὶ ἔχων στρατιὰν ἣν ᾐτήσατο, ἀφικνεῖται ἐς Πύλον.
καὶ ἅμα γενόμενοι πέμπουσι πρῶτον ἐς τὸ ἐν τῇ ἠπείρῳ στρατόπεδον κήρυκα,
προκαλούμενοι, εἰ βούλοιντο, ἄνευ κινδύνου τοὺς ἐν τῇ νήσῳ ἄνδρας σφίσι τά τε
ὅπλα καὶ σφᾶς αὐτοὺς κελεύειν παραδοῦναι, ἐφ᾽ ᾧ φυλακῇ τῇ μετρίᾳ τηρήσονται,
ἕως ἄν τι περὶ τοῦ πλέονος ξυμβαθῇ.

IV.30.1 ἀπὸ δὲ τοῦ Αἰτωλικοῦ πάθους   Demosthenes suffered a defeat in Aetolia the year
before, when his heavily armed troops, harassed by lightly armed forces, suffered
heavy casualties while trying to make their way out of a forest.

μέρος τι   "To a certain extent."

αὐτὸν ταῦτα ἐσῄει   "These [concerns] came (ἐσῄει = imperf., ind., act., from εἴσειμι)
to him."

IV.30.2 ἀναγκασθέντων   Aor., pass., part., from ἀναγκάζω; trans. with προσίσχοντας
ἀριστοποιεῖσθαι.

προσίσχοντας = προσέχοντας.

ἀριστοποιεῖσθαι   Pres., mid., inf., from ἀριστοποιέω.

ἐμπρήσαντός τινος κατὰ μικρὸν τῆς ὕλης ἄκοντος   Gen. absolute construction
(ἐμπρήσαντός = aor., act., part., from ἐμπίμπρημι).

πνεύματος ἐπιγενομένου   Gen. absolute construction.

ἔλαθε   Aor., ind., act., from λανθάνω; trans. with κατακαυθέν, an aor., pass., part.,
from κατακαίω.

IV.30.3 κατιδὼν   Modifies Demosthenes, understood.

ἐλάσσοσι   "To fewer [of the enemy than there actually were]."

ὑπονοῶν   Pres., act., part., from ὑπονοέω; also modifies Demosthenes and takes
the inf. in ἐσπέμπειν. Under the terms of a truce, Demosthenes had apparently sent
food supplies to the Spartans on Sphacteria. Before he could see the actual size of the
Spartan contingent on the island, he had suspected (ὑπονοῶν), on the assumption
that the Spartans had exaggerated their numbers, that he had been sending more food
than the number of the Spartans might have warranted.

αὐτοῦ   "There," that is, on Sphacteria.

τήν τε νῆσον   Direct obj. of κατιδών.

ὡς ἐπ᾽ ἀξιόχρεων τοὺς Ἀθηναίους μᾶλλον σπουδὴν ποιεῖσθαι   The phrase
explains why Demosthenes decided on the capture of the island (referred to as
τὴν ἐπιχείρησιν): "As a goal (ὡς ἐπ᾽) that was more important (ἀξιόχρεων) for the
Athenians to act on rather urgently (μᾶλλον σπουδὴν ποιεῖσθαι)."

ἑτοιμάζων   Pres., act., part., from ἑτοιμάζω.

IV.30.4 ὡς....   Gives the content of the message.

ἥξων   Fut., act., part., from ἥκω.

ᾐτήσατο   Aor., ind., mid., from αἰτέω.

παραδοῦναι   Aor., act., inf., from παραδίδωμι.

ἐφ᾽ ᾧ   "On the condition that."

τηρήσονται   Fut., ind., mid., from τηρέω.

περὶ τοῦ πλέονος   "Concerning the larger matter." The phrase refers to the Peloponnesian War itself.

ξυμβάθη   Aor., subj., pass., from συμβαίνω.

⊙

IV.31.1-2. Thucydides provides some rather specific information about the lay of Sphacteria and the positions of the Spartans who were defending the island. The mere fact that he knows the name of one of the Spartan commanders (Epitadas) and that he can specify whether the stones for a fortification on Sphacteria had been randomly collected or hewn specifically for the wall speaks to his acquaintance with the particulars of the War.

[1] οὐ προσδεξαμένων δὲ αὐτῶν μίαν μὲν ἡμέραν ἐπέσχον, τῇ δ᾽ ὑστεραίᾳ ἀνηγάγοντο μὲν νυκτὸς ἐπ᾽ ὀλίγας ναῦς τοὺς ὁπλίτας πάντας ἐπιβιβάσαντες, πρὸ δὲ τῆς ἕω ὀλίγον ἀπέβαινον τῆς νήσου ἑκατέρωθεν, ἔκ τε τοῦ πελάγους καὶ πρὸς τοῦ λιμένος, ὀκτακόσιοι μάλιστα ὄντες ὁπλῖται, καὶ ἐχώρουν δρόμῳ ἐπὶ τὸ πρῶτον φυλακτήριον τῆς νήσου. [2] ὧδε γὰρ διετετάχατο· ἐν ταύτῃ μὲν τῇ πρώτῃ φυλακῇ ὡς τριάκοντα ἦσαν ὁπλῖται, μέσον δὲ καὶ ὁμαλώτατόν τε καὶ περὶ τὸ ὕδωρ οἱ πλεῖστοι αὐτῶν καὶ Ἐπιτάδας ὁ ἄρχων εἶχε, μέρος δέ τι οὐ πολὺ αὐτὸ τὸ ἔσχατον ἐφύλασσε τῆς νήσου τὸ πρὸς τὴν Πύλον, ὃ ἦν ἔκ τε θαλάσσης ἀπόκρημνον καὶ ἐκ τῆς γῆς ἥκιστα ἐπίμαχον· καὶ γάρ τι καὶ ἔρυμα αὐτόθι ἦν παλαιὸν λίθων λογάδην πεποιημένον, ὃ ἐνόμιζον σφίσιν ὠφέλιμον ἂν εἶναι, εἰ καταλαμβάνοι ἀναχώρησις βιαιοτέρα. οὕτω μὲν τεταγμένοι ἦσαν.

IV.31.1   οὐ προσδεξαμένων δὲ αὐτῶν   Gen. absolute; αὐτῶν refers to the Spartans.

ἐπέσχον   "They [the Athenians] waited."

ἀνηγάγοντο   Aor., ind., mid., from ἀνάγω.

IV.31.2   διετετάχατο   Pluperf., ind., pass., from διατάσσω; subj. is "The opposing forces."

τὸ ὕδωρ   "The drinking water."

μέρος   "Contingent."

ἔκ τε θαλάσσης   The prep. phrase explains which part of the island was ἀπόκρημνον.

λογάδην   "Randomly [picked]." The stones were not specially cut for the wall.

ἐνόμιζον   Subject is "Spartans."

εἰ καταλαμβάνοι ἀναχώρησις βιαιοτέρα   "If a forced retreat should befall them."

τεταγμένοι   Perf., pass., part., from τάσσω; trans. with ἦσαν.

⸱⸱⸱

IV.32.1-4. There are additional indications in this passage that Thucydides (and/or his informants) had a thorough acquaintance with the topography of the island of Sphacteria and with the military plans of the Athenians. Such precision in detail enhances the credibility of the narrative, something that the author may have especially wanted for this section, since the military exploits of Cleon, the man who was perhaps responsible for Thucydides' exile, are a central topic. It might also be noted that, even in a basically military passage such as this, Thucydides cannot resist the perfect paradox, as he describes (IV.32.4) the untenable situation of the Spartans on Sphacteria.

[1] οἱ δὲ Ἀθηναῖοι τοὺς μὲν πρώτους φύλακας, οἷς ἐπέδραμον, εὐθὺς διαφθείρουσιν ἔν τε ταῖς εὐναῖς ἔτι καὶ ἀναλαμβάνοντας τὰ ὅπλα, λαθόντες ἐς τὴν ἀπόβασιν, οἰομένων αὐτῶν τὰς ναῦς κατὰ τὸ ἔθος ἐς ἔφορμον τῆς νυκτὸς πλεῖν. [2] ἅμα δὲ ἕῳ γιγνομένῃ καὶ ὁ ἄλλος στρατὸς ἀπέβαινεν, ἐκ μὲν νεῶν ἑβδομήκοντα καὶ ὀλίγῳ πλεόνων πάντες πλὴν θαλαμιῶν, ὡς ἕκαστοι ἐσκευασμένοι, τοξόται δὲ ὀκτακόσιοι καὶ πελτασταὶ οὐκ ἐλάσσους τούτων, Μεσσηνίων τε οἱ βεβοηθηκότες καὶ οἱ ἄλλοι ὅσοι περὶ Πύλον κατεῖχον πάντες πλὴν τῶν ἐπὶ τοῦ τείχους φυλάκων. [3] Δημοσθένους δὲ τάξαντος διέστησαν κατὰ διακοσίους τε καὶ πλείους, ἔστι δ᾽ ᾗ ἐλάσσους, τῶν χωρίων τὰ μετεωρότατα λαβόντες, ὅπως ὅτι πλείστη ἀπορία ᾖ τοῖς πολεμίοις πανταχόθεν κεκυκλωμένοις καὶ μὴ ἔχωσι πρὸς ὅ τι ἀντιτάξωνται, ἀλλ᾽ ἀμφίβολοι γίγνωνται τῷ πλήθει, εἰ μὲν τοῖς πρόσθεν ἐπίοιεν, ὑπὸ τῶν κατόπιν βαλλόμενοι, εἰ δὲ τοῖς πλαγίοις, ὑπὸ τῶν ἑκατέρωθεν παρατεταγμένων. [4] κατὰ νώτου τε αἰεὶ ἔμελλον αὐτοῖς, ᾗ χωρήσειαν, οἱ πολέμιοι ἔσεσθαι ψιλοὶ καὶ οἱ ἀπορώτατοι, τοξεύμασι καὶ ἀκοντίοις καὶ λίθοις καὶ σφενδόναις ἐκ πολλοῦ ἔχοντες ἀλκήν, οἷς μηδὲ ἐπελθεῖν οἷόν τε ἦν· φεύγοντές τε γὰρ ἐκράτουν καὶ ἀναχωροῦσιν ἐπέκειντο. τοιαύτῃ μὲν γνώμῃ ὁ Δημοσθένης τό τε πρῶτον τὴν ἀπόβασιν ἐπενόει καὶ ἐν τῷ ἔργῳ ἔταξεν·

IV.32.1 λαθόντες   Aor., act., part., from λανθάνω.

οἰομένων αὐτῶν   Gen. absolute; αὐτῶν refers to the Spartans.

IV.32.2 ὡς ἕκαστοι ἐσκευασμένοι   "Equipped (ἐσκευασμένοι = perf., mid., part., from σκευάζω) as each could be [under the circumstances]."

βεβοηθηκότες   Perf., act., part., from βοηθέω.

κατεῖχον   The verb κατέχω is used here in the military sense: "Held [the position]" or "Were stationed."

IV.32.3   Δημοσθένους δὲ τάξαντος   Gen. absolute (τάξαντος is aor., act., part., from τάσσω).

διέστησαν   Aor., ind., act., from διίστημι: "Were divided."

ἔστι δ᾽ ᾗ ἐλάσσους   "There were places where there were fewer."

κεκυκλωμένοις   Perf., pass., part., from κυκλόω.

ἔχωσι   "Know."

ἀντιτάξωνται   Aor., subj., mid., from ἀντιτάσσω.

τῷ πλήθει   Dat. of cause: "Because of the number [of the enemy]."

τοῖς πρόσθεν   Dat. with ἐπίοιεν.

εἰ δὲ τοῖς πλαγίοις   Repeat ἐπίοιεν.

παρατεταγμένων   Perf., pass., part., from παρατάσσω.

IV.32.4   ᾗ   "Wherever."

ἔμελλον   Trans. with ἔσεσθαι.

χωρήσειαν   Aor., opt., act., from χωρέω.

ἀπορώτατοι   "Most troublesome."

ἐκ πολλοῦ ἔχοντες ἀλκήν   "Being able to do battle (ἔχοντες ἀλκήν) from afar (ἐκ πολλοῦ)."

οἷόν...ἦν   "It was not possible."

ἀναχωροῦσιν   Dat. participle; trans. with ἐπέκειντο.

ἐπέκειντο   Imperf., ind., mid., from ἐπίκειμαι.

ἐν τῷ ἔργῳ ἔταξεν   "With this accomplishment he carried out (ἔταξεν = aor., ind., act., from τάσσω) [his plan]."

附 ℃ℬ

IV.33.1-2. Major hostilities commence on Sphacteria. Perhaps as many as 10,000 Athenian soldiers face off against 400 or so Spartans and their helots. In a passage rich with irony, Thucydides emphasizes how the heavy armor of the Spartans was more a hindrance than a help on the rough terrain of the island.

[1] οἱ δὲ περὶ τὸν Ἐπιτάδαν καὶ ὅπερ ἦν πλεῖστον τῶν ἐν τῇ νήσῳ, ὡς εἶδον τό τε πρῶτον φυλακτήριον διεφθαρμένον καὶ στρατὸν σφίσιν ἐπιόντα, ξυνετάξαντο καὶ τοῖς ὁπλίταις τῶν Ἀθηναίων ἐπῇσαν, βουλόμενοι ἐς χεῖρας ἐλθεῖν· ἐξ ἐναντίας γὰρ οὗτοι καθειστήκεσαν, ἐκ πλαγίου δὲ οἱ ψιλοὶ καὶ κατὰ νώτου. [2] τοῖς μὲν οὖν ὁπλίταις οὐκ ἐδυνήθησαν προσμεῖξαι οὐδὲ τῇ σφετέρᾳ ἐμπειρίᾳ χρήσασθαι· οἱ γὰρ ψιλοὶ ἑκατέρωθεν βάλλοντες εἶργον, καὶ ἅμα ἐκεῖνοι οὐκ ἀντεπῇσαν, ἀλλ᾽ ἡσύχαζον· τοὺς δὲ ψιλούς, ᾗ μάλιστα αὐτοῖς ἐπιθέοντες προσκέοιντο, ἔτρεπον, καὶ οἳ

ὑποστρέφοντες ἠμύνοντο, ἄνθρωποι κούφως τε ἐσκευασμένοι καὶ προλαμβάνοντες
ῥᾳδίως τῆς φυγῆς χωρίων τε χαλεπότητι καὶ ὑπὸ τῆς πρὶν ἐρημίας τραχέων ὄντων,
ἐν οἷς οἱ Λακεδαιμόνιοι οὐκ ἐδύναντο διώκειν ὅπλα ἔχοντες.

IV.33.1 ὅπερ ἦν πλεῖστον τῶν ἐν τῇ νήσῳ   "The very contingent which constituted the bulk of those on the island."

διεφθαρμένον   Perf., pass., part., from διαφθείρω.

ξυνετάξαντο   Aor., ind., mid., from συντάσσω.

ἐκ ἐναντίας   "In front."

οὗτοι   Refers to the Athenian hoplites.

καθειστήκεσαν   Pluperf., ind., act., from καθίστημι.

ἐκ πλαγίου δὲ οἱ ψιλοὶ καὶ κατὰ νώτου   Repeat καθειστήκεσαν.

IV.33.2 ἐδυνήθησαν   Aor., ind., pass., from δύναμαι

προσμεῖξαι   Aor., act., inf., from προσμείγνυμι

χρήσασθαι   Aor., mid., inf., from χράομαι (+ dat.).

εἶργον   Imperf., ind., act., from ἔργω.

ἐκεῖνοι   The Athenian hoplites.

ἀντεπῇσαν   Imperf., ind., act., from ἀντέπειμι.

ᾗ μάλιστα αὐτοῖς ἐπιθέοντες προσκέοιντο   "Wherever they (the Athenian *psiloi*), while on the run (ἐπιθέοντες = pres., act., part., from ἐπιθέω), especially pressed in (προσκέοιντο = pres., opt., mid., from πρόσκειμαι) on them (αὐτοῖς)."

οἵ   Refers to the Athenian *psiloi*.

ὑποστρέφοντες   Pres., act., part., from ὑποστρέφω: "Those retreating."

ἠμύνοντο   Imperf., ind., mid., from ἀμύνω.

ἐσκευασμένοι   Perf., pass., part., from σκευάζω.

προλαμβάνοντες ῥᾳδίως τῆς φυγῆς   "Making easy use of flight."

χωρίων τε χαλεπότητι   Dat. of cause.

τραχέων ὄντων   Gen. absolute.

ℭℬ

IV.34.1-3. This chapter has an unfinished aspect to it, especially in the long first sentence, where there occurs a succession of loosely connected participial phrases. The 1st century B.C. critic, Dionysius of Halicarnassus, actually "rewrote" the sentence to show how it might have been written in the first place. In some ways, the chapter is reminiscent of the passage in the Funeral Oration (II.42), where Thucydides tried to capture the thoughts and sensations of a soldier about to die on the battlefield. Both in that passage and in this one, our author seems to be writing in an impressionistic mode, as if he were trying to capture the experiences of soldiers at war. To do this, he may have felt it necessary to dispense with the rigidly arranged syntax of the typical historical narrative. Indeed, the descriptions in this passage of the plight of the Spartan soldiers, trapped on Sphacteria, are so vividly told that one may even speculate that Thucydides derived his information from the Spartan soldiers themselves.

[1] χρόνον μὲν οὖν τινὰ ὀλίγον οὕτω πρὸς ἀλλήλους ἠκροβολίσαντο· τῶν δὲ Λακεδαιμονίων οὐκέτι ὀξέως ἐπεκθεῖν ἢ προσπίπτοιεν δυναμένων, γνόντες αὐτοὺς οἱ ψιλοὶ βραδυτέρους ἤδη ὄντας τῷ ἀμύνασθαι, καὶ αὐτοὶ τῇ τε ὄψει τοῦ θαρσεῖν τὸ πλεῖστον εἰληφότες πολλαπλάσιοι φαινόμενοι καὶ ξυνειθισμένοι μᾶλλον μηκέτι δεινοὺς αὐτοὺς ὁμοίως σφίσι φαίνεσθαι, ὅτι οὐκ εὐθὺς ἄξια τῆς προσδοκίας ἐπεπόνθεσαν, ὥσπερ ὅτε πρῶτον ἀπέβαινον τῇ γνώμῃ δεδουλωμένοι ὡς ἐπὶ Λακεδαιμονίους, καταφρονήσαντες καὶ ἐμβοήσαντες ἀθρόοι ὥρμησαν ἐπ' αὐτοὺς καὶ ἔβαλλον λίθοις τε καὶ τοξεύμασι καὶ ἀκοντίοις, ὡς ἕκαστός τι πρόχειρον εἶχεν. [2] γενομένης δὲ τῆς βοῆς ἅμα τῇ ἐπιδρομῇ ἔκπληξίς τε ἐνέπεσεν ἀνθρώποις ἀήθεσι τοιαύτης μάχης καὶ ὁ κονιορτὸς τῆς ὕλης νεωστὶ κεκαυμένης ἐχώρει πολὺς ἄνω, ἄπορόν τε ἦν ἰδεῖν τὸ πρὸ αὑτοῦ ὑπὸ τῶν τοξευμάτων καὶ λίθων ἀπὸ πολλῶν ἀνθρώπων μετὰ τοῦ κονιορτοῦ ἅμα φερομένων. [3] τό τε ἔργον ἐνταῦθα χαλεπὸν τοῖς Λακεδαιμονίοις καθίστατο· οὔτε γὰρ οἱ πῖλοι ἔστεγον τὰ τοξεύματα, δοράτιά τε ἐναπεκέκλαστο βαλλομένων, εἶχόν τε οὐδὲν σφίσιν αὐτοῖς χρήσασθαι ἀποκεκλῃμένοι μὲν τῇ ὄψει, ὑπὸ δὲ τῆς μείζονος βοῆς τῶν πολεμίων τὰ ἐν αὑτοῖς παραγγελλόμενα οὐκ ἐσακούοντες, κινδύνου τε πανταχόθεν περιεστῶτος καὶ οὐκ ἔχοντες ἐλπίδα καθ' ὅτι χρὴ ἀμυνομένους σωθῆναι.

IV.34.1 ἠκροβολίσαντο   Aor., ind., mid., from ἀκροβολίζομαι.

τῶν δὲ Λακεδαιμονίων...δυναμένων   Gen. absolute.

ἐπεκθεῖν   Pres., act., inf., from ἐπεκθέω: "Run out against."

γνόντες   Aor., act., part., from γιγνώσκω.

τῷ ἀμύνασθαι   Articular inf. construction with a causal sense; trans. with βραδυτέρους: "Too slow because of their having to defend themselves."

τῇ τε ὄψει   "From their having seen that." Trans. with πολλαπλάσιοι φαινόμενοι.

τοῦ θαρσεῖν τὸ πλεῖστον εἰληφότες   "Having acquired (εἰληφότες = perf., act., part., from λαμβάνω) the greatest (τὸ πλεῖστον) of confidence (τοῦ θαρσεῖν = articular inf. from θαρσέω)."

ξυνειθισμένοι μᾶλλον μηκέτι δεινοὺς αὐτοὺς ὁμοίως σφίσι φαίνεσθαι   "Having become accustomed (ξυνειθισμένοι = perf., mid., part., from συνεθίζω) to the fact that the enemy no longer seemed (φαίνεσθαι) so fearsome (δεινοὺς) to them."

ὅτι   Introducing a "because" clause.

οὐκ εὐθὺς ἄξια τῆς προσδοκίας ἐπεπόνθεσαν   "They had not suffered (ἐπεπόνθεσαν = pluperf., ind., act., from πάσχω) things worthy (ἄξια) of their expectation (τῆς προσδοκίας)." This clause explains why the Spartans did not seem quite as formidable any more.

γνώμῃ δεδουλωμένοι   "Enslaved (δεδουλωμένοι = perf., pass., part., from δουλόω) by the feeling (γνώμη)."

ὡς ἐπὶ Λακεδαιμονίους   Supply ἀποβαίνοντες. The phrase explains the feeling (γνώμη) the Athenians originally had.

καταφρονήσαντες   Aor., act., part., from καταφρονέω: "Holding [the Spartans] in contempt."

ἐμβοήσαντες   Aor., act., part., from ἐμβοάω.

ὥρμησαν   Aor., act., ind., from ὁρμάω.

IV.34.2   γενομένης δὲ τῆς βοῆς   Gen. absolute.

ἐνέπεσεν   Aor., ind., act., from ἐμπίπτω.

ἀήθεσι τοιαύτης μάχης   "Unaccustomed to this kind of a battle."

κεκαυμένης   Perf., pass., part., from καίω.

ἄπορόν... ἦν   "It was impossible."

φερομένων   "Being thrown." Trans. with ἀπὸ πολλῶν ἀνθρώπων.

IV.34.3   καθίστατο   Aor., ind., mid., from καθίστημι; same meaning as ἐγένετο.

ἔστεγον   Imperf., ind., act., from στέγω: "Fended off."

ἐναπεκέκλαστο   Pluperf., ind., pass., from ἐναποκλάω.

βαλλομένων   Gen. absolute (part. = passive); supply "the Spartans."

εἶχόν τε οὐδὲν σφίσιν αὐτοῖς χρήσασθαι   "They were able (εἶχόν) to do (χρήσασθαι) nothing for themselves."

ἀποκεκλημένοι   Perf., pass., part., from ἀποκλείω.

παραγγελλόμενα   "Commands."

κινδύνου τε πανταχόθεν περιεστῶτος   Gen. absolute construction.

περιεστῶτος   Perf., act., part., from περιΐστημι.

σωθῆναι   Aor., pass., inf., from σῴζω.

☙

IV.35.1-4. After a somewhat difficult section, Thucydides demonstrates here that he is perfectly capable of writing a straightforward narrative which has few, if any, syntactical complications. Where he focuses strictly on military maneuvers, as is the case here, he can write with the clarity of a Xenophon or a Caesar.

[1] τέλος δὲ τραυματιζομένων ἤδη πολλῶν διὰ τὸ αἰεὶ ἐν τῷ αὐτῷ ἀναστρέφεσθαι, ξυγκλήσαντες ἐχώρησαν ἐς τὸ ἔσχατον ἔρυμα τῆς νήσου, ὃ οὐ πολὺ ἀπεῖχε, καὶ τοὺς ἑαυτῶν φύλακας. [2] ὡς δὲ ἐνέδοσαν, ἐνταῦθα ἤδη πολλῷ ἔτι πλέονι βοῇ τεθαρσηκότες οἱ ψιλοὶ ἐπέκειντο, καὶ τῶν Λακεδαιμονίων ὅσοι μὲν ὑποχωροῦντες ἐγκατελαμβάνοντο, ἀπέθνησκον, οἱ δὲ πολλοὶ διαφυγόντες ἐς τὸ ἔρυμα μετὰ τῶν ταύτῃ φυλάκων ἐτάξαντο παρὰ πᾶν ὡς ἀμυνούμενοι ᾗπερ ἦν ἐπίμαχον. [3] καὶ οἱ Ἀθηναῖοι ἐπισπόμενοι περίοδον μὲν αὐτῶν καὶ κύκλωσιν χωρίου ἰσχύι οὐκ εἶχον, προσιόντες δὲ ἐξ ἐναντίας ὤσασθαι ἐπειρῶντο. [4] καὶ χρόνον μὲν πολὺν καὶ τῆς ἡμέρας τὸ πλεῖστον ταλαιπωρούμενοι ἀμφότεροι ὑπό τε τῆς μάχης καὶ δίψης καὶ ἡλίου ἀντεῖχον, πειρώμενοι οἱ μὲν ἐξελάσασθαι ἐκ τοῦ μετεώρου, οἱ δὲ μὴ ἐνδοῦναι· ῥᾷον δ' οἱ Λακεδαιμόνιοι ἠμύνοντο ἢ ἐν τῷ πρίν, οὐκ οὔσης σφῶν τῆς κυκλώσεως ἐς τὰ πλάγια.

IV.35.1 τραυματιζομένων ἤδη πολλῶν   Gen. absolute; it refers to the Spartans.

διὰ τὸ αἰεὶ ἐν τῷ αὐτῷ ἀναστρέφεσθαι   Articular inf. (ἀναστρέφεσθαι = pres., mid., inf., from ἀναστρέφω) construction.

ἐν τῷ αὐτῷ   "In the same place."

ξυγκλήσαντες   Aor., act., part., from συγκλείω: "Locking together [their shields]."

ὃ οὐ πολὺ ἀπεῖχε   "Which was not far away."

IV.35.2 τεθαρσηκότες   Perf., act., part., from θαρσέω.

ἐπέκειντο   Imperf., ind., mid., from ἐπίκειμαι.

ταύτῃ   "At this place."

ἐτάξαντο   Aor., ind., mid., from τάσσω.

ὡς ἀμυνούμενοι ὡς   with a fut. part., indicates purpose.

ἐπίμαχον   "Vulnerable."

IV.35.3 ἐπισπόμενοι   Aor., mid., part., from ἐφέπω.

περίοδον   A noun, paired with κύκλωσιν.

εἶχον   "Did not have [the means to bring about]."

ὤσασθαι   Aor., mid., inf., from ὠθέω.

ἐπειρῶντο   Imperf., ind., mid., from πειράω.

IV.35.4 χρόνον μὲν πολὺν   Acc. of duration of time, explained further by καὶ τῆς ἡμέρας τὸ πλεῖστον.

οἱ μὲν ἐξελάσασθαι ἐκ τοῦ μετεώρου, οἱ δὲ μὴ ἐνδοῦναι   Both infinitives are complementary to πειρώμενοι. The first is aor., mid., from ἐξελαύνω, the second is aor., act., from ἐνδίδωμι.

οὐκ οὔσης σφῶν τῆς κυκλώσεως   Gen. absolute.

⁂

IV.36.1-3. The situation for the Spartans goes from bad to worse, as a contingent of Athenian allies discovers a way around the Spartan defenses. Thucydides deliberately invokes the memory of the Battle of Thermopylae (480), where the "300 Spartans" were outflanked by the Persians during their defense of that gateway into Greece. Although he seems convinced of the grandeur of his overall subject (cf. his Introduction), and although the eventual capture of the Spartans on Sphacteria had enormous consequences for the later events of the Peloponnesian War, he allows here that the comparison between Thermopylae and Sphacteria is equivalent to "likening something small with something great" (IV.36.3). It may also be noted that Thucydides does not attempt to make any corrections of Herodotus and his account (VII.213 ff.) of the Battle of Thermopylae.

[1] ἐπειδὴ δὲ ἀπέραντον ἦν, προσελθὼν ὁ τῶν Μεσσηνίων στρατηγὸς Κλέωνι καὶ Δημοσθένει ἄλλως ἔφη πονεῖν σφᾶς· εἰ δὲ βούλονται ἑαυτῷ δοῦναι τῶν τοξοτῶν μέρος τι καὶ τῶν ψιλῶν περιέναι κατὰ νώτου αὐτοῖς ὁδῷ ᾗ ἂν αὐτὸς εὕρῃ, δοκεῖν βιάσεσθαι τὴν ἔφοδον. [2] λαβὼν δὲ ἃ ᾐτήσατο, ἐκ τοῦ ἀφανοῦς ὁρμήσας ὥστε μὴ ἰδεῖν ἐκείνους, κατὰ τὸ αἰεὶ παρεῖκον τοῦ κρημνώδους τῆς νήσου προσβαίνων, καὶ ᾗ οἱ Λακεδαιμόνιοι χωρίου ἰσχύι πιστεύσαντες οὐκ ἐφύλασσον, χαλεπῶς τε καὶ μόλις περιελθὼν ἔλαθε, καὶ ἐπὶ τοῦ μετεώρου ἐξαπίνης ἀναφανεὶς κατὰ νώτου αὐτῶν τοὺς μὲν τῷ ἀδοκήτῳ ἐξέπληξε, τοὺς δὲ ἃ προσεδέχοντο ἰδόντας πολλῷ μᾶλλον ἐπέρρωσεν. [3] καὶ οἱ Λακεδαιμόνιοι βαλλόμενοί τε ἀμφοτέρωθεν ἤδη καὶ γιγνόμενοι ἐν τῷ αὐτῷ ξυμπτώματι, ὡς μικρὸν μεγάλῳ εἰκάσαι, τῷ ἐν Θερμοπύλαις, ἐκεῖνοί τε γὰρ τῇ ἀτραπῷ περιελθόντων τῶν Περσῶν διεφθάρησαν, οὗτοί τε ἀμφίβολοι ἤδη ὄντες οὐκέτι ἀντεῖχον, ἀλλὰ πολλοῖς τε ὀλίγοι μαχόμενοι καὶ ἀσθενείᾳ σωμάτων διὰ τὴν σιτοδείαν ὑπεχώρουν, καὶ οἱ Ἀθηναῖοι ἐκράτουν ἤδη τῶν ἐφόδων.

IV.36.1 ἀπέραντον   Supply τὸ ἔργον.

ἄλλως   "In vain."

δοῦναι   Aor., act., inf., from δίδωμι.

περιέναι   Explains the purpose of the Messenian general's request: "So that they could go around...."

εὕρῃ   Aor., subj., act., from εὑρίσκω.

δοκεῖν βιάσεσθαι   The indirect statement continues: "[He said] he felt that he could force...."

IV.36.2 ἃ ᾐτήσατο   Supply an antecedent for the relative: "[The things] that he had requested."

ὁρμήσας   Aor., act., part., from ὁρμάω.

κατὰ τὸ αἰεὶ παρεῖκον   The article and neut. part. (pres., act., from παρείκω) form an abstract substantive: "Along [where there was] always the possibility [of passage]."

περιελθὼν ἔλαθε   As usual, trans. the part. (περιελθὼν) as the verb and the finite verb (ἔλαθε = aor., ind., act., from λανθάνω) as an adv.

ἀναφανεὶς   Aor., pass., part., from ἀναφαίνω.

ἐξέπληξε   Aor., ind., act., from ἐκπλήγνυμι.

ἐπέρρωσεν   Aor., ind., act., from ἐπιρρώννυμι.

IV.36.3 ὡς μικρὸν μεγάλῳ εἰκάσαι   A parenthetical statement: "If it is possible to compare (εἰκάσαι = aor., act., inf., from εἰκάζω) the small with the great."

τῷ ἐν Θερμοπύλαις   Repeat ξυμπτώματι.

περιελθόντων τῶν Περσῶν   Gen. absolute.

διεφθάρησαν   Aor., ind., pass., from διαφθείρω.

ὑπεχώρουν   Imperf., ind., act., from ὑποχωρέω.

ἐκράτουν   Imperf., ind., act., from κρατέω (+ gen.).

☙

IV.37.1-2. By means of a grammatical oddity (cf. the first note below), Thucydides draws the reader's attention to Cleon, who apparently was the prime author of a plan to secure a surrender from the Spartans.

[1] γνοὺς δὲ ὁ Κλέων καὶ ὁ Δημοσθένης, εἰ καὶ ὁποσονοῦν μᾶλλον ἐνδώσουσι, διαφθαρησομένους αὐτοὺς ὑπὸ τῆς σφετέρας στρατιᾶς, ἔπαυσαν τὴν μάχην καὶ τοὺς ἑαυτῶν ἀπεῖρξαν, βουλόμενοι ἀγαγεῖν αὐτοὺς Ἀθηναίοις ζῶντας, εἴ πως τοῦ κηρύγματος ἀκούσαντες ἐπικλασθεῖεν τῇ γνώμῃ τὰ ὅπλα παραδοῦναι καὶ ἡσσηθεῖεν τοῦ παρόντος δεινοῦ. [2] ἐκήρυξάν τε, εἰ βούλονται, τὰ ὅπλα παραδοῦναι καὶ σφᾶς αὐτοὺς Ἀθηναίοις ὥστε βουλεῦσαι ὅ τι ἂν ἐκείνοις δοκῇ.

IV.37.1 γνοὺς δὲ ὁ Κλέων καὶ ὁ Δημοσθένης   The part. (aor., act., from γιγνώσκω) is sing., because there is a primary subject (Κλέων) in the pair.

καὶ ὁποσονοῦν   "Even just a little."

ἐνδώσουσι   Fut., ind., act., from ἐνδίδωμι; subject is "the Spartans."

διαφθαρησομένους   Fut., pass., part., from διαφθείρω.

ἀπεῖρξαν   Aor., ind., act., from ἀπείργω.

εἴ πως   "With the expectation that…."

ἐπικλασθεῖεν   Aor., opt., pass., from ἐπικλάω; trans. with τῇ γνώμῃ: "Devastated in spirit."

ἡσσηθεῖεν   Aor., opt., pass., from ἡσσάομαι (+ gen.).

IV.37.2 ὥστε   "On the condition that."

βουλεῦσαι   Subject of the inf. is "the Athenians." Trans. "Resolve to do."

☙

IV.38.1-5. From the standpoint alone of the details that Thucydides provides here, this chapter is a real historical *tour de force*. Not only does he supply the names of the Spartan commanders, but he also cites the numbers of the dead and captured on the Spartan side. The sheer drama of a Spartan surrender is not lost on Thucydides, and it is perhaps for that reason that he goes into such detail concerning the actual steps of their surrender. While he seems to appreciate the enormity of the events on Sphacteria, it would be hard to argue that he exhibits here any glee over the plight of the enemies of his native city.

[1] οἱ δὲ ἀκούσαντες παρῆκαν τὰς ἀσπίδας οἱ πλεῖστοι καὶ τὰς χεῖρας ἀνέσεισαν, δηλοῦντες προσίεσθαι τὰ κεκηρυγμένα. μετὰ δὲ ταῦτα γενομένης τῆς ἀνοκωχῆς ξυνῆλθον ἐς λόγους ὅ τε Κλέων καὶ ὁ Δημοσθένης καὶ ἐκείνων Στύφων ὁ Φάρακος, τῶν πρότερον ἀρχόντων τοῦ μὲν πρώτου τεθνηκότος Ἐπιτάδου, τοῦ δὲ μετ᾽ αὐτὸν Ἱππαγρέτου ἐφῃρημένου ἐν τοῖς νεκροῖς ἔτι ζῶντος κειμένου ὡς τεθνεῶτος, αὐτὸς τρίτος ἐφῃρημένος ἄρχειν κατὰ νόμον, εἴ τι ἐκεῖνοι πάσχοιεν. [2] ἔλεγε δὲ ὁ Στύφων καὶ οἱ μετ᾽ αὐτοῦ ὅτι βούλονται διακηρυκεύσασθαι πρὸς τοὺς ἐν τῇ ἠπείρῳ Λακεδαιμονίους ὅ τι χρὴ σφᾶς ποιεῖν. [3] καὶ ἐκείνων μὲν οὐδένα ἀφέντων, αὐτῶν δὲ τῶν Ἀθηναίων καλούντων ἐκ τῆς ἠπείρου κήρυκας καὶ γενομένων ἐπερωτήσεων δὶς ἢ τρίς, ὁ τελευταῖος διαπλεύσας αὐτοῖς ἀπὸ τῶν ἐκ τῆς ἠπείρου Λακεδαιμονίων ἀνὴρ ἀπήγγειλεν ὅτι οἱ Λακεδαιμόνιοι κελεύουσιν ὑμᾶς αὐτοὺς περὶ ὑμῶν αὐτῶν βουλεύεσθαι μηδὲν αἰσχρὸν ποιοῦντας· οἱ δὲ καθ᾽ ἑαυτοὺς βουλευσάμενοι τὰ ὅπλα παρέδοσαν καὶ σφᾶς αὐτούς. [4] καὶ ταύτην μὲν τὴν ἡμέραν καὶ τὴν ἐπιοῦσαν νύκτα ἐν φυλακῇ εἶχον αὐτοὺς οἱ Ἀθηναῖοι· τῇ δ᾽ ὑστεραίᾳ οἱ μὲν Ἀθηναῖοι τροπαῖον στήσαντες ἐν τῇ νήσῳ τἆλλα διεσκευάζοντο ὡς ἐς πλοῦν, καὶ τοὺς ἄνδρας τοῖς τριηράρχοις διεδίδοσαν ἐς φυλακήν, οἱ δὲ Λακεδαιμόνιοι κήρυκα πέμψαντες τοὺς νεκροὺς διεκομίσαντο. [5] ἀπέθανον δ᾽ ἐν τῇ νήσῳ καὶ ζῶντες ἐλήφθησαν τοσοίδε· εἴκοσι μὲν ὁπλῖται διέβησαν καὶ τετρακόσιοι οἱ πάντες· τούτων ζῶντες ἐκομίσθησαν

ὀκτὼ ἀποδέοντες τριακόσιοι, οἱ δὲ ἄλλοι ἀπέθανον. καὶ Σπαρτιᾶται τούτων ἦσαν τῶν ζώντων περὶ εἴκοσι καὶ ἑκατόν. Ἀθηναίων δὲ οὐ πολλοὶ διεφθάρησαν· ἡ γὰρ μάχη οὐ σταδαία ἦν.

IV.38.1 παρῆκαν   Aor., ind., act., from παρίημι: "Lowered."

ἀνέσεισαν   Aor., ind., act., from ἀνασείω.

προσίεσθαι   Pres., mid., inf., from προσίημι: "Accept."

τὰ κεκηρυγμένα   "The terms of the herald."

γενομένης τῆς ἀνοκωχῆς   Gen. absolute.

ἐκείνων   Referring to the Spartans.

τοῦ μὲν πρώτου τεθνηκότος Ἐπιτάδου   Gen. absolute.

τοῦ δὲ μετ' αὐτὸν Ἱππαγρέτου ἐφῃρημένου ἐν τοῖς νεκροῖς ἔτι ζῶντος κειμένου   An extended gen. absolute construction.

ἐφῃρημένου   Perf., pass., part. from ἐφαιρέομαι.

κειμένου   "Having been left lying [on the ground]."

τεθνεῶτος   Perf., act., part., from θνήσκω.

IV.38.2 διακηρυκεύσασθαι   Aor., mid., inf., from διακηρυκεύομαι.

ὅ τι χρὴ σφᾶς ποιεῖν   The clause explains what the Spartans wanted to ask.

IV.38.3 ἐκείνων μὲν οὐδένα ἀφέντων   The gen. pronoun (ἐκείνων) in this gen. absolute refers to the Athenians. "Since the Athenians did not give anyone of the Spartans permission."

αὐτῶν δὲ τῶν Ἀθηναίων καλούντων ἐκ τῆς ἠπείρου κήρυκας   Another gen. absolute. The Athenians themselves summoned heralds from Sparta.

γενομένων ἐπερωτήσεων δὶς ἢ τρίς   Gen. absolute; the noun means "consultations."

ἀπήγγειλεν   Aor., ind., act., from ἀπαγγέλλω.

IV.38.4 ταύτην μὲν τὴν ἡμέραν καὶ τὴν ἐπιοῦσαν νύκτα   Acc. of duration of time constructions.

διεσκευάζοντο   Imperf., ind., mid., from διασκευάζω.

ὡς ἐς πλοῦν   "For the purpose of sailing away."

διεδίδοσαν   Imperf., ind., act., from διαδίδωμι.

διεκομίσαντο   Aor., ind., mid., from διακομίζω: "Arranged for the removal of the dead."

IV.38.5 ἐλήφθησαν   Aor., ind., pass., from λαμβάνω.

διέβησαν   Aor., ind., act., from διαβαίνω.

ἐκομίσθησαν   Aor., ind., pass., from κομίζω.

διεφθάρησαν   Aor., ind., pass., from διαφθείρω.

☙

IV.39.1-2. There is a brief account here of some of the details of the Spartan surrender. In his description of the victualing of the Spartans during the siege, Thucydides may be seen to show some latent admiration for Spartan austerity. The last sentence contains an interesting mixture of derision and admiration towards Cleon, a key player in the events at Pylos and in the life of Thucydides.

[1] χρόνος δὲ ὁ ξύμπας ἐγένετο ὅσον οἱ ἄνδρες ἐν τῇ νήσῳ ἐπολιορκήθησαν, ἀπὸ τῆς ναυμαχίας μέχρι τῆς ἐν τῇ νήσῳ μάχης, ἑβδομήκοντα ἡμέραι καὶ δύο. [2] τούτων περὶ εἴκοσιν ἡμέρας, ἐν αἷς οἱ πρέσβεις περὶ τῶν σπονδῶν ἀπῆσαν, ἐσιτοδοτοῦντο, τὰς δὲ ἄλλας τοῖς ἐσπλέουσι λάθρᾳ διετρέφοντο. καὶ ἦν σῖτός τις ἐν τῇ νήσῳ καὶ ἄλλα βρώματα ἐγκατελήφθη· ὁ γὰρ ἄρχων Ἐπιτάδας ἐνδεεστέρως ἑκάστῳ παρεῖχεν ἢ πρὸς τὴν ἐξουσίαν. [3] οἱ μὲν δὴ Ἀθηναῖοι καὶ οἱ Πελοποννήσιοι ἀνεχώρησαν τῷ στρατῷ ἐκ τῆς Πύλου ἑκάτεροι ἐπ᾽ οἴκου, καὶ τοῦ Κλέωνος καίπερ μανιώδης οὖσα ἡ ὑπόσχεσις ἀπέβη· ἐντὸς γὰρ εἴκοσιν ἡμερῶν ἤγαγε τοὺς ἄνδρας, ὥσπερ ὑπέστη.

IV.39.1 ὅσον   Same meaning here as ὅν: "During which."

ἐπολιορκήθησαν   Aor., ind., pass., from πολιορκέω.

IV.39.2 ἀπῆσαν   Imperf., ind., act., from ἄπειμι.

ἐσιτοδοτοῦντο   Imperf., ind., act., from σιτοδοτέω (a "hapax legomenon"): "Were supplied with food."

τοῖς ἐσπλέουσι   Dat. of instrument: "By sailings in," that is, "by food brought in from outside."

διετρέφοντο   Imperf., ind., pass., from διατρέφω (another "hapax").

ἐγκατελήφθη   Aor., ind., pass., from ἐγκαταλαμβάνω.

ἢ πρὸς τὴν ἐξουσίαν   "Than what [food] was available."

IV.39.3 ἀπέβη   Aor., ind., act., from ἀποβαίνω.

ἤγαγε   Aor., ind., act., from ἄγω.

ὑπέστη   Aor., ind., act., from ὑφίστημι: "Promised."

☙

IV.40.1-2. Thucydides emphasizes the shock felt by the entire Hellenic world over the developments at Pylos/Sphacteria. Somewhat uncharacteristically, he indulges here in anecdotal history and reports on an exchange between a Spartan prisoner and an Athenian ally.

[1] παρὰ γνώμην τε δὴ μάλιστα τῶν κατὰ τὸν πόλεμον τοῦτο τοῖς Ἕλλησιν ἐγένετο· τοὺς γὰρ Λακεδαιμονίους οὔτε λιμῷ οὔτ᾽ ἀνάγκῃ οὐδεμιᾷ ἠξίουν τὰ ὅπλα παραδοῦναι, ἀλλὰ ἔχοντας καὶ μαχομένους ὡς ἐδύναντο ἀποθνήσκειν. [2] ἀπιστοῦντές τε μὴ εἶναι τοὺς παραδόντας τοῖς τεθνεῶσιν ὁμοίους, καί τινος ἐρομένου ποτὲ ὕστερον τῶν Ἀθηναίων ξυμμάχων δι᾽ ἀχθηδόνα ἕνα τῶν ἐκ τῆς νήσου αἰχμαλώτων εἰ οἱ τεθνεῶτες αὐτῶν καλοὶ κἀγαθοί, ἀπεκρίνατο αὐτῷ πολλοῦ ἂν ἄξιον εἶναι τὸν ἄτρακτον, λέγων τὸν οἰστόν, εἰ τοὺς ἀγαθοὺς διεγίγνωσκε, δήλωσιν ποιούμενος ὅτι ὁ ἐντυγχάνων τοῖς τε λίθοις καὶ τοξεύμασι διεφθείρετο.

IV.40.1 ἠξίουν   Imperf., ind., act., from ἀξιόω; subject is "Hellenes."

παραδοῦναι   Aor., act., inf., from παραδίδωμι.

ἔχοντας   The obj. of the part is τὰ ὅπλα.

IV.40.2 ἀπιστοῦντές   Pres., act., part., from ἀπιστέω.

παραδόντας   Pres., act., part., from παραδίδωμι.

τεθνεῶσιν   Perf., act., part., from θνήσκω.

τινος ἐρομένου ποτὲ ὕστερον τῶν Ἀθηναίων ξυμμάχων   Gen. absolute.

δι᾽ ἀχθηδόνα   "Mockingly."

οἱ τεθνεῶτες αὐτῶν   "Those of the Spartans who died."

καλοὶ κἀγαθοι   It seems that the person asking this (in a sarcastic vein) already had an answer in mind.

τὸν ἄτρακτον   The Spartan is sneeringly referring to an arrow (see next note) as a "spindle."

λέγων τὸν οἰστόν   "Meaning [by that word] an arrow."

διεγίγνωσκε   Imperf., ind., act., from διαγιγνώσκω.

δήλωσιν ποιούμενος   "As he was making the point that...."

ὁ ἐντυγχάνων τοῖς τε λίθοις καὶ τοξεύμασι διεφθείρετο   "Whether a man has perished (διεφθείρετο) by being struck by a stone (τοῖς τε λίθοις) or by being shot with an arrow (τοξεύμασι) is a matter of mere chance (ἐντυγχάνων)." The saying represented here is in a shortened form.

☙

The Melian Dialogue: a Brief Introduction

As a direct result of the Athenian successes at Pylos (425), but also because of the death of Cleon (422), who had stood in the way of peace (cf. V.16.1), an armistice between Athens and Sparta was concluded in 421, one that is generally referred to as the "Peace of Nicias." (We will meet Nicias later in Book VI, as the *stratêgos* who strongly opposed the Sicilian expedition.) Whether the Peace of Nicias was a true peace or not can be judged by the many overtly or covertly warlike activities of the Athenians (e.g., the Battle of Mantinea in 418), which take up most of Book V of the *Histories*. It is towards the end of this Book that Thucydides presents his readers with what appears to have been a historiographical experiment for him. The event he chose to highlight here is the Athenian attempt to bring Melos, a small island in the Cretan Sea, into the Athenian empire as a tribute-paying member. As an event from the Peloponnesian War, the taking of Melos was perhaps a minor event, but Thucydides may have appreciated its paradigmatic value for his theme of "Athens as an imperial city." In point of fact, it was probably not so much the capture of Melos that interested Thucydides as the conference which he alleges to have occurred prior to the Athenian siege. This conference, traditionally referred to as the "Melian Dialogue," takes up the last several chapters of Book V and affords Thucydides the opportunity to write like a dramatist and to have the participants carry on a dialogue as though they were the protagonists and antagonists of an Athenian tragedy. The players' discussion revolves around the Athenian claim that a superior power, like Athens, needs no moral or legal justification for doing whatever it wants, and that weaker states, like Melos, have to accommodate the stronger. What we end up with, therefore, is a vivid illustration of what happens when *Realpolitik* is the guiding principle in the foreign policy of an imperial city like Athens. As readers will see, the consequence of the Dialogue was, after a protracted siege, the eventual execution of the adult male citizens of Melos and the enslavement of the women and children. It might be noted that Thucydides appears to be decidedly low-key in his account of this act of genocide, and one may wonder why the author had not expressed some outrage at the plight of the Melians. On the other hand, it may be possible to detect at least an implied commentary in the way Thucydides juxtaposes the story of Melos with the story of the Sicilian disaster, which begins almost immediately at the conclusion of the Melian Dialogue and at the start of Book VI. Finally, it is worth noting that the Athenian speakers in the Dialogue are anonymous and are merely identified as "ambassadors," while the Melian speakers are simply referred to as members of the ruling elite. Since Thucydides specifies that this was a closed-door conference, the Melian Dialogue, if indeed it ever took place, would have had only a few witnesses who might have been able to corroborate or refute the details of the discussion.

V.85.1. We see in this opening section that the Athenian delegates adopt an aggressive stance almost immediately and proceed to dictate the format for the Dialogue.

ΑΘ.

[1] ἐπειδὴ οὐ πρὸς τὸ πλῆθος οἱ λόγοι γίγνονται, ὅπως δὴ μὴ ξυνεχεῖ ῥήσει οἱ πολλοὶ ἐπαγωγὰ καὶ ἀνέλεγκτα ἐς ἅπαξ ἀκούσαντες ἡμῶν ἀπατηθῶσιν (γιγνώσκομεν γὰρ ὅτι τοῦτο φρονεῖ ἡμῶν ἡ ἐς τοὺς ὀλίγους ἀγαγωγή), ὑμεῖς οἱ καθήμενοι ἔτι ἀσφαλέστερον ποιήσατε. καθ᾽ ἕκαστον γὰρ καὶ μηδ᾽ ὑμεῖς ἑνὶ λόγῳ, ἀλλὰ πρὸς τὸ μὴ δοκοῦν ἐπιτηδείως λέγεσθαι εὐθὺς ὑπολαμβάνοντες κρίνετε. καὶ πρῶτον εἰ ἀρέσκει ὡς λέγομεν εἴπατε.

V.85.1 πρὸς τὸ πλῆθος Presumably, in front of the Melian assembly.

ξυνεχεῖ ῥήσει Dat. of instrument.

ἀπατηθῶσιν Aor., subj., pass., from ἀπατάω.

φρονεῖ τοῦτο is its object.

ἡ ἐς τοὺς ὀλίγους ἀγαγωγή Subject of φρονεῖ: "Your bringing us in front of the few."

ἔτι ἀσφαλέστερον "[Something] even safer."

καθ᾽ ἕκαστον γὰρ καὶ μηδ᾽ ὑμεῖς ἑνὶ λόγῳ The Athenians stipulate here how they want the Melians to present their case.

ἀλλὰ πρὸς τὸ μὴ δοκοῦν ἐπιτηδείως λέγεσθαι εὐθὺς ὑπολαμβάνοντες κρίνετε The Athenians further specify how the Melians are to participate in this Dialogue: "Make your decisions (κρίνετε) by replying (ὑπολαμβάνοντες) right away to that which does not seem (τὸ μὴ δοκοῦν = articular inf. construction) to have been satisfactorily said (λέγεσθαι)."

☙

V.86.1. The Melian response to the Athenian proposal is made to seem polite. Even so, Thucydides indicates that the Melians were less than optimistic regarding their situation, as they suspected that the Athenians had already made up their minds.

ΜΗΛ.

[1] οἱ δὲ τῶν Μηλίων ξύνεδροι ἀπεκρίναντο· ἡ μὲν ἐπιείκεια τοῦ διδάσκειν καθ᾽ ἡσυχίαν ἀλλήλους οὐ ψέγεται, τὰ δὲ τοῦ πολέμου παρόντα ἤδη καὶ οὐ μέλλοντα διαφέροντα αὐτοῦ φαίνεται. ὁρῶμεν γὰρ αὐτούς τε κριτὰς ἥκοντας ὑμᾶς τῶν λεχθησομένων καὶ τὴν τελευτὴν ἐξ αὐτοῦ κατὰ τὸ εἰκὸς περιγενομένοις μὲν τῷ δικαίῳ καὶ δι᾽ αὐτὸ μὴ ἐνδοῦσι πόλεμον ἡμῖν φέρουσαν, πεισθεῖσι δὲ δουλείαν.

V.86.1 ἡ μὲν ἐπιείκεια τοῦ διδάσκειν καθ᾽ ἡσυχίαν ἀλλήλους   The phrase is the subject of the sentence; the articular inf. τοῦ διδάσκειν is used as a descriptive gen. with ἐπιείκεια.

τὰ δὲ τοῦ πολέμου   "The circumstances of war."

διαφέροντα αὐτοῦ   "Are at variance with this [the proposal referred to in τοῦ διδάσκειν].

τῶν λεχθησομένων   "Of the things that will be said" (the part. is fut., pass. of λέγω.)

περιγενομένοις   Modifies ἡμῖν; transl. with τῷ δικαίῳ.

δι᾽ αὐτὸ   "On account of our prevailing in justice."

μὴ ἐνδοῦσι   This part. too modifies ἡμῖν.

φέρουσαν   Modifies τελευτήν and takes πόλεμον as its direct obj.

πεισθεῖσι   Aor., pass., part., from πείθω; modifies ἡμῖν.

δουλείαν   Second direct obj. of φέρουσαν.

ଔ

V.87.1. The rejoinder of the Athenians is curt and dismissive. One can almost hear the tone of contempt with which they admonish the Melians.

ΑΘ.

[1] εἰ μὲν τοίνυν ὑπονοίας τῶν μελλόντων λογιούμενοι ἢ ἄλλο τι ξυνήκετε ἢ ἐκ τῶν παρόντων καὶ ὧν ὁρᾶτε περὶ σωτηρίας βουλεύσοντες τῇ πόλει, παυοίμεθ᾽ ἄν· εἰ δ᾽ ἐπὶ τοῦτο, λέγοιμεν ἄν.

V.87.1 ὑπονοίας   Acc. (and not gen.).

λογιούμενοι   Fut., part., indicating purpose; trans. with ξυνήκετε.

ἐκ τῶν παρόντων   "On the basis of what is here."

βουλεύσοντες   Another fut., part., indicating purpose.

ଔ

V.88.1. The ultimatum of the Athenians has left the Melians no choice but to yield to them and to agree to their stipulations.

ΜΗΛ.

[1] εἰκὸς μὲν καὶ ξυγγνώμη ἐν τῷ τοιῷδε καθεστῶτας ἐπὶ πολλὰ καὶ λέγοντας καὶ δοκοῦντας τρέπεσθαι· ἡ μέντοι ξύνοδος καὶ περὶ σωτηρίας ἥδε πάρεστι, καὶ ὁ λόγος ᾧ προκαλεῖσθε τρόπῳ, εἰ δοκεῖ, γιγνέσθω.

V.88.1 εἰκὸς μὲν καὶ ξυγγνώμη   Impersonal construction with verb "to be" supplied; it is followed by an acc./inf. construction in λέγοντας…δοκοῦντας and τρέπεσθαι.

ἐν τῷ τοιῷδε καθεστῶτας   The part. (perf., act., from καθίστημι) refers to the Melians.

γιγνέσθω   Pres., imperative, mid., 3rd, sing., from γίγνομαι.

☙

V.89.1. The Athenians propose that both sides dispense with the diplomatic niceties. They go on to state that justice, even as an abstract term, can only be debated among equals and that it has no relevance whatsoever when there exists a disparity in power.

ΑΘ.

[1] ἡμεῖς τοίνυν οὔτε αὐτοὶ μετ᾽ ὀνομάτων καλῶν, ὡς ἢ δικαίως τὸν Μῆδον καταλύσαντες ἄρχομεν ἢ ἀδικούμενοι νῦν ἐπεξερχόμεθα, λόγων μῆκος ἄπιστον παρέξομεν, οὔθ᾽ ὑμᾶς ἀξιοῦμεν ἢ ὅτι Λακεδαιμονίων ἄποικοι ὄντες οὐ ξυνεστρατεύσατε ἢ ὡς ἡμᾶς οὐδὲν ἠδικήκατε λέγοντας οἴεσθαι πείσειν, τὰ δυνατὰ δ᾽ ἐξ ὧν ἑκάτεροι ἀληθῶς φρονοῦμεν διαπράσσεσθαι, ἐπισταμένους πρὸς εἰδότας ὅτι δίκαια μὲν ἐν τῷ ἀνθρωπείῳ λόγῳ ἀπὸ τῆς ἴσης ἀνάγκης κρίνεται, δυνατὰ δὲ οἱ προύχοντες πράσσουσι καὶ οἱ ἀσθενεῖς ξυγχωροῦσιν.

V.89.1 ὡς ἢ δικαίως….   The clause explains what kinds of ὀνόματα καλά the Athenians will dispense with.

λόγων μῆκος   "Length of words," that is, "long speech."

οὔθ᾽ ὑμᾶς ἀξιοῦμεν   "Nor do we expect that you." Trans. with λέγοντας οἴεσθαι πείσειν below.

τὰ δυνατὰ δ᾽ ἐξ ὧν ἑκάτεροι ἀληθῶς φρονοῦμεν διαπράσσεσθαι   Repeat ὑμᾶς ἀξιοῦμεν… οἴεσθαι: "[We expect that you think] you will accomplish (διαπράσσεσθαι = pres., mid., inf., from διαπράσσω) only that which is possible (τὰ δυνατὰ) on the basis of which (ἐξ ὧν) both of us can truly negotiate (ἀληθῶς φρονοῦμεν)." In other words, "Be realists."

ἐπισταμένους πρὸς εἰδότας   The first part. (= pres., mid., from ἐπίσταμαι) refers to ὑμᾶς (the Melians), the second (= perf., act., from οἶδα), to the Athenians.

κρίνεται   "Is discerned," or "Is found."

οἱ προύχοντες   "Those who are powerful."

ଔ

V.90.1 The Melian arguments in this section are lacking in clarity and seem like the thoughts of desperate individuals. On the basis of the principle of the "common good," the Melians argue that it would be to Athens' advantage not to divorce entirely "that which is just" (τὰ δίκαια) from "that which is reasonable" (τὰ εἰκότα).

ΜΗΛ.

[1] ἦ μὲν δὴ νομίζομέν γε, χρήσιμον (ἀνάγκη γάρ, ἐπειδὴ ὑμεῖς οὕτω παρὰ τὸ δίκαιον τὸ ξυμφέρον λέγειν ὑπέθεσθε) μὴ καταλύειν ὑμᾶς τὸ κοινὸν ἀγαθόν, ἀλλὰ τῷ αἰεὶ ἐν κινδύνῳ γιγνομένῳ εἶναι τὰ εἰκότα καὶ δίκαια, καί τι καὶ ἐντὸς τοῦ ἀκριβοῦς πείσαντά τινα ὠφεληθῆναι. καὶ πρὸς ὑμῶν οὐχ ἧσσον τοῦτο, ὅσῳ καὶ ἐπὶ μεγίστῃ τιμωρίᾳ σφαλέντες ἂν τοῖς ἄλλοις παράδειγμα γένοισθε.

V.90.1   ἦ μὲν δὴ νομίζομέν γε   "In terms of what we think."

χρήσιμον   Impersonal: "It is useful."

τὸ ξυμφέρον   Abstract substantive (a participle).

ὑπέθεσθε   Aor., ind., mid., from ὑποτίθημι.

τῷ αἰεὶ ἐν κινδύνῳ γιγνομένῳ εἶναι τὰ εἰκότα καὶ δίκαια   "That the reasonable should also be the just (εἶναι τὰ εἰκότα καὶ δίκαια = two abstract substantives) to a person who is perpetually in danger (τῷ αἰεὶ ἐν κινδύνῳ γιγνομένῳ)."

καί τι καὶ ἐντὸς τοῦ ἀκριβοῦς πείσαντά τινα ὠφεληθῆναι   "And that a person who has not quite made his case (καί τι καὶ ἐντὸς τοῦ ἀκριβοῦς πείσαντα) should still gain some benefit (ὠφεληθῆναι = aor., pass., inf., from ὠφελέω)."

πρὸς ὑμῶν οὐχ ἧσσον τοῦτο   "This [applies] to you no less."

ἐπὶ μεγίστῃ τιμωρίᾳ   "In addition to [suffering] the greatest possible punishment."

σφαλέντες   Aor., pass., part., from σφάλλω.

γένοισθε   Aor., opt., mid., from γίγνομαι.

ଔ

V.91.1-2. The Athenian riposte is sharp and cleverly worded. The Melian taunt, that a defeated Athens would be a paradigm for all other imperial powers to come, is summarily dismissed. Then, in good Thucydidean fashion, the Athenian ambassadors come up with a novel concept as to what it is that imperial powers really have to fear.

ΑΘ.

[1] ἡμεῖς δὲ τῆς ἡμετέρας ἀρχῆς, ἢν καὶ παυθῇ, οὐκ ἀθυμοῦμεν τὴν τελευτήν· οὐ γὰρ οἱ ἄρχοντες ἄλλων, ὥσπερ καὶ Λακεδαιμόνιοι, οὗτοι δεινοὶ τοῖς νικηθεῖσιν (ἔστι δὲ οὐ πρὸς Λακεδαιμονίους ἡμῖν ὁ ἀγών), ἀλλ᾽ ἢν οἱ ὑπήκοοί που τῶν ἀρξάντων αὐτοὶ ἐπιθέμενοι κρατήσωσιν. [2] καὶ περὶ μὲν τούτου ἡμῖν ἀφείσθω κινδυνεύεσθαι· ὡς δὲ ἐπ᾽ ὠφελίᾳ τε πάρεσμεν τῆς ἡμετέρας ἀρχῆς καὶ ἐπὶ σωτηρίᾳ νῦν τοὺς λόγους ἐροῦμεν τῆς ὑμετέρας πόλεως, ταῦτα δηλώσομεν, βουλόμενοι ἀπόνως μὲν ὑμῶν ἄρξαι, χρησίμως δ᾽ ὑμᾶς ἀμφοτέροις σωθῆναι.

V.91.1   παυθῇ   Aor., subj., pass., from παύω.

   ἀθυμοῦμεν   Pres., ind., act., from ἀθυμέω.

   νικηθεῖσιν   Aor., pass., part., from νικάω.

   ἐπιθέμενοι   Aor., mid., part., from ἐπιτίθημι.

   κρατήσωσιν   Aor., subj., act., from κρατέω.

V.91.2   ἀφείσθω   Perf., imperative, pass., 3rd, sing., from ἀφίημι: "Let it be allowed." Trans. with κινδυνεύεσθαι (pres., mid., inf., from κινδυνεύω).

   ἐπ᾽ ὠφελίᾳ   "For the benefit."

   σωθῆναι   Aor., pass., inf., from σῴζω.

 C3

V.92.1. This one-sentence section shows well the frustration of the Melians.

ΜΗΛ.

[1] καὶ πῶς χρήσιμον ἂν ξυμβαίη ἡμῖν δουλεῦσαι, ὥσπερ καὶ ὑμῖν ἄρξαι;

V.92.1.   ξυμβαίη   Aor., opt., act., from συμβαίνω.

C3

V.93.1. The superlative (τὰ δεινότατα) and the participle (διαφθείραντες) are chilling indications of what the Athenians have in mind for the Melians.

ΑΘ.

[1] ὅτι ὑμῖν μὲν πρὸ τοῦ τὰ δεινότατα παθεῖν ὑπακοῦσαι ἂν γένοιτο, ἡμεῖς δὲ μὴ διαφθείραντες ὑμᾶς κερδαίνοιμεν ἄν.

> **V.93.1**   πρὸ τοῦ τὰ δεινότατα παθεῖν   Prep. phrase with articular inf.
>
> ἂν γένοιτο   Supply χρήσιμον.
>
> κερδαίνοιμεν   Pres., opt., act., from κερδαίνω.

❧

V.94.1 The Melians choose to ignore the previous Athenian threat and offer their neutrality. By this point in the Dialogue, one can readily anticipate what the Athenian answer will be.

ΜΗΛ.

[1] ὥστε ἡσυχίαν ἄγοντας ἡμᾶς φίλους μὲν εἶναι ἀντὶ πολεμίων, ξυμμάχους δὲ μηδετέρων, οὐκ ἂν δέξαισθε;

> **V.94.1**   δέξαισθε   Aor., opt., mid., from δέχομαι.

❧

V.95.1. While the syntax of this sentence is a bit confusing, the meaning is quite clear.

ΑΘ.

[1] οὐ γὰρ τοσοῦτον ἡμᾶς βλάπτει ἡ ἔχθρα ὑμῶν ὅσον ἡ φιλία μὲν ἀσθενείας, τὸ δὲ μῖσος δυνάμεως παράδειγμα τοῖς ἀρχομένοις δηλούμενον.

> **V.95.1**   "Your emnity does not hurt us nearly as much as your friendship, for your hatred is a clear example of strength to those we rule while your friendship is a clear example of weakness."

❧

V.96.1. The Melians protest that the subject states of Athens must know the difference between the way the Athenians treat these subject states (who often rebel) and the way they may treat the Melians, and others like them, who have nothing to do with Athens.

ΜΗΛ.

[1] σκοποῦσι δ᾽ ὑμῶν οὕτως οἱ ὑπήκοοι τὸ εἰκός, ὥστε τούς τε μὴ προσήκοντας καὶ ὅσοι ἄποικοι ὄντες οἱ πολλοὶ καὶ ἀποστάντες τινὲς κεχείρωνται ἐς τὸ αὐτὸ τιθέασιν;

V.96.1 τὸ εἰκός   Abstract substantive: "Reasonableness."

τούς τε μὴ προσήκοντας   "Those who have not come to you" or "Those who do not belong to you."

ὄντες οἱ πολλοὶ καὶ ἀποστάντες τινὲς   "There being many of them and some even in a state of rebellion."

κεχείρωνται   Perf., ind., pass., from χειρόω.

ἐς τὸ αὐτὸ τιθέασιν   "Place in the same category."

☙

V.97.1. The Athenians return to their premise that power determines everything in the running of an empire and reiterate their claim that pleas for justice are just so many words.

ΑΘ.

[1] δικαιώματι γὰρ οὐδετέρους ἐλλείπειν ἡγοῦνται, κατὰ δύναμιν δὲ τοὺς μὲν περιγίγνεσθαι, ἡμᾶς δὲ φόβῳ οὐκ ἐπιέναι· ὥστε ἔξω καὶ τοῦ πλεόνων ἄρξαι καὶ τὸ ἀσφαλὲς ἡμῖν διὰ τὸ καταστραφῆναι ἂν παράσχοιτε, ἄλλως τε καὶ νησιῶται ναυκρατόρων καὶ ἀσθενέστεροι ἑτέρων ὄντες εἰ μὴ περιγένοισθε.

V.97.1 ἐλλείπειν   "Are lacking in." Trans. with δικαιώματι.

τοὺς μὲν περιγίγνεσθαι   Acc./inf. construction with ἡγοῦνται; τοὺς μὲν refers to the island city states.

ἔξω καὶ τοῦ πλεόνων ἄρξαι   Articular inf. construction: "Leaving aside [the possibility of] our ruling more."

διὰ τὸ καταστραφῆναι   Articular inf. (= aor., pass., from καταστρέφω) construction.

παράσχοιτε   Aor., opt., act., from παρέχω.

ναυκρατόρων   "While we are rulers of the sea."

περιγένοισθε   Aor., opt., mid., from περιγίγνομαι.

☙

V.98.1. The Melians had, at the start of the Dialogue, agreed to the discussion format imposed on them by the Athenians. Now they grudgingly go along also with the Athenian premise that the only topic worth discussing is expediency, and they attempt to show why it would be advantageous for Athens to sail away from their island.

ΜΗΛ.

[1] ἐν δ᾽ ἐκείνῳ οὐ νομίζετε ἀσφάλειαν; δεῖ γὰρ αὖ καὶ ἐνταῦθα, ὥσπερ ὑμεῖς τῶν δικαίων λόγων ἡμᾶς ἐκβιβάσαντες τῷ ὑμετέρῳ ξυμφόρῳ ὑπακούειν πείθετε, καὶ ἡμᾶς τὸ ἡμῖν χρήσιμον διδάσκοντας, εἰ τυγχάνει καὶ ὑμῖν τὸ αὐτὸ ξυμβαῖνον, πειρᾶσθαι πείθειν. ὅσοι γὰρ νῦν μηδετέροις ξυμμαχοῦσι, πῶς οὐ πολεμώσεσθε αὐτούς, ὅταν ἐς τάδε βλέψαντες ἡγήσωνταί ποτε ὑμᾶς καὶ ἐπὶ σφᾶς ἥξειν; κἂν τούτῳ τί ἄλλο ἢ τοὺς μὲν ὑπάρχοντας πολεμίους μεγαλύνετε, τοὺς δὲ μηδὲ μελλήσαντας γενέσθαι ἄκοντας ἐπάγεσθε;

V.98.1   ἐκείνῳ   The Melian proposal of neutrality.

ὑμεῖς τῶν δικαίων λόγων ἡμᾶς ἐκβιβάσαντες   "With you forcing us to dispense with (ἐκβιβάσαντες = aor., act., part., from ἐκβιβάζω) talk of justice."

τὸ ἡμῖν χρήσιμον   "That which is useful to us."

τυγχάνει καὶ ὑμῖν τὸ αὐτὸ ξυμβαῖνον   "The same thing happens to be [useful] also to you."

πειρᾶσθαι   Pres., mid., inf., from πειράω.

πολεμώσεσθε   Fut., ind., mid., from πολεμόω: "Make into your enemies."

βλέψαντες   Aor., act., part., from βλέπω.

ἡγήσωνται   Aor., subj., mid., from ἡγέομαι.

τί ἄλλο   "What else [are you doing]?"

τοὺς δὲ μηδὲ μελλήσαντας γενέσθαι   "Those not intending to be [your enemies]."

ἄκοντας   Trans. as though an adv.

ἐπάγεσθε   "Bring upon yourselves [as enemies]."

☙

V.99.1. The Athenian reply consists of a formulation of what it is that imperial cities like Athens *really* have to fear. Thucydides' *Histories* are replete with such formulations, most of which seem to have the author's imprints.

ΑΘ.

[1] οὐ γὰρ νομίζομεν ἡμῖν τούτους δεινοτέρους ὅσοι ἠπειρῶταί που ὄντες τῷ ἐλευθέρῳ πολλὴν τὴν διαμέλλησιν τῆς πρὸς ἡμᾶς φυλακῆς ποιήσονται, ἀλλὰ τοὺς νησιώτας τέ που ἀνάρκτους, ὥσπερ ὑμᾶς, καὶ τοὺς ἤδη τῆς ἀρχῆς τῷ ἀναγκαίῳ παροξυνομένους. οὗτοι γὰρ πλεῖστ᾽ ἂν τῷ ἀλογίστῳ ἐπιτρέψαντες σφᾶς τε αὐτοὺς καὶ ἡμᾶς ἐς πρόῦπτον κίνδυνον καταστήσειαν.

V.99.1 τῷ ἐλευθέρῳ   Causal dative: "Because of the fact that they are free [from worry concerning us]."

πολλὴν τὴν διαμέλλησιν τῆς πρὸς ἡμᾶς φυλακῆς ποιήσονται   That is, the mainlanders will be slow to take precautions against Athens.

παροξυνομένους   Pres., pass., part., from παροξύνω.

τῷ ἀλογίστῳ   Abstract substantive: "The irrational."

καταστήσειαν   Aor., opt., act., from καθίστημι.

☙

V.100.1. The Melian response contains a heavy dose of *Realpolitik*, as it twice refers to Athenian rule as a kind of slavery.

ΜΗΛ.

[1] ἦ που ἄρα, εἰ τοσαύτην γε ὑμεῖς τε μὴ παυθῆναι ἀρχῆς καὶ οἱ δουλεύοντες ἤδη ἀπαλλαγῆναι τὴν παρακινδύνευσιν ποιοῦνται, ἡμῖν γε τοῖς ἔτι ἐλευθέροις πολλὴ κακότης καὶ δειλία μὴ πᾶν πρὸ τοῦ δουλεῦσαι ἐπεξελθεῖν.

V.100.1 τοσαύτην   Modifies τὴν παρακινδύνευσιν, a "hapax" which triggers the infinitive constructions in παυθῆναι (aor., pass., from παύω) and ἀπαλλαγῆναι (aor., pass., from ἀπαλλάσσω).

ὑμεῖς   First of the two subjects of ποιοῦνται (οἱ δουλεύοντες is the other; the latter determines the person of the verb).

μὴ πᾶν...ἐπεξελθεῖν   Inf. (aor., act., from ἐπεξέρχομαι) phrase is the subject of the verb "to be," understood: "Not to try everything."

πρὸ τοῦ δουλεῦσαι   Articular inf. construction: "Before...."

୧୨

V.101.1. Every time the Melians speak with some defiance (as they do in chapter 100), the Athenians hasten to remind them of their weakness and of the vastly superior power of Athens.

ΑΘ.

[1] οὔκ, ἤν γε σωφρόνως βουλεύησθε· οὐ γὰρ περὶ ἀνδραγαθίας ὁ ἀγὼν ἀπὸ τοῦ ἴσου ὑμῖν, μὴ αἰσχύνην ὀφλεῖν, περὶ δὲ σωτηρίας μᾶλλον ἡ βουλή, πρὸς τοὺς κρείσσονας πολλῷ μὴ ἀνθίστασθαι.

V.101.1 μὴ αἰσχύνην ὀφλεῖν   The inf. (aor., act., from ὀφλισκάνω) phrase explains ἀνδραγαθίας.

πρὸς τοὺς κρείσσονας πολλῷ μὴ ἀνθίστασθαι   This inf. (pres., mid., from ἀνθίστημι) phrase explains σωτηρίας.

୧୨

V.102.1. The Melians tell the Athenians that fortune does not always favor those who are numerically superior. Perhaps in this way they were hoping to remind the Athenians about what happened when the vastly outnumbered Greeks fought the powerful Persian army earlier in the century.

ΜΗΛ.

[1] ἀλλ᾽ ἐπιστάμεθα τὰ τῶν πολέμων ἔστιν ὅτε κοινοτέρας τὰς τύχας λαμβάνοντα ἢ κατὰ τὸ διαφέρον ἑκατέρων πλῆθος· καὶ ἡμῖν τὸ μὲν εἶξαι εὐθὺς ἀνέλπιστον, μετὰ δὲ τοῦ δρωμένου ἔτι καὶ στῆναι ἐλπὶς ὀρθῶς.

V.102.1 τὰ τῶν πολέμων   Trans. with λαμβάνοντα: "Wartime matters admit of."

ἔστιν ὅτε   "There are situations when."

ἢ κατά   "Than one would expect from the standpoint…."

διαφέρον   "Differing."

τὸ μὲν εἶξαι   Articular inf. (aor., act., from εἴκω) construction, used a subject.

ἀνέλπιστον   Abstract substantive: "Hopelessness." Supply ἐστί and make it a predicate to τὸ μὲν εἶξαι.

στῆναι   The inf. (aor., act., of ἵστημι) is subject and ἐλπίς is pred. noun (with ἐστί understood).

℃Ӡ

V.103.1-2. This is an important chapter, not so much for the quality of the Athenian argument—it is in fact hard to follow—but for the final sentence, where prophecies and oracles are disparaged. This rather cynical view of divination recurs elsewhere in the *Histories* (cf., for example, the end of the Plague account [2.54], where an oracle is contemptuously cited in the narrative portion, and not in a speech), a fact which prompts the question of whether Thucydides himself had a similarly cynical view.

ΑΘ.

[1] ἐλπὶς δὲ κινδύνῳ παραμύθιον οὖσα τοὺς μὲν ἀπὸ περιουσίας χρωμένους αὐτῇ, κἂν βλάψῃ, οὐ καθεῖλεν· τοῖς δ᾽ ἐς ἅπαν τὸ ὑπάρχον ἀναρριπτοῦσι (δάπανος γὰρ φύσει) ἅμα τε γιγνώσκεται σφαλέντων καὶ ἐν ὅτῳ ἔτι φυλάξεταί τις αὐτὴν γνωρισθεῖσαν οὐκ ἐλλείπει. [2] ὃ ὑμεῖς ἀσθενεῖς τε καὶ ἐπὶ ῥοπῆς μιᾶς ὄντες μὴ βούλεσθε παθεῖν μηδὲ ὁμοιωθῆναι τοῖς πολλοῖς, οἷς παρὸν ἀνθρωπείως ἔτι σῴζεσθαι, ἐπειδὰν πιεζομένους αὐτοὺς ἐπιλίπωσιν αἱ φανεραὶ ἐλπίδες, ἐπὶ τὰς ἀφανεῖς καθίστανται μαντικήν τε καὶ χρησμοὺς καὶ ὅσα τοιαῦτα μετ᾽ ἐλπίδων λυμαίνεται.

V.103.1 κινδύνῳ παραμύθιον οὖσα   Concessive phrase: "Though a consolation in time of danger."

τοὺς μὲν ἀπὸ περιουσίας χρωμένους αὐτῇ   The phrase is the obj. of βλάψῃ and καθεῖλεν: "Those who employ (χρωμένους = pres., mid., from χράομαι) it from a situation of plenty," that is, those who have other resources besides Hope.

βλάψῃ   Aor., subj., act., from βλάπτω.

καθεῖλεν   Aor., ind., act., from καθαιρέω.

ἐς ἅπαν τὸ ὑπάρχον ἀναρριπτοῦσι   "Risk all on one throw [of the dice]."

δάπανος   Modifies ἐλπίς.

γιγνώσκεται   Pass. voice.

σφαλέντων   Gen. absolute construction (the part. is aor., pass., from σφάλλω) with αὐτῶν, understood.

ἐν ὅτῳ ἔτι φυλάξεταί τις αὐτὴν γνωρισθεῖσαν οὐκ ἐλλείπει   "It [Hope] leaves no opportunity (ἐλλείπει) in which (ἐν ὅτῳ) a person can still guard against it (φυλάξεταί = fut., ind., mid., from φυλάσσω), even though it has been found out (γνωρισθεῖσαν = aor., pass., part., from γνωρίζω)." In other words, a person will continue to have a relationship of dependency with Hope even after its ruinous nature has been discovered.

V.103.2 ἀσθενεῖς τε καὶ ἐπὶ ῥοπῆς μιᾶς ὄντες   The adj. (ἀσθενεῖς) is paired with a participial phrase (ἐπὶ ῥοπῆς μιᾶς ὄντες).

ἐπὶ ῥοπῆς μιᾶς   The metaphor here refers to weight scales.

παθεῖν   Its direct object is ὅ (at the beginning of the sentence); as an inf., it is complementary to βούλεσθε.

ὁμοιωθῆναι   Another complementary inf. after βούλεσθε.

παρόν   "Though it is still possible."

ἐπιλίπωσιν   Aor., subj., act., from ἐπιλείπω.

μαντικήν τε καὶ χρησμοὺς καὶ ὅσα   In apposition to τὰς ἀφανεῖς.

λυμαίνεται   "Destroy [men]."

☙

V.104.1. The Melians do not react directly to the Athenian disparagement of prophecies and oracles but choose instead to claim divine succor in their stand against an unjust Athens. (What "theology" may exist in this section is difficult to fathom.)

ΜΗΛ.

[1] χαλεπὸν μὲν καὶ ἡμεῖς (εὖ ἴστε) νομίζομεν πρὸς δύναμίν τε τὴν ὑμετέραν καὶ τὴν τύχην, εἰ μὴ ἀπὸ τοῦ ἴσου ἔσται, ἀγωνίζεσθαι· ὅμως δὲ πιστεύομεν τῇ μὲν τύχῃ ἐκ τοῦ θείου μὴ ἐλασσώσεσθαι, ὅτι ὅσιοι πρὸς οὐ δικαίους ἱστάμεθα, τῆς δὲ δυνάμεως τῷ ἐλλείποντι τὴν Λακεδαιμονίων ἡμῖν ξυμμαχίαν προσέσεσθαι, ἀνάγκην ἔχουσαν, καὶ εἰ μή του ἄλλου, τῆς γε ξυγγενείας ἕνεκα καὶ αἰσχύνῃ βοηθεῖν. καὶ οὐ παντάπασιν οὕτως ἀλόγως θρασυνόμεθα.

V.104.1   εἰ μὴ ἀπὸ τοῦ ἴσου ἔσται   Supply ἀγών.

ἐλασσώσεσθα   Fut., mid., inf., from ἐλασσόω.

τῆς δὲ δυνάμεως τῷ ἐλλείποντι   "What we lack in power" loosely belongs with προσέσεσθαι (fut., mid., inf., from πρόσειμι: "Come over").

ἀνάγκην ἔχουσαν   "Since it [the Spartan alliance] is obligated."

☙

V.105.1-4. The theological musings of the Athenians are as vague as those of the Melians. Their view on the "divine," however, turns out to be of only secondary importance, as their chief argument is that self-interest is the overall, guiding principle in human affairs. The Athenians even add—mockingly, it would seem—the conjecture that the "divine" also conduct their affairs according to the principle of expediency. What matters most, say the Athenians, is that the Spartans cannot be counted on to deliver help, a claim that probably rang true to those familiar with Spartan conduct during the Persian Wars and the first phase of the Peloponnesian War.

ΑΘ.

[1] τῆς μὲν τοίνυν πρὸς τὸ θεῖον εὐμενείας οὐδ᾽ ἡμεῖς οἰόμεθα λελείψεσθαι· οὐδὲν γὰρ ἔξω τῆς ἀνθρωπείας τῶν μὲν ἐς τὸ θεῖον νομίσεως, τῶν δ᾽ ἐς σφᾶς αὐτοὺς βουλήσεως δικαιοῦμεν ἢ πράσσομεν. [2] ἡγούμεθα γὰρ τό τε θεῖον δόξῃ τὸ ἀνθρώπειόν τε σαφῶς διὰ παντὸς ὑπὸ φύσεως ἀναγκαίας, οὗ ἂν κρατῇ, ἄρχειν· καὶ ἡμεῖς οὔτε θέντες τὸν νόμον οὔτε κειμένῳ πρῶτοι χρησάμενοι, ὄντα δὲ παραλαβόντες καὶ ἐσόμενον ἐς αἰεὶ καταλείψοντες χρώμεθα αὐτῷ, εἰδότες καὶ ὑμᾶς ἂν καὶ ἄλλους ἐν τῇ αὐτῇ δυνάμει ἡμῖν γενομένους δρῶντας ἂν ταὐτό. [3] καὶ πρὸς μὲν τὸ θεῖον οὕτως ἐκ τοῦ εἰκότος οὐ φοβούμεθα ἐλασσώσεσθαι· τῆς δὲ ἐς Λακεδαιμονίους δόξης, ᾗ διὰ τὸ αἰσχρὸν δὴ βοηθήσειν ὑμῖν πιστεύετε αὐτούς, μακαρίσαντες ὑμῶν τὸ ἀπειρόκακον οὐ ζηλοῦμεν τὸ ἄφρον. [4] Λακεδαιμόνιοι γὰρ πρὸς σφᾶς μὲν αὐτοὺς καὶ τὰ ἐπιχώρια νόμιμα πλεῖστα ἀρετῇ χρῶνται· πρὸς δὲ τοὺς ἄλλους πολλὰ ἄν τις ἔχων εἰπεῖν ὡς προσφέρονται, ξυνελὼν μάλιστ᾽ ἂν δηλώσειεν ὅτι ἐπιφανέστατα ὧν ἴσμεν τὰ μὲν ἡδέα καλὰ νομίζουσι, τὰ δὲ ξυμφέροντα δίκαια. καίτοι οὐ πρὸς τῆς ὑμετέρας νῦν ἀλόγου σωτηρίας ἡ τοιαύτη διάνοια.

V.105.1 λελείψεσθαι   Fut. perf., pass., inf., from λείπω: "Found wanting."

οὐδὲν   Direct obj. of δικαιοῦμεν ἢ πράσσομεν.

τῶν μὲν ἐς τὸ θεῖον   "Matters pertaining to the divine." Trans. with τῆς ἀνθρωπείας… νομίσεως.

τῶν δ᾽ ἐς σφᾶς αὐτοὺς   Parallel construction to τῶν μὲν ἐς τὸ θεῖον.

βουλήσεως   Parallel construction to νομίσεως.

V.105.2 τὸ ἀνθρώπειόν   Abstract substantive: "Humanity."

δόξῃ…σαφῶς   The dat. of instrument (δόξῃ) has the same function as the adverb (σαφῶς).

κρατῇ   Pres., subj., act., from κρατέω.

κειμένῳ   Supply νόμῳ.

χρησάμενοι   Aor., mid., part., from χράω.

ὄντα…ἐσόμενον   Both modify νόμον, understood.

εἰδότες   Perf., act., part., from οἶδα.

V.105.3 πρὸς   "In respect to."

ἐλασσώσεσθαι   Fut., pass., inf., from ἐλάσσόω: "To fall short."

βοηθήσειν   Fut., act., inf., from βοηθέω.

V.105.4 πολλὰ ἄν τις ἔχων εἰπεῖν   "A person could say many things."

ὡς προσφέρονται   "How they are different."

ξυνελὼν   Aor., act., part., from ξυναιρέω: "In summary fashion."

δηλώσειεν   Aor., opt., act., from δηλόω.

ἐπιφανέστατα   Superlative adverb.

πρὸς   "In support of."

☙

V.106.1. When the Melians play by the debating rules of the Athenians, as they do here, they never seem to fare well.

ΜΗΛ.

[1] ἡμεῖς δὲ κατ᾽ αὐτὸ τοῦτο ἤδη καὶ μάλιστα πιστεύομεν τῷ ξυμφέροντι αὐτῶν, Μηλίους ἀποίκους ὄντας μὴ βουλήσεσθαι προδόντας τοῖς μὲν εὔνοις τῶν Ἑλλήνων ἀπίστους καταστῆναι, τοῖς δὲ πολεμίοις ὠφελίμους.

V.106.1 κατ᾽ αὐτὸ τοῦτο   "On this very point."

τῷ ξυμφέροντι αὐτῶν   Trans. as a causal dat. construction: "Because of what is advantageous to them."

ἀποίκους   Direct obj. of προδόντας (aor., act., part., from προδίδωμι).

καταστῆναι   Aor., act., inf., from καθίστημι.

☙

V.107.1. The Athenians point out that the Spartans are not known to be risk-takers.

ΑΘ.

[1] οὔκουν οἴεσθε τὸ ξυμφέρον μὲν μετ᾽ ἀσφαλείας εἶναι, τὸ δὲ δίκαιον καὶ καλὸν μετὰ κινδύνου δρᾶσθαι· ὃ Λακεδαιμόνιοι ἥκιστα ὡς ἐπὶ τὸ πολὺ τολμῶσιν.

V.107.1 δρᾶσθαι   Pres., pass., inf., from δράω: "Are accomplished [with]."

ὃ   Antecedent is κινδύνου.

ὡς ἐπὶ τὸ πολὺ   "For the most part."

☙

V.108.1. The Melian position, that they can depend on the Spartans for help, is made to seem more and more pathetic.

ΜΗΛ.

[1] ἀλλὰ καὶ τοὺς κινδύνους τε ἡμῶν ἕνεκα μᾶλλον ἡγούμεθ᾽ ἂν ἐγχειρίσασθαι αὐτούς, καὶ βεβαιοτέρους ἢ ἐς ἄλλους νομιεῖν, ὅσῳ πρὸς μὲν τὰ ἔργα τῆς Πελοποννήσου ἐγγὺς κείμεθα, τῆς δὲ γνώμης τῷ ξυγγενεῖ πιστότεροι ἑτέρων ἐσμέν.

V.108.1   ἐγχειρίσασθαι   Aor., mid., inf., from ἐγχειρίζω.

βεβαιοτέρους, ἄλλους   Both modify κινδύνους.

νομιεῖν   Fut., act., inf., from νομίζω.

τὰ ἔργα   "Sphere of interest."

τῷ ξυγγενεῖ   Causal dative: "Because of the affinity." Trans. with γνώμης.

☙

V.109.1. The Athenians manage to make the Melian argument seem almost ludicrous.

ΑΘ.

[1] τὸ δ᾽ ἐχυρόν γε τοῖς ξυναγωνιουμένοις οὐ τὸ εὔνουν τῶν ἐπικαλεσαμένων φαίνεται, ἀλλ᾽ ἢν τῶν ἔργων τις δυνάμει πολὺ προύχῃ· ὃ Λακεδαιμόνιοι καὶ πλέον τι τῶν ἄλλων σκοποῦσιν (τῆς γοῦν οἰκείας παρασκευῆς ἀπιστίᾳ καὶ μετὰ ξυμμάχων πολλῶν τοῖς πέλας ἐπέρχονται), ὥστε οὐκ εἰκὸς ἐς νῆσόν γε αὐτοὺς ἡμῶν ναυκρατόρων ὄντων περαιωθῆναι.

V.109.1   τὸ δ᾽ ἐχυρόν   This abstract substantive is predicated with τὸ εὔνουν, another abstract substantive, through the verb φαίνεται.

ξυναγωνιουμένοις   Fut., mid., part., from συναγωνίζομαι.

τῶν ἐπικαλεσαμένων   "Of those who called for help."

προύχῃ   Pres., subj., act., from προέχω.

τοῖς πέλας ἐπέρχονται   "They attack those close by."

οὐκ εἰκὸς   Impersonal construction: "It is unlikely."

ἡμῶν ναυκρατόρων ὄντων   Gen. absolute.

περαιωθῆναι   Aor., pass., inf., from περαιόω.

☙

V.110.1-2. The Melian arguments become progressively more desperate. "If not the Spartans," say the Melians, "then one of their allies will come after you to punish you."

ΜΗΛ.

[1] οἱ δὲ καὶ ἄλλους ἂν ἔχοιεν πέμψαι· πολὺ δὲ τὸ Κρητικὸν πέλαγος, δι᾽ οὗ τῶν κρατούντων ἀπορώτερος ἡ λῆψις ἢ τῶν λαθεῖν βουλομένων ἡ σωτηρία. [2] καὶ εἰ τοῦδε σφάλλοιντο, τράποιντ᾽ ἂν καὶ ἐς τὴν γῆν ὑμῶν καὶ ἐπὶ τοὺς λοιποὺς τῶν ξυμμάχων, ὅσους μὴ Βρασίδας ἐπῆλθεν· καὶ οὐ περὶ τῆς μὴ προσηκούσης μᾶλλον ἢ τῆς οἰκειοτέρας ξυμμαχίδος τε καὶ γῆς ὁ πόνος ὑμῖν ἔσται.

V.110.1 ἔχοιεν   "They [the Spartans] would be able."

λαθεῖν   Aor., act., inf., from λανθάνω: trans. here as "elude."

V.110.2 σφάλλοιντο   Pres., opt., pass., from σφάλλω.

τράποιντ᾽   Aor., opt., mid., from τρέπω.

Βρασίδας   Spartan admiral who had enjoyed considerable success against the Athenians in the northern front.

μὴ προσηκούσης   "Not belonging."

☙

V.111.1-5. The Athenians violate their own rules for the Dialogue and launch into a lengthy, penultimate admonition to the Melians. Their line of reasoning is occasionally blurred by what appear to be deliberate violations of the rules of syntax and by confusing, philosophical formulations. (Editors have forever been trying to alter the text in order to get a better sense.) One is left wondering whether Thucydides was trying to recreate here the kind of convoluted language which may have been used in a confrontational situation like the Melian Dialogue. Indeed, one might even speculate that this confusing harangue may have been meant by Thucydides to seem like one of the bullying tactics of the Athenians against the Melians.

ΑΘ.

[1] τούτων μὲν καὶ πεπειραμένοις ἄν τι γένοιτο καὶ ὑμῖν καὶ οὐκ ἀνεπιστήμοσιν ὅτι οὐδ᾽ ἀπὸ μιᾶς πώποτε πολιορκίας Ἀθηναῖοι δι᾽ ἄλλων φόβον ἀπεχώρησαν. [2] ἐνθυμούμεθα δὲ ὅτι φήσαντες περὶ σωτηρίας βουλεύσειν οὐδὲν ἐν τοσούτῳ λόγῳ εἰρήκατε ᾧ ἄνθρωποι ἂν πιστεύσαντες νομίσειαν σωθήσεσθαι, ἀλλ᾽ ὑμῶν τὰ μὲν ἰσχυρότατα ἐλπιζόμενα μέλλεται, τὰ δ᾽ ὑπάρχοντα βραχέα πρὸς τὰ ἤδη

ἀντιτεταγμένα περιγίγνεσθαι. πολλήν τε ἀλογίαν τῆς διανοίας παρέχετε, εἰ μὴ μεταστησάμενοι ἔτι ἡμᾶς ἄλλο τι τῶνδε σωφρονέστερον γνώσεσθε. [3] οὐ γὰρ δὴ ἐπί γε τὴν ἐν τοῖς αἰσχροῖς καὶ προύπτοις κινδύνοις πλεῖστα διαφθείρουσαν ἀνθρώπους αἰσχύνην τρέψεσθε. πολλοῖς γὰρ προορωμένοις ἔτι ἐς οἷα φέρονται τὸ αἰσχρὸν καλούμενον ὀνόματος ἐπαγωγοῦ δυνάμει ἐπεσπάσατο ἡσσηθεῖσι τοῦ ῥήματος ἔργῳ ξυμφοραῖς ἀνηκέστοις ἑκόντας περιπεσεῖν καὶ αἰσχύνην αἰσχίω μετὰ ἀνοίας ἢ τύχῃ προσλαβεῖν. [4] ὃ ὑμεῖς, ἢν εὖ βουλεύησθε, φυλάξεσθε, καὶ οὐκ ἀπρεπὲς νομιεῖτε πόλεώς τε τῆς μεγίστης ἡσσᾶσθαι μέτρια προκαλουμένης, ξυμμάχους γενέσθαι ἔχοντας τὴν ὑμετέραν αὐτῶν ὑποτελεῖς, καὶ δοθείσης αἱρέσεως πολέμου πέρι καὶ ἀσφαλείας μὴ τὰ χείρω φιλονικῆσαι· ὡς οἵτινες τοῖς μὲν ἴσοις μὴ εἴκουσι, τοῖς δὲ κρείσσοσι καλῶς προσφέρονται, πρὸς δὲ τοὺς ἥσσους μέτριοί εἰσι, πλεῖστ' ἂν ὀρθοῖντο. [5] σκοπεῖτε οὖν καὶ μεταστάντων ἡμῶν καὶ ἐνθυμεῖσθε πολλάκις ὅτι περὶ πατρίδος βουλεύεσθε, ἧς μιᾶς πέρι καὶ ἐς μίαν βουλὴν τυχοῦσάν τε καὶ μὴ κατορθώσασαν ἔσται.

V.111.1 τούτων μὲν καὶ πεπειραμένοις ἄν τι γένοιτο καὶ ὑμῖν καὶ οὐκ ἀνεπιστήμοσιν   The following is a translation according to sense: "Any one of these things may happen to us, who are quite experienced (πεπειραμένοις = perf., mid., part., from πειράω) in such matters, and even to you, who are not unaware (οὐκ ἀνεπιστήμοσιν)."

ἀπεχώρησαν   Aor., ind., act., from ἀποχωρέω.

V.111.2 φήσαντες   Aor., act., part., from φημί; it modifies "you," the subject of εἰρήκατε.

εἰρήκατε   Perf., ind., act., from ἐρῶ.

ᾧ …πιστεύσαντες   Aor., act., part, from πιστεύω: "Relying on which."

νομίσειαν   Aor., opt., act., from νομίζω.

σωθήσεσθαι   Fut., pass., inf., from σῴζω.

ἐλπιζόμενα   "Hopes."

μέλλεται   Pres., ind., pass., from μέλλω; in the passive, the verb means "to be delayed."

τὰ δ' ὑπάρχοντα βραχέα πρὸς τὰ ἤδη ἀντιτεταγμένα περιγίγνεσθαι   "The things you have at your disposal (τὰ ὑπάρχοντα) are inadequate (βραχέα) for surmounting (περιγίγνεσθαι) the things already arrayed against you (πρὸς τὰ ἤδη ἀντιτεταγμένα = perf., pass., part., from ἀντιτάσσω)."

μεταστησάμενοι ἔτι ἡμᾶς   Aor., mid., part., from μεθίστημι: "Once you send us away [from this conference]."

τῶνδε   Gen. of comparison. The pron. refers to the arguments which the Melians had just used.

γνώσεσθε   Fut., ind., mid., from γιγνώσκω.

V.111.3 οὐ γὰρ δὴ ἐπί γε τὴν… αἰσχύνην τρέψεσθε   A translation *ad sensum* of this complicated sentence goes something like this: "For surely you will not give yourselves over (τρέψεσθε = fut., ind., mid., from τρέπω) to a feeling of shame (ἐπί γε τὴν…αἰσχύνην), the kind which most often destroys men (πλεῖστα διαφθείρουσαν ἀνθρώπους) in dangerous situations which are obvious and [therefore truly] disgraceful (ἐν τοῖς αἰσχροῖς καὶ προύπτοις κινδύνοις)."

ἔτι ἐς οἷα φέρονται   "Into what sorts of things they are being carried away."

τὸ αἰσχρὸν καλούμενον   "This thing called shame."

ἐπεσπάσατο   Aor., ind., mid., from ἐπισπάω.

ἡσσηθεῖσι   Aor., pass., part., from ἡσσάομαι: "Defeated."

τοῦ ῥήματος ἔργῳ ξυμφοραῖς ἀνηκέστοις ἑκόντας περιπεσεῖν   In an apparent instance of anacoluthon, the construction changes from one where "people" is modified by dat. adjectives (πολλοῖς γὰρ προορωμένοις…ἡσσηθεῖσι) to one where "people" now has an acc. modifier (ἑκόντας = "willingly") and is the subj. of περιπεσεῖν (= aor., act., from περιπίπτω) and λαβεῖν.

αἰσχύνην αἰσχίω μετὰ ἀνοίας ἢ τύχῃ   "Shame [that is] more shameful, [because it is associated] with folly rather than with [bad] luck."

V.111.4 φυλάξεσθε   Fut., ind., mid., from φυλάσσω.

νομιεῖτε   Fut., ind., act., from νομίζω.

ἀπρεπὲς   Pred. adj. (supply εἶναι) with ἡσσᾶσθαι (= pres., pass., inf., from ἡσσάομαι).

πόλεώς   In the gen. case, because of ἡσσᾶσθαι.

μέτρια   Neut. substantive is the direct obj. of προκαλουμένης.

ξυμμάχους γενέσθαι ἔχοντας τὴν ὑμετέραν αὐτῶν ὑποτελεῖς   Phrase explains what is meant by μέτρια.

ὑποτελεῖς   "Tribute paying."

δοθείσης αἱρέσεως   Gen. absolute construction (= aor., pass., part., from δίδωμι).

πολέμου πέρι καὶ ἀσφαλείας   The prep. governs both gen. nouns.

μὴ τὰ χείρω φιλονικῆσαι   "Not to be so stubborn as to choose the worse course of action." The inf. (aor., act., from φιλονεικέω) depends on ἀπρεπές.

καλῶς προσφέρονται   "Carry themselves well," or "behave well."

ὀρθοῖντο   Pres., opt., pass., from ὀρθόω.

V.111.5 σκοπεῖτε   Pres., imperative, act., from σκοπέω.

μεταστάντων ἡμῶν   Gen. absolute (cf. μεταστησάμενοι ἔτι ἡμᾶς above).

ἐνθυμεῖσθε   Pres., imperative, mid., from ἐνθυμέω.

ἐς μίαν βουλὴν τυχοῦσάν τε καὶ μὴ κατορθώσασαν ἔσται.   Both participles modify πόλιν, understood: "It will be up to one decision whether it [your city] turns out well (τυχοῦσάν = aor., act., part., from τυγχάνω) or fails miserably (μὴ κατορθώσασαν = aor., act., part., from κατορθόω)."

☙

V.112.1-3. Thucydides shows here (and elsewhere in the *Histories*) his capacity for drawing sympathetic portraits of a people in dire circumstances. The final words of the Melians are solemn and dignified, and their proposal for neutrality seems eminently reasonable.

[1] καὶ οἱ μὲν Ἀθηναῖοι μετεχώρησαν ἐκ τῶν λόγων· οἱ δὲ Μήλιοι κατὰ σφᾶς αὐτοὺς γενόμενοι, ὡς ἔδοξεν αὐτοῖς παραπλήσια καὶ ἀντέλεγον, ἀπεκρίναντο τάδε. [2] οὔτε ἄλλα δοκεῖ ἡμῖν ἢ ἅπερ καὶ τὸ πρῶτον, ὦ Ἀθηναῖοι, οὔτ᾽ ἐν ὀλίγῳ χρόνῳ πόλεως ἑπτακόσια ἔτη ἤδη οἰκουμένης τὴν ἐλευθερίαν ἀφαιρησόμεθα, ἀλλὰ τῇ τε μέχρι τοῦδε σῳζούσῃ τύχῃ ἐκ τοῦ θείου αὐτὴν καὶ τῇ ἀπὸ τῶν ἀνθρώπων καὶ Λακεδαιμονίων τιμωρίᾳ πιστεύοντες πειρασόμεθα σῴζεσθαι. [3] προκαλούμεθα δὲ ὑμᾶς φίλοι μὲν εἶναι, πολέμιοι δὲ μηδετέροις, καὶ ἐκ τῆς γῆς ἡμῶν ἀναχωρῆσαι σπονδὰς ποιησαμένους αἵτινες δοκοῦσιν ἐπιτήδειοι εἶναι ἀμφοτέροις.

V.112.1 καὶ ἀντέλεγον   An ellipsis: "And what they were saying beforehand."

V.112.2 ἀφαιρησόμεθα   Fut., ind., mid., from ἀφαιρέω.

πιστεύοντες   "Entrusting."

καὶ Λακεδαιμονίων   "Even the Lakedaimonians." Perhaps the "even" here is a reference to the Athenian claim that the Spartans are but fair-weather friends.

V.112.3 προκαλούμεθα δὲ ὑμᾶς   "We suggest to you that…."

ἀναχωρῆσαι…ποιησαμένους   Trans. both with ὑμᾶς.

☙

V.113.1. With remarkable clarity, the Athenians deliver their final warning to the Melians. Their very last word, it would seem, is carefully chosen.

[1] οἱ μὲν δὴ Μήλιοι τοσαῦτα ἀπεκρίναντο· οἱ δὲ Ἀθηναῖοι διαλυόμενοι ἤδη ἐκ τῶν λόγων ἔφασαν· ἀλλ᾽ οὖν μόνοι γε ἀπὸ τούτων τῶν βουλευμάτων, ὡς ἡμῖν δοκεῖτε, τὰ μὲν μέλλοντα τῶν ὁρωμένων σαφέστερα κρίνετε, τὰ δὲ ἀφανῆ τῷ βούλεσθαι ὡς γιγνόμενα ἤδη θεᾶσθε, καὶ Λακεδαιμονίοις καὶ τύχῃ καὶ ἐλπίσι πλεῖστον δὴ παραβεβλημένοι καὶ πιστεύσαντες πλεῖστον καὶ σφαλήσεσθε.

V.113.1 ἀπὸ τούτων τῶν βουλευμάτων   "To judge from…."

τὰ μὲν μέλλοντα τῶν ὁρωμένων   Both participles are used as abstract substantives.

τὰ δὲ ἀφανῆ   Abstract substantive.

τῷ βούλεσθαι   Articular inf. as dat. of instrument.

ὡς γιγνόμενα ἤδη   "As actually real."

παραβεβλημένοι   Perf., pass., part., from παραβάλλω.

σφαλήσεσθε   Fut., ind., pass., from σφάλλω.

附

V.116.2-4. In this chapter, where Thucydides sums up the events from the winter of 416/5, he also offers a brief epilogue to the Melian Dialogue. He first describes the final stages of the siege which the Athenians undertook at the conclusion of the Dialogue. Then, in a remarkably understated way, he tells about the execution of the male citizens of Melos and the enslavement of the woman and children. Did Thucydides intend the story of Sicily as his comment on the events at Melos? (Cf. the general introduction to the Melian Dialogue.)

[2] καὶ οἱ Μήλιοι περὶ τοὺς αὐτοὺς χρόνους αὖθις καθ᾽ ἕτερόν τι τοῦ περιτειχίσματος εἷλον τῶν Ἀθηναίων, παρόντων οὐ πολλῶν τῶν φυλάκων. [3] καὶ ἐλθούσης στρατιᾶς ὕστερον ἐκ τῶν Ἀθηνῶν ἄλλης, ὡς ταῦτα ἐγίγνετο, ἧς ἦρχε Φιλοκράτης ὁ Δημέου, καὶ κατὰ κράτος ἤδη πολιορκούμενοι, γενομένης καὶ προδοσίας τινός ἀφ᾽ ἑαυτῶν, ξυνεχώρησαν τοῖς Ἀθηναίοις ὥστε ἐκείνους περὶ αὐτῶν βουλεῦσαι. [4] οἱ δὲ ἀπέκτειναν Μηλίων ὅσους ἡβῶντας ἔλαβον, παῖδας δὲ καὶ γυναῖκας ἠνδραπόδισαν· τὸ δὲ χωρίον αὐτοὶ ᾤκισαν, ἀποίκους ὕστερον πεντακοσίους πέμψαντες.

V.116.2 εἷλον   Aor., ind., act., from αἱρέω.

παρόντων οὐ πολλῶν τῶν φυλάκων   Gen. absolute.

V.116.3 ἐλθούσης στρατιᾶς ὕστερον ἐκ τῶν Ἀθηνῶν ἄλλης   Gen. absolute.

ὡς ταῦτα ἐγίγνετο   "Since these things happened."

γενομένης καὶ προδοσίας τινός   Gen. absolute.

V.116.4 ἠνδραπόδισαν   Aor., ind., act., from ἀνδραποδίζω.

ᾤκισαν   Aor., ind., act., from οἰκίζω.

附

VI.24.1-4. Earlier in Book VI (chapters 9-18), Thucydides presented a debate in the Athenian Assembly (from the year 415) between Nicias and Alcibiades, in which the two men argued over whether Athens should undertake an offensive war in Sicily, or more specifically, a war against the great Dorian city and Spartan ally, Syracuse. When Nicias, an advocate of restraint, saw that his pro-war opponent Alcibiades was likely to prevail in the Assembly, he rose to give another speech (chapters 20-23), in which he called for an expedition so large and so expensive that the voters would reject, or so he thought, the proposal out of hand. In this chapter, Thucydides explains Nicias' dilemma, as the Athenian Assembly prepared to vote its approval for the mammoth undertaking. He also comments rather explicitly on the problems of a democracy, like the one in Athens, where minority views are held in check when it comes to critical decisions involving war and peace.

[1] ὁ μὲν Νικίας τοσαῦτα εἶπε νομίζων τοὺς Ἀθηναίους τῷ πλήθει τῶν πραγμάτων ἢ ἀποτρέψειν ἤ, εἰ ἀναγκάζοιτο στρατεύεσθαι, μάλιστα οὕτως ἀσφαλῶς ἐκπλεῦσαι· [2] οἱ δὲ τὸ μὲν ἐπιθυμοῦν τοῦ πλοῦ οὐκ ἐξῃρέθησαν ὑπὸ τοῦ ὀχλώδους τῆς παρασκευῆς, πολὺ δὲ μᾶλλον ὥρμηντο, καὶ τοὐναντίον περιέστη αὐτῷ· εὖ τε γὰρ παραινέσαι ἔδοξε καὶ ἀσφάλεια νῦν δὴ καὶ πολλὴ ἔσεσθαι. [3] καὶ ἔρως ἐνέπεσε τοῖς πᾶσιν ὁμοίως ἐκπλεῦσαι· τοῖς μὲν γὰρ πρεσβυτέροις ὡς ἢ καταστρεψομένοις ἐφ᾽ ἃ ἔπλεον ἢ οὐδὲν ἂν σφαλεῖσαν μεγάλην δύναμιν, τοῖς δ᾽ ἐν τῇ ἡλικίᾳ τῆς τε ἀπούσης πόθῳ ὄψεως καὶ θεωρίας, καὶ εὐέλπιδες ὄντες σωθήσεσθαι· ὁ δὲ πολὺς ὅμιλος καὶ στρατιώτης ἔν τε τῷ παρόντι ἀργύριον οἴσειν καὶ προσκτήσεσθαι δύναμιν ὅθεν ἀίδιον μισθοφορὰν ὑπάρξειν. [4] ὥστε διὰ τὴν ἄγαν τῶν πλεόνων ἐπιθυμίαν, εἴ τῳ ἄρα καὶ μὴ ἤρεσκε, δεδιὼς μὴ ἀντιχειροτονῶν κακόνους δόξειεν εἶναι τῇ πόλει ἡσυχίαν ἦγεν.

VI.24.1 τοσαῦτα   Refers to Nicias' second speech.

ἀναγκάζοιτο   Pres., opt., pass., from ἀναγκάζω.

στρατεύεσθαι   Fut., mid., inf., from στρατεύω.

VI.24.2 τό...ἐπιθυμοῦν   Neut. part. (pres., act., from ἐπιθυμέω) serves as an abstract substantive.

ἐξῃρέθησαν   Aor., ind., pass., from ἐξαιρέω: "Were not deprived of." Trans. with τό... ἐπιθυμοῦν.

τοῦ ὀχλώδους   Abstract substantive.

ὥρμηντο   Imperf., ind., pass., from ὁρμάω: "Eagerly wanted" (supply πλεῖν).

αὐτῷ   Refers to Nicias.

παραινέσαι   Aor., act., inf., from παραινέω.

καὶ ἀσφάλεια νῦν δὴ καὶ πολλὴ ἔσεσθαι   Repeat ἔδοξε.

VI.24.3 ὡς   "On the grounds that."

καταστρεψομένοις   Fut., mid., part., from καταστρέφω.

οὐδὲν ἂν σφαλεῖσαν μεγάλην δύναμιν   This acc. absolute construction (the part. is aor., pass., from σφάλλω) is used to explain the second reason for the elders' desire to go to Sicily.

τοῖς δ᾽ ἐν τῇ ἡλικίᾳ   "For those in their prime."

εὐέλπιδες ὄντες   An instance of anacoluthon, where instead of a dat. construction (agreeing with the article/pronoun in τοῖς δ᾽ ἐν τῇ ἡλικίᾳ) we have a nom. part. and adj. Trans. with σωθήσεσθαι (= fut., pass., inf., from σῴζω).

ὁ δὲ πολὺς ὅμιλος καὶ στρατιώτης   Supply "Were optimistic that."

οἴσειν   Fut., act., inf., from φέρω.

προσκτήσεσθαι   Fut., mid., inf., from προσκτάομαι.

ὑπάρξειν   Fut., act., inf., from ὑπάρχω.

VI.24.4 ἤρεσκε   Imperf., ind., act., from ἀρέσκω.

δεδιὼς   Perf., act., part., from δείδω.

δόξειεν   Aor., opt., act., from δοκέω.

⚭

VI.25.1-2. Reluctantly and with a sense of chagrin, Nicias explains specifically the size of the armament he had in mind when he gave his second speech. It is interesting to observe that Thucydides prefers to let his readers form their opinions about Nicias more through his words—here, they are paraphrased—and actions rather than from anything that Thucydides may say directly about him.

[1] καὶ τέλος παρελθών τις τῶν Ἀθηναίων καὶ παρακαλέσας τὸν Νικίαν οὐκ ἔφη χρῆναι προφασίζεσθαι οὐδὲ διαμέλλειν, ἀλλ᾽ ἐναντίον ἁπάντων ἤδη λέγειν ἥντινα αὐτῷ παρασκευὴν Ἀθηναῖοι ψηφίσωνται. [2] ὁ δὲ ἄκων μὲν εἶπεν ὅτι καὶ μετὰ τῶν ξυναρχόντων καθ᾽ ἡσυχίαν μᾶλλον βουλεύσοιτο, ὅσα μέντοι ἤδη δοκεῖν αὐτῷ, τριήρεσι μὲν οὐκ ἔλασσον ἢ ἑκατὸν πλευστέα εἶναι (αὐτῶν δ᾽ Ἀθηναίων ἔσεσθαι ὁπλιταγωγοὺς ὅσαι ἂν δοκῶσι, καὶ ἄλλας ἐκ τῶν ξυμμάχων μεταπεμπτέας εἶναι), ὁπλίταις δὲ τοῖς ξύμπασιν Ἀθηναίων καὶ τῶν ξυμμάχων πεντακισχιλίων μὲν οὐκ ἐλάσσοσιν, ἢν δέ τι δύνωνται, καὶ πλέοσιν· τὴν δὲ ἄλλην παρασκευὴν ὡς κατὰ λόγον, καὶ τοξοτῶν τῶν αὐτόθεν καὶ ἐκ Κρήτης καὶ σφενδονητῶν, καὶ ἤν τι ἄλλο πρέπον δοκῇ εἶναι, ἑτοιμασάμενοι ἄξειν.

VI.25.1 τέλος   "Finally." The acc. of respect construction allows nouns to function like adverbs.

προφασίζεσθαι   Pres., mid., inf., from προφασίζομαι.

ψηφίσωνται   Aor., subj., mid., of ψηφίζομαι.

VI.25.2 βουλεύσοιτο   Fut., opt., mid., from βουλεύω.

ὅσα μέντοι ἤδη δοκεῖν αὐτῷ   "As to the things which already seemed good to him [even before consulting with his fellow commanders]."

πλευστέα   Verbal adj. (from πλέω) indicating necessity; trans. with εἶναι.

μεταπεμπτέας   Another verbal adj. (from μεταπέμπω).

δύνωνται   Pres., subj., mid., from δύναμαι.

ἑτοιμασάμενοι   Aor., mid., part., from ἑτοιμάζω; it refers to Nicias and his fellow commanders.

C03

VI.26.1-2. As is often the case with the tragic heroes of Attic drama, things go very well for the Athenians at the beginning of their tragedy.

[1] ἀκούσαντες δ᾽ οἱ Ἀθηναῖοι ἐψηφίσαντο εὐθὺς αὐτοκράτορας εἶναι καὶ περὶ στρατιᾶς πλήθους καὶ περὶ τοῦ παντὸς πλοῦ τοὺς στρατηγοὺς πράσσειν ᾗ ἂν αὐτοῖς δοκῇ ἄριστα εἶναι Ἀθηναίοις. [2] καὶ μετὰ ταῦτα ἡ παρασκευὴ ἐγίγνετο, καὶ ἔς τε τοὺς ξυμμάχους ἔπεμπον καὶ αὐτόθεν καταλόγους ἐποιοῦντο, ἄρτι δ᾽ ἀνειλήφει ἡ πόλις ἑαυτὴν ἀπὸ τῆς νόσου καὶ τοῦ ξυνεχοῦς πολέμου ἔς τε ἡλικίας πλῆθος ἐπιγεγενημένης καὶ ἐς χρημάτων ἄθροισιν διὰ τὴν ἐκεχειρίαν, ὥστε ῥᾷον πάντα ἐπορίζετο. καὶ οἱ μὲν ἐν παρασκευῇ ἦσαν.

VI.26.1 ᾗ ἂν αὐτοῖς δοκῇ ἄριστα εἶναι Ἀθηναίοις   Subj., impersonal construction: "In whatever way it seemed to them best for the Athenians."

VI.26.2 καταλόγους ἐποιοῦντο   Idiom means "Recruited soldiers."

ἀνειλήφει   Pluperf., ind., act., from ἀναλαμβάνω; make ἑαυτὴν the direct obj.

ἔς τε ἡλικίας πλῆθος ἐπιγεγενημένης   This prep. phrase and the next one explain in what sense Athens had recovered.

ἐπιγεγενημένης   Perf., mid., part., from ἐπιγίγνομαι.

ἐπορίζετο   Imperf., ind., pass., from πορίζω.

C03

VI.27.1-3. The infamous "Mutilation of the Herms" is described here, an incident which was to have far-reaching consequences for the final outcome of the Peloponnesian War. The whole matter also has relevance to the question of just how tolerant (or intolerant) 5th century Athenians were when it came to the desecration of their religious icons, like the Herms. Thucydides, at least, seems to show some puzzlement over why the affair was taken so seriously.

[1] ἐν δὲ τούτῳ, ὅσοι Ἑρμαῖ ἦσαν λίθινοι ἐν τῇ πόλει τῇ Ἀθηναίων (εἰσὶ δὲ κατὰ τὸ ἐπιχώριον, ἡ τετράγωνος ἐργασία, πολλοὶ καὶ ἐν ἰδίοις προθύροις καὶ ἐν ἱεροῖς), μιᾷ νυκτὶ οἱ πλεῖστοι περιεκόπησαν τὰ πρόσωπα. [2] καὶ τοὺς δράσαντας ᾔδει οὐδείς, ἀλλὰ μεγάλοις μηνύτροις δημοσίᾳ οὗτοί τε ἐζητοῦντο καὶ προσέτι ἐψηφίσαντο, καὶ εἴ τις ἄλλο τι οἶδεν ἀσέβημα γεγενημένον, μηνύειν ἀδεῶς τὸν βουλόμενον καὶ ἀστῶν καὶ ξένων καὶ δούλων. [3] καὶ τὸ πρᾶγμα μειζόνως ἐλάμβανον· τοῦ τε γὰρ ἔκπλου οἰωνὸς ἐδόκει εἶναι καὶ ἐπὶ ξυνωμοσίᾳ ἅμα νεωτέρων πραγμάτων καὶ δήμου καταλύσεως γεγενῆσθαι.

VI.27.1 κατὰ τὸ ἐπιχώριον   "According to a local custom."

ἡ τετράγωνος ἐργασία   Predicate to the subject of εἰσί.

περιεκόπησαν   Aor., ind., pass., from περικόπτω.

τὰ πρόσωπα   Acc. of respect; the noun can mean "faces" or "facades."

VI.27.2 ᾔδει   Pluperf., ind., act., from οἶδα.

ἐζητοῦντο   Imperf., ind., pass., from ζητέω.

ἐψηφίσαντο   Aor., ind., mid., from ψηφίζομαι; subject is "the Athenians."

οἶδεν   Perf., ind., act., from οἶδα.

VI.27.3 νεωτέρων πραγμάτων   "Revolution."

γεγενῆσθαι   Perf., mid., inf., from γίγνομαι; trans. with ἐδόκει.

൚

VI.28.1-2. The so-called "Profanation of the Mysteries" became yet another *cause célèbre* prior to the departure of the Athenian fleet to Sicily. According to Thucydides, Alcibiades was implicated by his enemies in both this incident and in the "Mutilation of the Herms." Ever the realist, Thucydides sees politics, ambition, and ordinary human jealousy behind the accusations leveled at Alcibiades.

[1] μηνύεται οὖν ἀπὸ μετοίκων τέ τινων καὶ ἀκολούθων περὶ μὲν τῶν Ἑρμῶν οὐδέν, ἄλλων δὲ ἀγαλμάτων περικοπαί τινες πρότερον ὑπὸ νεωτέρων μετὰ παιδιᾶς καὶ οἴνου γεγενημέναι, καὶ τὰ μυστήρια ἅμα ὡς ποιεῖται ἐν οἰκίαις ἐφ᾽ ὕβρει· ὧν καὶ τὸν Ἀλκιβιάδην ἐπῃτιῶντο. [2] καὶ αὐτὰ ὑπολαμβάνοντες οἱ μάλιστα τῷ Ἀλκιβιάδῃ ἀχθόμενοι ἐμποδὼν ὄντι σφίσι μὴ αὐτοῖς τοῦ δήμου βεβαίως προεστάναι, καὶ νομίσαντες, εἰ αὐτὸν ἐξελάσειαν, πρῶτοι ἂν εἶναι, ἐμεγάλυνον καὶ ἐβόων ὡς ἐπὶ δήμου καταλύσει τά τε μυστικὰ καὶ ἡ τῶν Ἑρμῶν περικοπὴ γένοιτο καὶ οὐδὲν εἴη αὐτῶν ὅ τι οὐ μετ᾽ ἐκείνου ἐπράχθη, ἐπιλέγοντες τεκμήρια τὴν ἄλλην αὐτοῦ ἐς τὰ ἐπιτηδεύματα οὐ δημοτικὴν παρανομίαν.

VI.28.1 μηνύεται   The negative for this verb, οὐδέν, is postponed for effect.

τὰ μυστήρια ἅμα ὡς ποιεῖται ἐν οἰκίαις ἐφ᾽ ὕβρει   This clause is also the subject of μηνύεται.

ἐπῃτιῶντο   Imperf., ind., mid., from ἐπαιτιάομαι.

VI.28.2 ἐμποδὼν ὄντι   "Being in the way."

μὴ αὐτοῖς τοῦ δήμου βεβαίως προεστάναι   This inf. (= perf., act., from προΐστημι) phrase explains how Alcibiades was thought to stand in the way of his rivals' ambitions.

ἐξελάσειαν   Aor., opt., act., from ἐξελαύνω.

ἐμεγάλυνον   Imperf., ind., act., from μεγαλύνω: "Exaggerated."

ἐβόων   Imperf., ind., act., from βοάω.

γένοιτο   Aor., opt., mid., from γίγνομαι.

οὐ μετ' ἐκείνου   "Without him."

ἐπράχθη   Aor., ind., pass., from πράσσω.

ἐπιλέγοντες τεκμήρια   "Citing as evidence."

τὴν ἄλλην αὐτοῦ ἐς τὰ ἐπιτηδεύματα οὐ δημοτικὴν παρανομίαν   "Other occasions of his acting illegally and in a way that was opposed to democracy on a regular basis."

☙

VI.29.1-3. Thucydides shows us in this chapter an Alcibiades who demands to be put on trial right away and who insists that he not have the charges hanging over him while he is off in Sicily. Alcibiades' principled and confident stand casts doubt on his accusers' charges and makes absolutely good sense from the standpoint of the hoped-for success of the expedition. To judge from this chapter, Thucydides seems not at all convinced of Alcibiades' guilt and, as a victim himself of a politically motivated exile, he may even have been sympathetic to Alcibiades' plight.

[1] ὁ δ' ἔν τε τῷ παρόντι πρὸς τὰ μηνύματα ἀπελογεῖτο καὶ ἑτοῖμος ἦν πρὶν ἐκπλεῖν κρίνεσθαι, εἴ τι τούτων εἰργασμένος ἦν (ἤδη γὰρ καὶ τὰ τῆς παρασκευῆς ἐπεπόριστο), καὶ εἰ μὲν τούτων τι εἴργαστο, δίκην δοῦναι, εἰ δ' ἀπολυθείη, ἄρχειν. [2] καὶ ἐπεμαρτύρετο μὴ ἀπόντος πέρι αὐτοῦ διαβολὰς ἀποδέχεσθαι, ἀλλ' ἤδη ἀποκτείνειν, εἰ ἀδικεῖ, καὶ ὅτι σωφρονέστερον εἴη μὴ μετὰ τοιαύτης αἰτίας, πρὶν διαγνῶσι, πέμπειν αὐτὸν ἐπὶ τοσούτῳ στρατεύματι. [3] οἱ δ' ἐχθροὶ δεδιότες τό τε στράτευμα μὴ εὔνουν ἔχῃ, ἢν ἤδη ἀγωνίζηται, ὅ τε δῆμος μὴ μαλακίζηται θεραπεύων ὅτι δι' ἐκεῖνον οἵ τ' Ἀργεῖοι ξυνεστράτευον καὶ τῶν Μαντινέων τινές, ἀπέτρεπον καὶ ἀπέσπευδον, ἄλλους ῥήτορας ἐνιέντες οἳ ἔλεγον νῦν μὲν πλεῖν αὐτὸν καὶ μὴ κατασχεῖν τὴν ἀναγωγήν, ἐλθόντα δὲ κρίνεσθαι ἐν ἡμέραις ῥηταῖς, βουλόμενοι ἐκ μείζονος διαβολῆς, ἣν ἔμελλον ῥᾷον αὐτοῦ ἀπόντος ποριεῖν, μετάπεμπτον κομισθέντα αὐτὸν ἀγωνίσασθαι. καὶ ἔδοξε πλεῖν τὸν Ἀλκιβιάδην.

VI.29.1 ἀπελογεῖτο   Imperf., ind., mid., from ἀπολογέομαι.

εἰργασμένος ἦν   "Had done." Part. is perf., mid., from ἐργάζομαι.

τὰ τῆς παρασκευῆς   "Preparations."

ἐπεπόριστο   Pluperf., ind., pass., from πορίζω.

εἴργαστο   Pluperf., ind., mid., from ἐργάζομαι.

δοῦναι   Aor., act., inf., fron δίδωμι.

ἀπολυθείη   Aor., opt., pass., from ἀπολύω.

VI.29.2 ἐπεμαρτύρετο   Imperf., ind., mid., from ἐπιμαρτύρομαι: "He insisted."

ἀποδέχεσθαι   Pres., mid., inf., from ἀποδέχομαι.

διαγνῶσι   Aor., subj., act., from διαγιγνώσκω: "Reach a verdict."

VI.29.3 δεδιότες   Perf., act., part., from δείδω.

ἔχῃ   Here, equivalent to the verb "To be."

ἀγωνίζηται   Pres., subj., mid., from ἀγωνίζομαι.

ὅ τε δῆμος μὴ μαλακίζηται   This is the second fear of Alcibiades' enemies.

μαλακίζηται   Pres., subj., pass., from μαλακίζω.

θεραπεύων   "Showing favor towards him."

ἀπέτρεπον   "Were trying to prevent [the trial]."

ἀπέσπευδον   Imperf., ind., act., from ἀποσπεύδω.

ἐνιέντες   Pres., act., part., from ἐνίημι: "Suborning" (modifies οἱ ἐχθροί).

κατασχεῖν   Aor., act., inf., from κατέχω.

ἐλθόντα δὲ κρίνεσθαι ἐν ἡμέραις ῥηταῖς   Still part of the indirect statement.

ἐλθόντα   "When he comes home."

κρίνεσθαι   Pres., pass., inf., from κρίνω.

ἐκ μείζονος διαβολῆς   Trans. with μετάπεμπτον: "Summoned on the basis of a more serious accusation."

αὐτοῦ ἀπόντος   Gen. absolute.

ποριεῖν   Fut., act., inf., from πορίζω.

κομισθέντα   Aor., pass., part., from κομίζω.

ἀγωνίσασθαι   Aor., pass., inf., from ἀγωνίζομαι.

ἔδοξε   "It was decided."

☙

VI.30.1-2. It has been remarked that Thucydides typically writes with the objectivity and dispassion of a scientist wearing a lab coat. Here he shows that he is also very much capable, when he so chooses, of penetrating the psyches of his historical subjects and of exploring their every emotion on an occasion as momentous as the departure of the Athenian fleet to Sicily.

[1] μετὰ δὲ ταῦτα θέρους μεσοῦντος ἤδη ἡ ἀναγωγὴ ἐγίγνετο ἐς τὴν Σικελίαν. τῶν μὲν οὖν ξυμμάχων τοῖς πλείστοις καὶ ταῖς σιταγωγοῖς ὁλκάσι καὶ τοῖς πλοίοις καὶ ὅση ἄλλη παρασκευὴ ξυνείπετο πρότερον εἴρητο ἐς Κέρκυραν ξυλλέγεσθαι ὡς ἐκεῖθεν ἀθρόοις ἐπὶ ἄκραν Ἰαπυγίαν τὸν Ἰόνιον διαβαλοῦσιν· αὐτοὶ δ᾽ Ἀθηναῖοι καὶ εἴ τινες τῶν ξυμμάχων παρῆσαν, ἐς τὸν Πειραιᾶ καταβάντες ἐν ἡμέρᾳ ῥητῇ ἅμα ἕῳ ἐπλήρουν

τὰς ναῦς ὡς ἀναξόμενοι. [2] ξυγκατέβη δὲ καὶ ὁ ἄλλος ὅμιλος ἅπας ὡς εἰπεῖν ὁ ἐν τῇ πόλει καὶ ἀστῶν καὶ ξένων, οἱ μὲν ἐπιχώριοι τοὺς σφετέρους αὐτῶν ἕκαστοι προπέμποντες, οἱ μὲν ἑταίρους, οἱ δὲ ξυγγενεῖς, οἱ δὲ υἱεῖς, καὶ μετ᾽ ἐλπίδος τε ἅμα ἰόντες καὶ ὀλοφυρμῶν, τὰ μὲν ὡς κτήσοιντο, τοὺς δ᾽ εἴ ποτε ὄψοιντο, ἐνθυμούμενοι ὅσον πλοῦν ἐκ τῆς σφετέρας ἀπεστέλλοντο.

VI.30.1 θέρους μεσοῦντος ἤδη   Gen. absolute construction.

ξυνείπετο   Imperf., ind., mid., from συνέπομαι.

πρότερον   Take with εἴρητο.

εἴρητο   Pluperf., ind., pass., from ἐρῶ: "Orders had been issued."

ξυλλέγεσθαι   Pres., pass., inf., from συλλέγω.

διαβαλοῦσιν   Fut., act., part., from διαβάλλω. (ὡς + fut. participle indicates purpose.)

ἐπλήρουν   Imperf., ind., act., from πληρόω.

ὡς ἀναξόμενοι   "In order to set sail."

VI.30.2 ὡς εἰπεῖν   "So to speak."

τὰ μὲν ὡς κτήσοιντο   The clause explains μετ᾽ ἐλπίδος. Verb is fut., opt., mid., from κτάομαι.

ὄψοιντο   Fut., opt., mid., from ὁράω.

ἀπεστέλλοντο   Imperf., ind., mid., from ἀποστέλλω.

☙

VI.31.1-6. This is one of the more important chapters in the *Histories*, especially because it helps to support one of Thucydides' major theses, formulated back in chapter 1 of Book I, that the Peloponnesian War was the biggest *kinêsis* to have ever taken place in the entire history of the Hellenes. This chapter is also valuable for the information it provides regarding the logistics of an undertaking as large as the Sicilian expedition. All of this information, of course, came to Thucydides second hand, since he had been sent into exile in 424, nine years before the launching of the expedition. The last sentence in this chapter, where Thucydides speaks of the great *hopes* of the Athenians about to sail off to Sicily, resonates somewhat ironically with the words of the Athenians who spoke at the Melian Dialogue and who opined that excessive reliance on *hope* would lead to disaster.

[1] καὶ ἐν τῷ παρόντι καιρῷ, ὡς ἤδη ἔμελλον μετὰ κινδύνων ἀλλήλους ἀπολιπεῖν, μᾶλλον αὐτοὺς ἐσῄει τὰ δεινὰ ἢ ὅτε ἐψηφίζοντο πλεῖν· ὅμως δὲ τῇ παρούσῃ ῥώμῃ, διὰ τὸ πλῆθος ἑκάστων ὧν ἑώρων, τῇ ὄψει ἀνεθάρσουν. οἱ δὲ ξένοι καὶ ὁ ἄλλος ὄχλος κατὰ θέαν ἧκεν ὡς ἐπ᾽ ἀξιόχρεων καὶ ἄπιστον διάνοιαν. παρασκευὴ γὰρ αὕτη πρώτη ἐκπλεύσασα μιᾶς πόλεως δυνάμει Ἑλληνικῇ πολυτελεστάτη δὴ καὶ

εὐπρεπεστάτη τῶν ἐς ἐκεῖνον τὸν χρόνον ἐγένετο. [2] ἀριθμῷ δὲ νεῶν καὶ ὁπλιτῶν καὶ ἡ ἐς Ἐπίδαυρον μετὰ Περικλέους καὶ ἡ αὐτὴ ἐς Ποτείδαιαν μετὰ Ἅγνωνος οὐκ ἐλάσσων ἦν· τετράκις γὰρ χίλιοι ὁπλῖται αὐτῶν Ἀθηναίων καὶ τριακόσιοι ἱππῆς καὶ τριήρεις ἑκατόν, καὶ Λεσβίων καὶ Χίων πεντήκοντα, καὶ ξύμμαχοι ἔτι πολλοὶ ξυνέπλευσαν. [3] ἀλλὰ ἐπί τε βραχεῖ πλῷ ὡρμήθησαν καὶ παρασκευῇ φαύλῃ, οὗτος δὲ ὁ στόλος ὡς χρόνιός τε ἐσόμενος καὶ κατ᾽ ἀμφότερα, οὗ ἂν δέῃ, καὶ ναυσὶ καὶ πεζῷ ἅμα ἐξαρτυθείς, τὸ μὲν ναυτικὸν μεγάλαις δαπάναις τῶν τε τριηράρχων καὶ τῆς πόλεως ἐκπονηθέν, τοῦ μὲν δημοσίου δραχμὴν τῆς ἡμέρας τῷ ναύτῃ ἑκάστῳ διδόντος καὶ ναῦς παρασχόντος κενὰς ἑξήκοντα μὲν ταχείας, τεσσαράκοντα δὲ ὁπλιταγωγοὺς καὶ ὑπηρεσίας ταύταις τὰς κρατίστας, τῶν δὲ τριηράρχων ἐπιφοράς τε πρὸς τῷ ἐκ δημοσίου μισθῷ διδόντων τοῖς θρανίταις τῶν ναυτῶν καὶ ταῖς ὑπηρεσίαις καὶ τἆλλα σημείοις καὶ κατασκευαῖς πολυτελέσι χρησαμένων, καὶ ἐς τὰ μακρότατα προθυμηθέντος ἑνὸς ἑκάστου ὅπως αὐτῷ τινι εὐπρεπείᾳ τε ἡ ναῦς μάλιστα προέξει καὶ τῷ ταχυναυτεῖν, τὸ δὲ πεζὸν καταλόγοις τε χρηστοῖς ἐκκριθὲν καὶ ὅπλων καὶ τῶν περὶ τὸ σῶμα σκευῶν μεγάλῃ σπουδῇ πρὸς ἀλλήλους ἁμιλληθέν. [4] ξυνέβη δὲ πρός τε σφᾶς αὐτοὺς ἅμα ἔριν γενέσθαι, ᾧ τις ἕκαστος προσετάχθη, καὶ ἐς τοὺς ἄλλους Ἕλληνας ἐπίδειξιν μᾶλλον εἰκασθῆναι τῆς δυνάμεως καὶ ἐξουσίας ἢ ἐπὶ πολεμίους παρασκευήν. [5] εἰ γάρ τις ἐλογίσατο τήν τε τῆς πόλεως ἀνάλωσιν δημοσίαν καὶ τῶν στρατευομένων τὴν ἰδίαν, τῆς μὲν πόλεως ὅσα τε ἤδη προετετελέκει καὶ ἃ ἔχοντας τοὺς στρατηγοὺς ἀπέστελλε, τῶν δὲ ἰδιωτῶν ἅ τε περὶ τὸ σῶμά τις καὶ τριήραρχος ἐς τὴν ναῦν ἀνηλώκει καὶ ὅσα ἔτι ἔμελλεν ἀναλώσειν, χωρὶς δ᾽ ἃ εἰκὸς ἦν καὶ ἄνευ τοῦ ἐκ τοῦ δημοσίου μισθοῦ πάντα τινὰ παρασκευάσασθαι ἐφόδιον ὡς ἐπὶ χρόνιον στρατείαν, καὶ ὅσα ἐπὶ μεταβολῇ τις ἢ στρατιώτης ἢ ἔμπορος ἔχων ἔπλει, πολλὰ ἂν τάλαντα ηὑρέθη ἐκ τῆς πόλεως τὰ πάντα ἐξαγόμενα. [6] καὶ ὁ στόλος οὐχ ἧσσον τόλμης τε θάμβει καὶ ὄψεως λαμπρότητι περιβόητος ἐγένετο ἢ στρατιᾶς πρὸς οὓς ἐπῆσαν ὑπερβολῇ, καὶ ὅτι μέγιστος ἤδη διάπλους ἀπὸ τῆς οἰκείας καὶ ἐπὶ μεγίστῃ ἐλπίδι τῶν μελλόντων πρὸς τὰ ὑπάρχοντα ἐπεχειρήθη.

VI.31.1 ἀπολιπεῖν   Transitive meaning: "Leave behind."

ἐσῄει   Imperf., ind., act., from εἴσειμι.

ὧν   Attracted to the case of ἑκάστων.

ἑώρων   Imperf., ind., act., from ὁράω.

ἀνεθάρσουν   Imperf., ind., act., from ἀναθαρσέω.

κατὰ θέαν   "For the sake of witnessing a spectacle."

πρώτη   A second fleet sailed later.

μιᾶς πόλεως δυνάμει Ἑλληνικῇ   The gen. and the dat. constructions explain why this armament could legitimately be said to have been πολυτελεστάτη δὴ καὶ εὐπρεπεστάτη.

VI.31.2 ἡ ἐς Ἐπίδαυρον   Supply παρασκευή here and also with ἡ αὐτὴ ἐς Ποτείδαιαν.

VI.31.3 ὡρμήθησαν   Aor., ind., pass., from ὁρμάω.

οὗτος δὲ ὁ στόλος   Supply ὡρμήθη.

ὡς χρόνιός τε ἐσόμενος   "[With the expectation] that it was to be a lengthy expedition."

κατ' ἀμφότερα, οὗ ἂν δέῃ, καὶ ναυσὶ καὶ πεζῷ ἅμα ἐξαρτυθείς   "Equipped (ἐξαρτυθείς = aor., pass., part., from ἐξαρτύω) for both kinds of campaigns (κατ' ἀμφότερα), on sea or on land (καὶ ναυσὶ καὶ πεζῷ), whenever either would be needed (οὗ ἂν δέῃ)."

τὸ μὲν ναυτικὸν…ἐκπονηθέν   The substantive, modified by the part. (aor., pass., from ἐκπονέω), is in apposition to ὁ στόλος.

τοῦ μὲν δημοσίου δραχμὴν τῆς ἡμέρας τῷ ναύτῃ ἑκάστῳ διδόντος   Gen. absolute.

καὶ ναῦς παρασχόντος κενὰς ἑξήκοντα μὲν ταχείας, τεσσαράκοντα δὲ ὁπλιταγωγοὺς καὶ ὑπηρεσίας ταύταις τὰς κρατίστας   A second gen. absolute; repeat the substantive τοῦ δημοσίου.

τῶν δὲ τριηράρχων…διδόντων…χρησαμένων   Gen. absolute.

καὶ ἐς τὰ μακρότατα προθυμηθέντος ἑνὸς ἑκάστου   Gen. absolute (προθυμηθέντος = aor., pass., part., from προθυμέω); ἑνὸς ἑκάστου refers to "each one" of the trierarchs.

τινὶ εὐπρεπείᾳ   This dat. of manner is paired with τῷ ταχυναυτεῖν, an articular inf. that is also used as a dat. of manner.

προέξει   "Would surpass."

τὸ δὲ πεζὸν…ἐκκριθὲν…ἁμιλληθέν   The substantive τὸ πεζόν, with its two participial modifiers (ἐκκριθὲν = aor., pass., from ἐκκρίνω; ἁμιλληθέν = aor., pass., from ἁμιλλάομαι) is in apposition to and paired with τὸ μὲν ναυτικόν, which is also in apposition to ὁ στόλος.

VI.31.4 ξυνέβη   Aor., ind., act., from συμβαίνω; trans. impersonally with ἔριν γενέσθαι.

ᾧ τις ἕκαστος προσετάχθη   The relative clause explains what the rivalry was about: "To whom each was assigned." προσετάχθη is aor., ind., pass., from προστάσσω.

ἐπίδειξιν μᾶλλον εἰκασθῆναι   Acc./inf. construction depends on ξυνέβη. εἰκασθῆναι is aor., pass., inf., from εἰκάζω.

VI.31.5 ἐλογίσατο   Aor., ind., mid., from λογίζω.

τὴν ἰδίαν   Supply ἀνάλωσιν.

προετετελέκει   Pluperf., ind., act., from προτελέω.

ὅσα τε ἤδη….   What follows is an enumeration of the expenses involved with the Sicilian expedition.

ἃ ἔχοντας τοὺς στρατηγοὺς ἀπέστελλε   "What the city sent for the generals to distribute." ἀπέστελλε is imperf., ind., act., from ἀποστέλλω.

ἀνηλώκει   Pluperf., ind., act., from ἀναλίσκω.

ἀναλώσειν   Fut., act., inf., from ἀναλίσκω.

χωρὶς δ᾽   "In addition."

παρασκευάσασθαι   Aor., mid., inf., from παρασκευάζω.

ἐφόδιον   In apposition to ἃ: "As travel money."

ὡς ἐπὶ χρόνιον στρατείαν   "In anticipation of a long campaign."

ηὑρέθη   Aor., ind., pass., from εὑρίσκω, in contrary to fact condition: "It would have been found."

VI.31.6 θάμβει…λαμπρότητι   Dat. of cause constructions.

ἐπῆσαν   Imperf., ind., act., from ἔπειμι.

ὑπερβολῇ   Dat. of cause: Supply τουτῶν: "Because of their superiority [over those]."

ὅτι μέγιστος ἤδη διάπλους   Supply ἦν.

πρὸς τὰ ὑπάρχοντα   "In comparison to the present." τὰ ὑπάρχοντα is the opposite of τῶν μελλόντων.

ἐπεχειρήθη   Aor., ind., pass., from ἐπιχειρέω.

☙

VI.32.1-3. A beautifully told account of the departure of the Athenian fleet! Although Thucydides usually manages to remain impartial when describing the events of the War, here he seems to show a degree of compassion towards the Athenians, who are filled with an exuberant optimism but who are also headed—unknowingly—towards their eventual doom.

[1] ἐπειδὴ δὲ αἱ νῆες πλήρεις ἦσαν καὶ ἐσέκειτο πάντα ἤδη ὅσα ἔχοντες ἔμελλον ἀνάξεσθαι, τῇ μὲν σάλπιγγι σιωπὴ ὑπεσημάνθη, εὐχὰς δὲ τὰς νομιζομένας πρὸ τῆς ἀναγωγῆς οὐ κατὰ ναῦν ἑκάστην, ξύμπαντες δὲ ὑπὸ κήρυκος ἐποιοῦντο, κρατῆράς τε κεράσαντες παρ᾽ ἅπαν τὸ στράτευμα καὶ ἐκπώμασι χρυσοῖς τε καὶ ἀργυροῖς οἵ τε ἐπιβάται καὶ οἱ ἄρχοντες σπένδοντες. [2] ξυνεπηύχοντο δὲ καὶ ὁ ἄλλος ὅμιλος ὁ ἐκ τῆς γῆς τῶν τε πολιτῶν καὶ εἴ τις ἄλλος εὔνους παρῆν σφίσιν. παιανίσαντες δὲ καὶ τελεώσαντες τὰς σπονδὰς ἀνήγοντο, καὶ ἐπὶ κέρως τὸ πρῶτον ἐκπλεύσαντες ἅμιλλαν ἤδη μέχρι Αἰγίνης ἐποιοῦντο. καὶ οἱ μὲν ἐς τὴν Κέρκυραν, ἔνθαπερ καὶ τὸ ἄλλο στράτευμα τῶν ξυμμάχων ξυνελέγετο, ἠπείγοντο ἀφικέσθαι. [3] ἐς δὲ τὰς Συρακούσας ἠγγέλλετο μὲν πολλαχόθεν τὰ περὶ τοῦ ἐπίπλου, οὐ μέντοι ἐπιστεύετο ἐπὶ πολὺν χρόνον οὐδέν.…

VI.32.1 πλήρεις ἦσαν   "Were manned."

ἀνάξεσθαι   Fut., mid., inf., from ἀνάγω: "Put out to sea."

ὑπεσημάνθη   Aor., ind., pass., from ὑποσημαίνω.

κεράσαντες   Aor., act., part., from κεράννυμι.

οἵ τε ἐπιβάται   "The crew."

VI.32.2 ξυνεπηύχοντο   Imperf., ind., mid., from συνεπεύχομαι.

παιανίσαντες   Aor., act., part., from παιανίζω.

τελεώσαντες   Aor., act., part., from τελειόω.

ἐπὶ κέρως   "In a column."

ἅμιλλαν...ἐποιοῦντο   "They raced."

ἠπείγοντο   Imperf., ind., pass., from ἐπείγω.

ἀφικέσθαι   Aor., mid., inf., from ἀφικνέομαι.

VI.32.3 ἠγγέλλετο   Imperf., ind., pass., from ἀγγέλλω.

τὰ περὶ τοῦ ἐπίπλου   "News about the expedition."

ἐπιστεύετο   Imperf., ind., pass., from πιστεύω.

☙

VI.89.1-6. Despite his protestations that he should be able to confront his accusers right away in an Athenian court, Alcibiades was sent off to Sicily as one of the three commanders of the Athenian forces. With their typical vacillation, the members of the Athenian Assembly later decided to summon Alcibiades back from Sicily, and a state ship, the *Salaminia*, was sent to fetch him, but Alcibiades managed to escape and fled to Sparta. In chapter 89, we pick up the story of Alcibiades, as he addresses the Spartan assembly and tries to convince its members that he has been their friend all along. The speech he gives is redolent of sophistic arguments and, initially at least, seems transparently phony. Alcibiades is clearly one of Thucydides' favorite character studies, and it is fascinating to observe how Thucydides seems, on occasion, to display at least a grudging admiration for as clever an escape artist as Alcibiades. Watch for the sentence towards the end of this chapter, where Alcibiades utters the striking definition of democracy as an "acknowledged folly."

[1] ἀναγκαῖον περὶ τῆς ἐμῆς διαβολῆς πρῶτον ἐς ὑμᾶς εἰπεῖν, ἵνα μὴ χεῖρον τὰ κοινὰ τῷ ὑπόπτῳ μου ἀκροάσησθε. [2] τῶν δ᾽ ἐμῶν προγόνων τὴν προξενίαν ὑμῶν κατά τι ἔγκλημα ἀπειπόντων αὐτὸς ἐγὼ πάλιν ἀναλαμβάνων ἐθεράπευον ὑμᾶς ἄλλα τε καὶ περὶ τὴν ἐκ Πύλου ξυμφοράν. καὶ διατελοῦντός μου προθύμου ὑμεῖς πρὸς Ἀθηναίους καταλλασσόμενοι τοῖς μὲν ἐμοῖς ἐχθροῖς δύναμιν δι᾽ ἐκείνων πράξαντες, ἐμοὶ δὲ ἀτιμίαν περιέθετε. [3] καὶ διὰ ταῦτα δικαίως ὑπ᾽ ἐμοῦ πρός τε τὰ Μαντινέων καὶ Ἀργείων τραπομένου καὶ ὅσα ἄλλα ἐνηντιούμην ὑμῖν ἐβλάπτεσθε·

καὶ νῦν, εἴ τις καὶ τότε ἐν τῷ πάσχειν οὐκ εἰκότως ὠργίζετό μοι, μετὰ τοῦ ἀληθοῦς σκοπῶν ἀναπειθέσθω. ἢ εἴ τις, διότι καὶ τῷ δήμῳ προσεκείμην μᾶλλον, χείρω με ἐνόμιζε, μηδ᾽ οὕτως ἡγήσηται ὀρθῶς ἄχθεσθαι. [4] τοῖς γὰρ τυράννοις αἰεί ποτε διάφοροί ἐσμεν (πᾶν δὲ τὸ ἐναντιούμενον τῷ δυναστεύοντι δῆμος ὠνόμασται), καὶ ἀπ᾽ ἐκείνου ξυμπαρέμεινεν ἡ προστασία ἡμῖν τοῦ πλήθους. ἅμα δὲ καὶ τῆς πόλεως δημοκρατουμένης τὰ πολλὰ ἀνάγκη ἦν τοῖς παροῦσιν ἕπεσθαι. [5] τῆς δὲ ὑπαρχούσης ἀκολασίας ἐπειρώμεθα μετριώτεροι ἐς τὰ πολιτικὰ εἶναι. ἄλλοι δ᾽ ἦσαν καὶ ἐπὶ τῶν πάλαι καὶ νῦν οἳ ἐπὶ τὰ πονηρότερα ἐξῆγον τὸν ὄχλον· οἵπερ καὶ ἐμὲ ἐξήλασαν. [6] ἡμεῖς δὲ τοῦ ξύμπαντος προέστημεν, δικαιοῦντες ἐν ᾧ σχήματι μεγίστη ἡ πόλις ἐτύγχανε καὶ ἐλευθερωτάτη οὖσα καὶ ὅπερ ἐδέξατό τις, τοῦτο ξυνδιασῴζειν, ἐπεὶ δημοκρατίαν γε καὶ ἐγιγνώσκομεν οἱ φρονοῦντές τι, καὶ αὐτὸς οὐδενὸς ἂν χεῖρον, ὅσῳ καὶ λοιδορήσαιμι. ἀλλὰ περὶ ὁμολογουμένης ἀνοίας οὐδὲν ἂν καινὸν λέγοιτο· καὶ τὸ μεθιστάναι αὐτὴν οὐκ ἐδόκει ἡμῖν ἀσφαλὲς εἶναι ὑμῶν πολεμίων προσκαθημένων.

VI.89.1 ἵνα μὴ χεῖρον τὰ κοινὰ τῷ ὑπόπτῳ μου ἀκροάσησθε "So that you not receive (ἀκροάσησθε = Aor., subj., mid., from ἀκροάζομαι) less favorably, due to your suspicion of me, [what I have to say about] public matters."

VI.89.2 τῶν δ᾽ ἐμῶν προγόνων τὴν προξενίαν ὑμῶν κατά τι ἔγκλημα ἀπειπόντων   Gen. absolute construction; its force is concessive.

ἐθεράπευον Imperf., ind., act., from θεραπεύω.   Trans. with ὑμᾶς: "I tried to look after your interests."

διατελοῦντός μου προθύμου   Gen. absolute (supply ὄντος).

καταλλασσόμενοι   Pres., pass., part., from καταλλάσσω.

δύναμιν…πράξαντες   "Handing over power."

περιέθετε   Aor., ind., act., from περιτίθημι: "Bestowed."

VI.89.3 τραπομένου   Aor., mid., part., from τρέπω.

καὶ ὅσα ἄλλα ἐνηντιούμην   "And whatever things I did [while] opposing you (= imperf., ind., act., from ἐναντιόομαι)." In an apparent anacoluthon, this clause is not syntactically connected with the preceding participial phrase (ὑπ᾽ ἐμοῦ… τραπομένου).

ἐβλάπτεσθε   Imperf., ind., pass., from βλάπτω; trans. with the preceding δικαίως.

ἐν τῷ πάσχειν   The articular inf. expands on τότε: "Back then, at the time of their suffering."

οὐκ εἰκότως   "Unreasonably."

ἀναπειθέσθω   Pres., imperative, pass., 3rd sing., from ἀναπείθω.

προσεκείμην   Imperf., ind., mid., from πρόσκειμαι.

μηδ᾽ οὕτως ἡγήσηται ὀρθῶς ἄχθεσθαι "Let him not thus suppose (ἡγήσηται = aor., subj., mid., from ἡγέομαι) that he was justifiably grieved (ἄχθεσθαι = pres., mid., inf., from ἄχθομαι)."

VI.89.4 πᾶν δὲ τὸ ἐναντιούμενον   Participial substantive: "Being completely opposed."

τῷ δυναστεύοντι   "To tyranny."

ὠνόμασται   Perf., ind., pass., from ὀνομάζω.

ἀπ᾽ ἐκείνου   "As a result of that."

τῆς πόλεως δημοκρατουμένης   Gen. absolute.

τὰ πολλά   Acc. of respect.

VI.89.5 τῆς δὲ ὑπαρχούσης ἀκολασίας   Gen. absolute with a concessive force.

ἐπειρώμεθα   Imperf., ind., mid., from πειράω.

ἐπὶ τῶν πάλαι   "In the times of our forefathers."

ἐξήλασαν   Aor., ind., act., from ἐξελαύνω.

VI.89.6 προέστημεν   Aor., ind., act., from προΐστημι.

δικαιοῦντες ἐν ᾧ σχήματι μεγίστη ἡ πόλις ἐτύγχανε καὶ ἐλευθερωτάτη οὖσα καὶ ὅπερ ἐδέξατό τις, τοῦτο ξυνδιασῴζειν   "Thinking it right (δικαιοῦντες) that, in whatever political form (ἐν ᾧ σχήματι) the city happened to be (ἐτύγχανε...οὖσα) greatest and most free and whatever each of us received (ἐδέξατο = aor., ind., mid., from δέχομαι), this [we thought it right] to preserve (ξυνδιασῴζειν)."

καὶ αὐτὸς οὐδενὸς ἂν χεῖρον   "And I myself [should know this] better than anyone."

λοιδορήσαιμι   Aor., opt., act., from λοιδορέω.

μεθιστάναι   Perf., act., inf., from μεθίστημι.

ἀσφαλές   "Safe course of action."

ὑμῶν πολεμίων προσκαθημένων   Gen. absolute (part. is perf., mid., from προσκάθημαι).

☙

VII.42.1-6. By the summer of 413, the situation for the Athenians in Sicily had gone from bad to worse. With Alcibiades out of the picture, the war effort was stymied almost from the beginning—the armada had arrived in Sicily two summers earlier, in 415—by the feckless leadership of Nicias, who had failed to take advantage of the element of surprise and who had been willing, at least initially, to involve the Athenian forces only in some desultory actions, which yielded little in the way of real gains. Another key ingredient to the deterioration of Athens' fortunes was the fact that the Spartans had listened to Alcibiades, who, upon his escape from the Athenian convoy that had been sent to arrest him, counseled the Spartans (in the winter of 415) to sent Gylippus, one of their most capable generals, to help the Syracusans fend off the Athenians. With the help of Gylippus, the Syracusans defeated the Athenians in a naval battle in the Great Harbor (413), a turn of events no one could have predicted. Even before this humiliating defeat, a desperate Nicias, who was forever fretting about the reactions of the Athenian Assembly to any bad reports from Sicily, had asked for and received reinforcements from Athens. Under the leadership of

Demosthenes and Eurymedon, a second fleet almost as large as the first one—a testament to the determination of the Athenians to defeat Syracuse—arrived in Sicily, not long after the battle in the Great Harbor, and proceeded to link up with what was left of the original expedition. The narrative in this chapter shows us how knowledgeable Thucydides was when it came to matters of military movements and strategy (clearly, his *métier*), and it also demonstrates his take on Nicias' shortcomings as a military commander.

[1] ἐν τούτῳ δὲ Δημοσθένης καὶ Εὐρυμέδων ἔχοντες τὴν ἀπὸ τῶν Ἀθηναίων βοήθειαν παραγίγνονται, ναῦς τε τρεῖς καὶ ἑβδομήκοντα μάλιστα ξὺν ταῖς ξενικαῖς καὶ ὁπλίτας περὶ πεντακισχιλίους ἑαυτῶν τε καὶ τῶν ξυμμάχων, ἀκοντιστάς τε βαρβάρους καὶ Ἕλληνας οὐκ ὀλίγους, καὶ σφενδονήτας καὶ τοξότας καὶ τὴν ἄλλην παρασκευὴν ἱκανήν. [2] καὶ τοῖς μὲν Συρακοσίοις καὶ ξυμμάχοις κατάπληξις ἐν τῷ αὐτίκα οὐκ ὀλίγη ἐγένετο, εἰ πέρας μηδὲν ἔσται σφίσι τοῦ ἀπαλλαγῆναι τοῦ κινδύνου, ὁρῶντες οὔτε διὰ τὴν Δεκέλειαν τειχιζομένην οὐδὲν ἧσσον στρατὸν ἴσον καὶ παραπλήσιον τῷ προτέρῳ ἐπεληλυθότα τήν τε τῶν Ἀθηναίων δύναμιν πανταχόσε πολλὴν φαινομένην· τῷ δὲ προτέρῳ στρατεύματι τῶν Ἀθηναίων ὡς ἐκ κακῶν ῥώμη τις ἐγεγένητο. [3] ὁ δὲ Δημοσθένης ἰδὼν ὡς εἶχε τὰ πράγματα καὶ νομίσας οὐχ οἷόν τε εἶναι διατρίβειν οὐδὲ παθεῖν ὅπερ ὁ Νικίας ἔπαθεν (ἀφικόμενος γὰρ τὸ πρῶτον ὁ Νικίας φοβερός, ὡς οὐκ εὐθὺς προσέκειτο ταῖς Συρακούσαις, ἀλλ᾽ ἐν Κατάνῃ διεχείμαζεν, ὑπερώφθη τε καὶ ἔφθασεν αὐτὸν ἐκ τῆς Πελοποννήσου στρατιᾷ ὁ Γύλιππος ἀφικόμενος, ἣν οὐδ᾽ ἂν μετέπεμψαν οἱ Συρακόσιοι, εἰ ἐκεῖνος εὐθὺς ἐπέκειτο· ἱκανοὶ γὰρ αὐτοὶ οἰόμενοι εἶναι ἅμα τ᾽ ἂν ἔμαθον ἥσσους ὄντες καὶ ἀποτετειχισμένοι ἂν ἦσαν, ὥστε μηδ᾽ εἰ μετέπεμψαν ἔτι ὁμοίως ἂν αὐτοὺς ὠφελεῖν), ταῦτα οὖν ἀνασκοπῶν ὁ Δημοσθένης, καὶ γιγνώσκων ὅτι καὶ αὐτὸς ἐν τῷ παρόντι τῇ πρώτῃ ἡμέρᾳ μάλιστα δεινότατός ἐστι τοῖς ἐναντίοις, ἐβούλετο ὅτι τάχος ἀποχρήσασθαι τῇ παρούσῃ τοῦ στρατεύματος ἐκπλήξει. [4] καὶ ὁρῶν τὸ παρατείχισμα τῶν Συρακοσίων, ᾧ ἐκώλυσαν περιτειχίσαι σφᾶς τοὺς Ἀθηναίους, ἁπλοῦν ὂν καί, εἰ κρατήσειέ τις τῶν τε Ἐπιπολῶν τῆς ἀναβάσεως καὶ αὖθις τοῦ ἐν αὐταῖς στρατοπέδου, ῥᾳδίως ἂν αὐτὸ ληφθέν (οὐδὲ γὰρ ὑπομεῖναι ἂν σφᾶς οὐδένα), [5] ἠπείγετο ἐπιθέσθαι τῇ πείρᾳ, καὶ οἱ ξυντομωτάτην ἡγεῖτο διαπολέμησιν· ἢ γὰρ κατορθώσας ἕξειν Συρακούσας, ἢ ἀπάξειν τὴν στρατιὰν καὶ οὐ τρίψεσθαι ἄλλως Ἀθηναίους τε τοὺς ξυστρατευομένους καὶ τὴν ξύμπασαν πόλιν. [6] πρῶτον μὲν οὖν τήν τε γῆν ἐξελθόντες τῶν Συρακοσίων ἔτεμον οἱ Ἀθηναῖοι περὶ τὸν Ἄναπον, καὶ τῷ στρατεύματι ἐπεκράτουν ὥσπερ τὸ πρῶτον, τῷ τε πεζῷ καὶ ταῖς ναυσίν (οὐδὲ γὰρ καθ᾽ ἕτερα οἱ Συρακόσιοι ἀντεπεξῆσαν ὅτι μὴ τοῖς ἱππεῦσι καὶ ἀκοντισταῖς ἀπὸ τοῦ Ὀλυμπιείου).

VII.42.1 ἐν τούτῳ   "Meanwhile."

VII.42.2 ἐν τῷ αὐτίκα   "At once."

εἰ πέρας   The clause expands on κατάπληξις.

τοῦ ἀπαλλαγῆναι   The articular inf. (= aor., pass., from ἀπαλλάσσω) explains πέρας: "An end [consisting of their] being delivered from" or "A final deliverance from."

ὁρῶντες   In an instance of anacoluthon, this part. is in the nom. case, as if "Syracusans and their allies" (at the start of the sentence) were nominative, as well.

τειχιζομένην   Pres., pass., part., from τειχίζω.

ἐπεληλυθότα   Perf., act., part., from ἐπέρχομαι.

ὡς ἐκ κακῶν   "Despite their earlier plight."

ἐγεγένητο   Pluperf., ind., mid., from γίγνομαι.

VII.42.3 οὐχ οἷόν τε εἶναι   "It was not to his advantage."

ἀφικόμενος γὰρ τὸ πρῶτον ὁ Νικίας φοβερός   "Nicias, upon his arrival (ἀφικόμενος = aor., mid., part., from ἀφικνέομαι), [being] feared at first."

προσέκειτο   Imperf., ind., mid., from πρόσκειμαι.

ὑπερώφθη   Aor., ind., pass., from ὑπεροράω.

ἔφθασεν   Aor., ind., act., from φθάνω.

ἦν οὐδ' ἂν μετέπεμψαν οἱ Συρακόσιοι, εἰ ἐκεῖνος εὐθὺς ἐπέκειτο   A past, contrary to fact, conditional sentence.

καὶ ἀποτετειχισμένοι ἂν ἦσαν   "Until they had been walled in (ἀποτετειχισμένοι = perf. pass., part., from ἀποτειχίζω)."

μετέπεμψαν   "Had sent away [for help]."

ὠφελεῖν   Pres., act., inf., from ὠφελέω: "It would not have helped them [the Syracusans]."

ταῦτα οὖν ἀνασκοπῶν ὁ Δημοσθένης   This phrase is needed for the sake of continuity, after the long interruption.

ὅτι τάχος = ὡς τάχιστα.

ἀποχρήσασθαι   Aor., mid., inf., from ἀποχράω.

VII.42.4 ἐκώλυσαν   Aor., ind., act., from κωλύω.

κρατήσειε   Aor., opt., act., from κρατέω (+ gen.).

ἐν αὐταῖς   Refers to the Epipolae.

ληφθέν   Aor., ind., part., from λαμβάνω.

οὐδὲ γὰρ ὑπομεῖναι ἂν σφᾶς οὐδένα   Acc./inf (ὑπομεῖναι = aor., act., of ὑπομένω) construction, because of ὁρῶν.

VII.42.5 ἠπείγετο   Imperf., ind., pass., from ἐπείγω.

ἐπιθέσθαι   Aor., mid., inf., from ἐπιτίθημι.

ἡγεῖτο   Imperf., ind., mid., from ἡγέομαι.

κατορθώσας   Aor., act., part., from κατορθόω.

ἕξειν…ἀπάξειν…τρίψεσθαι   Trans. with ἡγεῖτο.

VII.42.6 ἔτεμον   Aor., ind., act., from τέμνω.

ἀντεπεξῇσαν   Imperf., ind., act., from ἀντεπέξειμι.

೦੪

VII.43.1-7. Thucydides' sources for this phase of the war may have been the actual participants in the Sicilian campaign, as we have in this chapter a minutely detailed account of what happened when the relief forces of Demosthenes ascended the Epipolae (a strategically situated, flat-topped hill to the west of Syracuse) and launched an assault on the unwary defenders. Nicias receded into the background, for a while at least, as his only role in the Battle of the Epipolae was to stay behind and perform guard duty. After some initial successes in the Battle, the Athenians ran into some serious resistance from a Boeotian unit that not only put a stop to the advance of the Athenians but actually routed them. The irony of a resolute and critical stand by a Boeotian force against the enemy would not have been lost on Thucydides' original readers, who would have been well aware of the Boeotians' reputation from the time of the Persian Wars for medizing and surrendering at the first opportunity.

[1] ἔπειτα μηχαναῖς ἔδοξε τῷ Δημοσθένει πρότερον ἀποπειρᾶσαι τοῦ παρατειχίσματος. ὡς δὲ αὐτῷ προσαγαγόντι κατεκαύθησάν τε ὑπὸ τῶν ἐναντίων ἀπὸ τοῦ τείχους ἀμυνομένων αἱ μηχαναὶ καὶ τῇ ἄλλῃ στρατιᾷ πολλαχῇ προσβάλλοντες ἀπεκρούοντο, οὐκέτι ἐδόκει διατρίβειν, ἀλλὰ πείσας τόν τε Νικίαν καὶ τοὺς ἄλλους ξυνάρχοντας, ὡς ἐπενόει, τὴν ἐπιχείρησιν τῶν Ἐπιπολῶν ἐποιεῖτο. [2] καὶ ἡμέρας μὲν ἀδύνατα ἐδόκει εἶναι λαθεῖν προσελθόντας τε καὶ ἀναβάντας, παραγγείλας δὲ πέντε ἡμερῶν σιτία καὶ τοὺς λιθολόγους καὶ τέκτονας πάντας λαβὼν καὶ ἄλλην παρασκευὴν τοξευμάτων τε καὶ ὅσα ἔδει, ἢν κρατῶσι, τειχίζοντας ἔχειν, αὐτὸς μὲν ἀπὸ πρώτου ὕπνου καὶ Εὐρυμέδων καὶ Μένανδρος ἀναλαβὼν τὴν πᾶσαν στρατιὰν ἐχώρει πρὸς τὰς Ἐπιπολάς, Νικίας δὲ ἐν τοῖς τείχεσιν ὑπελέλειπτο. [3] καὶ ἐπειδὴ ἐγένοντο πρὸς αὐταῖς κατὰ τὸν Εὐρύηλον, ᾗπερ καὶ ἡ προτέρα στρατιὰ τὸ πρῶτον ἀνέβη, λανθάνουσί τε τοὺς φύλακας τῶν Συρακοσίων, καὶ προσβάντες τὸ τείχισμα ὃ ἦν αὐτόθι τῶν Συρακοσίων αἱροῦσι καὶ ἄνδρας τῶν φυλάκων ἀποκτείνουσιν. [4] οἱ δὲ πλείους διαφυγόντες εὐθὺς πρὸς τὰ στρατόπεδα, ἃ ἦν ἐπὶ τῶν Ἐπιπολῶν τρία ἐν προτειχίσμασιν, ἐν μὲν τῶν Συρακοσίων, ἐν δὲ τῶν ἄλλων Σικελιωτῶν, ἐν δὲ τῶν ξυμμάχων, ἀγγέλλουσι τὴν ἔφοδον καὶ τοῖς ἑξακοσίοις τῶν Συρακοσίων, οἳ καὶ πρῶτοι κατὰ τοῦτο τὸ μέρος τῶν Ἐπιπολῶν φύλακες ἦσαν, ἔφραζον. [5] οἱ δ᾽ ἐβοήθουν τ᾽

εὐθύς, καὶ αὐτοῖς ὁ Δημοσθένης καὶ οἱ Ἀθηναῖοι ἐντυχόντες ἀμυνομένους προθύμως ἔτρεψαν. καὶ αὐτοὶ μὲν εὐθὺς ἐχώρουν ἐς τὸ πρόσθεν, ὅπως τῇ παρούσῃ ὁρμῇ τοῦ περαίνεσθαι ὧν ἕνεκα ἦλθον μὴ βραδεῖς γένωνται· ἄλλοι δὲ ἀπὸ τῆς πρώτης τὸ παρατείχισμα τῶν Συρακοσίων οὐχ ὑπομενόντων τῶν φυλάκων ᾕρουν τε καὶ τὰς ἐπάλξεις ἀπέσυρον. [6] οἱ δὲ Συρακόσιοι καὶ οἱ ξύμμαχοι καὶ ὁ Γύλιππος καὶ οἱ μετ' αὐτοῦ ἐβοήθουν ἐκ τῶν προτειχισμάτων, καὶ ἀδοκήτου τοῦ τολμήματος σφίσιν ἐν νυκτὶ γενομένου προσέβαλόν τε τοῖς Ἀθηναίοις ἐκπεπληγμένοι καὶ βιασθέντες ὑπ' αὐτῶν τὸ πρῶτον ὑπεχώρησαν. [7] προϊόντων δὲ τῶν Ἀθηναίων ἐν ἀταξίᾳ μᾶλλον ἤδη ὡς κεκρατηκότων καὶ βουλομένων διὰ παντὸς τοῦ μήπω μεμαχημένου τῶν ἐναντίων ὡς τάχιστα διελθεῖν, ἵνα μὴ ἀνέντων σφῶν τῆς ἐφόδου αὖθις ξυστραφῶσιν, οἱ Βοιωτοὶ πρῶτοι αὐτοῖς ἀντέσχον καὶ προσβαλόντες ἔτρεψάν τε καὶ ἐς φυγὴν κατέστησαν.

VII.43.1   ἀποπειρᾶσαι   Aor., act., part., from ἀποπειράω.

ΚατεκαύθησάΝ   Aor., ind., pass., from κατακαίω.

ἀμυνομένων   Pres., mid., part., from ἀμύνω.

ἀπεκρούοντο   Imperf., ind., pass., from ἀποκρούω.

ὡς ἐπενόει   "As he had been planning all along."

τῶνἘπιπολῶν   A plateau or a mesa to the west of Syracuse; it is surrounded by an escarpment almost all the way around and overlooked the ancient city of Syracuse.

VII.43.2   ἡμέρας   Used adverbially: "By day."

λαθεῖν προσελθόντας τε καὶ ἀναβάντας   The two participles express the action; trans. λαθεῖν (= aor., act., from λανθάνω) as an adverb: "Secretly."

παραγγείλας   Aor., act., part., from παραγγέλλω.

ἡμερῶν   Gen. of measure.

ὅσα ἔδει...τειχίζοντας ἔχειν   "Whatever was necessary for them to have [while] building a wall."

ὑπελέλειπτο   Pluperf., ind., pass., from ὑπολείπω.

VII.43.3   πρὸς αὐταῖς   Referring to the Epipolae.

κατὰ τὸν Εὐρύηλον   A natural entrance-way at the west end of the Epipolae, where the plateau is at its narrowest and most vulnerable.

ᾗπερ καὶ ἡ προτέρα στρατιὰ τὸ πρῶτον ἀνέβη   That is, about a year earlier, in the spring of 414.

VII.43.5   ἐβοήθουν   Imperf., ind., act., from βοηθέω.

αὐτοῖς   Trans. with ἐντυχόντες.

ἀμυνομένους   Trans. with ἔτρεψαν.

ἐς τὸ πρόσθεν   "Into that which was in front," that is, "Ahead."

τοῦ περαίνεσθαι   Articular inf. (pres., act., from περαινέω); trans. with βραδεῖς.

ὧν ἕνεκα ἦλθον   Supply "those things" (= implied obj. of τοῦ περαίνεσθαι) as the antecedent for the relative pronoun.

οὐχ ὑπομενόντων τῶν φυλάκων   Gen. absolute construction.

ᾕρουν   Imperf., ind., act., from αἱρέω.

ἀπέσυρον   Imperf., ind., act., from ἀποσύρω.

VII.43.6   ἀδοκήτου τοῦ τολμήματος σφίσιν ἐν νυκτὶ γενομένου   Gen. absolute construction.

ἐκπεπληγμένοι   Perf., pass., part., from ἐκπλήγνυμι.

βιασθέντες   Aor., pass., part., from βιάζω.

VII.43.7   προϊόντων δὲ τῶν Ἀθηναίων ἐν ἀταξίᾳ μᾶλλον   Gen. absolute construction.

ἤδη ὡς κεκρατηκότων καὶ βουλομένων   The two participles (perf., act., from κρατέω and pres., mid., from βούλομαι) modify Ἀθηναίων: "As though they had already been victorious…."

διὰ παντὸς τοῦ μήπω μεμαχημένου τῶν ἐναντίων   "Through every part of the enemy not yet engaged in battle (= perf., mid., part., from μάχομαι)." Trans. with διελθεῖν.

ἀνέντων σφῶν τῆς ἐφόδου   Gen. absolute construction; σφῶν refers to the Athenians; ἀνέντων (= aor., act., part., from ἀνίημι) takes the gen. in τῆς ἐφόδου.

ξυστραφῶσιν   Aor., subj., pass., from συστρέφω.

κατέστησαν   Aor., ind., act., from καθίστημι.

 C3

VII.44.1-8. In the same way that Thucydides' account of the Plague may be regarded as the gold standard for all plague narratives, his story of the Battle of the Epipolae may be viewed as a perfect model for writers who seek to capture the confusion of warfare. One very noticeable feature of the narrative here is the sudden change of fortune that the relief forces of Demosthenes experienced in this night battle: all that was needed was for the Boeotians to make a stand (as we saw at the end of Chapter 43). The plight of the Athenians in this passage seems to evoke a touch of the "us vs. them" mentality in our author, as he appears to write with a greater-than-usual degree of sympathy towards the Athenians. There is even some incidental "gallows humor" in this passage, as Thucydides describes the confusion over the passwords and paeans and the horribly tragic consequences of this confusion. The "fog of war" indeed!

[1] καὶ ἐνταῦθα ἤδη ἐν πολλῇ ταραχῇ καὶ ἀπορίᾳ ἐγίγνοντο οἱ Ἀθηναῖοι, ἣν οὐδὲ πυθέσθαι ῥᾴδιον ἦν οὐδ᾽ ἀφ᾽ ἑτέρων ὅτῳ τρόπῳ ἕκαστα ξυνηνέχθη. ἐν μὲν γὰρ ἡμέρᾳ σαφέστερα μέν, ὅμως δὲ οὐδὲ ταῦτα οἱ παραγενόμενοι πάντα πλὴν τὸ καθ᾽ ἑαυτὸν ἕκαστος μόλις οἶδεν· ἐν δὲ νυκτομαχίᾳ, ἣ μόνη δὴ στρατοπέδων μεγάλων ἔν γε τῷδε τῷ πολέμῳ ἐγένετο, πῶς ἄν τις σαφῶς τι ᾔδει; [2] ἦν μὲν γὰρ σελήνη

λαμπρά, ἑώρων δὲ οὕτως ἀλλήλους ὡς ἐν σελήνῃ εἰκὸς τὴν μὲν ὄψιν τοῦ σώματος προορᾶν, τὴν δὲ γνῶσιν τοῦ οἰκείου ἀπιστεῖσθαι. ὁπλῖται δὲ ἀμφοτέρων οὐκ ὀλίγοι ἐν στενοχωρίᾳ ἀνεστρέφοντο. [3] καὶ τῶν Ἀθηναίων οἱ μὲν ἤδη ἐνικῶντο, οἱ δ᾽ ἔτι τῇ πρώτῃ ἐφόδῳ ἀήσσητοι ἐχώρουν. πολὺ δὲ καὶ τοῦ ἄλλου στρατεύματος αὐτοῖς τὸ μὲν ἄρτι ἀνεβεβήκει, τὸ δ᾽ ἔτι προσανῄει, ὥστ᾽ οὐκ ἠπίσταντο πρὸς ὅ τι χρὴ χωρῆσαι. ἤδη γὰρ τὰ πρόσθεν τῆς τροπῆς γεγενημένης ἐτετάρακτο πάντα καὶ χαλεπὰ ἦν ὑπὸ τῆς βοῆς διαγνῶναι. [4] οἵ τε γὰρ Συρακόσιοι καὶ οἱ ξύμμαχοι ὡς κρατοῦντες παρεκελεύοντό τε κραυγῇ οὐκ ὀλίγῃ χρώμενοι, ἀδύνατον ὂν ἐν νυκτὶ ἄλλῳ τῳ σημῆναι, καὶ ἅμα τοὺς προσφερομένους ἐδέχοντο· οἵ τε Ἀθηναῖοι ἐζήτουν τε σφᾶς αὐτοὺς καὶ πᾶν τὸ ἐξ ἐναντίας, καὶ εἰ φίλιον εἴη τῶν ἤδη πάλιν φευγόντων, πολέμιον ἐνόμιζον, καὶ τοῖς ἐρωτήμασι τοῦ ξυνθήματος πυκνοῖς χρώμενοι διὰ τὸ μὴ εἶναι ἄλλῳ τῳ γνωρίσαι σφίσι τε αὐτοῖς θόρυβον πολὺν παρεῖχον ἅμα πάντες ἐρωτῶντες καὶ τοῖς πολεμίοις σαφὲς αὐτὸ κατέστησαν· [5] τὸ δ᾽ ἐκείνων οὐχ ὁμοίως ἠπίσταντο διὰ τὸ κρατοῦντας αὐτοὺς καὶ μὴ διεσπασμένους ἧσσον ἀγνοεῖσθαι, ὥστ᾽ εἰ μὲν ἐντύχοιέν τισι κρείσσους ὄντες τῶν πολεμίων, διέφευγον αὐτοὺς ἅτε ἐκείνων ἐπιστάμενοι τὸ ξύνθημα, εἰ δ᾽ αὐτοὶ μὴ ἀποκρίνοιντο, διεφθείροντο. [6] μέγιστον δὲ καὶ οὐχ ἥκιστα ἔβλαψε καὶ ὁ παιανισμός· ἀπὸ γὰρ ἀμφοτέρων παραπλήσιος ὢν ἀπορίαν παρεῖχεν. οἵ τε γὰρ Ἀργεῖοι καὶ οἱ Κερκυραῖοι καὶ ὅσον Δωρικὸν μετ᾽ Ἀθηναίων ἦν, ὁπότε παιανίσειαν, φόβον παρεῖχε τοῖς Ἀθηναίοις, οἵ τε πολέμιοι ὁμοίως. [7] ὥστε τέλος ξυμπεσόντες αὑτοῖς κατὰ πολλὰ τοῦ στρατοπέδου, ἐπεὶ ἅπαξ ἐταράχθησαν, φίλοι τε φίλοις καὶ πολῖται πολίταις, οὐ μόνον ἐς φόβον κατέστησαν, ἀλλὰ καὶ ἐς χεῖρας ἀλλήλοις ἐλθόντες μόλις ἀπελύοντο. [8] καὶ διωκόμενοι κατά τε τῶν κρημνῶν πολλοὶ ῥίπτοντες ἑαυτοὺς ἀπώλλυντο, στενῆς οὔσης τῆς ἀπὸ τῶν Ἐπιπολῶν πάλιν καταβάσεως, καὶ ἐπειδὴ ἐς τὸ ὁμαλὸν οἱ σῳζόμενοι ἄνωθεν καταβαῖεν, οἱ μὲν πολλοὶ αὐτῶν καὶ ὅσοι ἦσαν τῶν προτέρων στρατιωτῶν ἐμπειρίᾳ μᾶλλον τῆς χώρας ἐς τὸ στρατόπεδον διέφυγγανον, οἱ δὲ ὕστερον ἥκοντες εἰσὶν οἳ διαμαρτόντες τῶν ὁδῶν κατὰ τὴν χώραν ἐπλανήθησαν· οὕς, ἐπειδὴ ἡμέρα ἐγένετο, οἱ ἱππῆς τῶν Συρακοσίων περιελάσαντες διέφθειραν.

VII.44.1 πυθέσθαι ῥᾴδιον ἦν   Impersonal construction: "It was not easy to find out (πυθέσθαι = aor., mid., inf., from πυνθάνομαι).

ξυνηνέχθη   Aor., ind., pass., from συμφέρω.

σαφέστερα   "Things are clearer."

πλὴν τὸ καθ᾽ ἑαυτὸν   "Except for that [which is] right next to him."

ᾔδει   Pluperf., ind., act., from οἶδα.

VII.44.2 ἑώρων δὲ οὕτως ἀλλήλους ὡς ἐν σελήνῃ εἰκὸς τὴν μὲν ὄψιν τοῦ σώματος προορᾶν, τὴν δὲ γνῶσιν τοῦ οἰκείου ἀπιστεῖσθαι   "They saw (ἑώρων = imperf., ind., act., from ὁράω) each other in such a way, as is likely to happen in the moonlight (ὡς ἐν σελήνῃ εἰκὸς), so that they saw the outline of a body but did not have any confidence in (ἀπιστεῖσθαι = pres., mid., inf., from ἀπιστέω) their recognition of a comrade."

ἀνεστρέφοντο   Imperf., ind., pass., from ἀναστρέφω.

VII.44.3 τοῦ ἄλλου στρατεύματος   "Of the remainder of the army."

ἀνεβεβήκει   Pluperf., ind., act., from ἀναβαίνω.

προσανῄει   Imperf., ind., act., from προσάνειμι.

ἠπίσταντο   Imperf., ind., mid., from ἐπίσταμαι.

χρή   "It was necessary."

τὰ πρόσθεν   "The troops in the front."

τῆς τροπῆς γεγενημένης   Gen. absolute.

ἐτετάρακτο   Pluperf., ind., pass., from ταράσσω.

πάντα   Take with ἐτετάρακτο and trans. as an adverb: "Completely."

διαγνῶναι   Aor., act., inf., from διαγιγνώσκω.

VII.44.4 χρώμενοι   Pres., mid., part., from χράομαι (+ dat.).

ἀδύνατον ὂν   Acc. absolute construction: "Since it was impossible."

σημῆναι   Aor., act., inf., from σημαίνω.

τοὺς προσφερομένους   "Those attacking."

ἐδέχοντο   Imperf., ind., mid., from δέχομαι.

ἐζήτουν   Imperf., ind., act., from ζητέω.

τοῖς ἐρωτήμασι τοῦ ξυνθήματος πυκνοῖς χρώμενοι   "Making frequent demands for the password."

διὰ τὸ μὴ εἶναι   Articular inf. construction: "On account of it not being possible."

αὐτό   Referring to the password.

κατέστησαν   Aor., ind., act., from καθίστημι.

VII.44.5 τὸ δ᾽ ἐκείνων   That is, the password of the Syracusans and their allies.

οὐχ ὁμοίως ἠπίσταντο   Subject is "the Athenians."

διὰ τὸ κρατοῦντας αὐτοὺς καὶ μὴ διεσπασμένους ἧσσον ἀγνοεῖσθαι   Articular inf. construction. The two participles (= pres., act., from κρατέω, and perf., pass., from διασπάω) modify αὐτούς, which is the acc. subj. of ἀγνοεῖσθαι (= pres., mid., inf., from ἀγνοέω); they help explain why the Syracusans did not have to ask for their own password as often.

ἐντύχοιεν   Aor., opt., act., from ἐντυγχάνω (+ dat.); subject is "the Athenians."

κρείσσους ὄντες   With a concessive force: "Although they were stronger."

διέφευγον   The subject is οἱ πολέμιοι (i.e., the Syracusans).

VII.44.6 οἵ τε γὰρ Ἀργεῖοι…. The paean (war chant) of some of Athens' allies was apparently very much like that of the Syracusans and their allies.

παιανίσειαν Aor., opt., act., from παιανίζω.

παρεῖχε Subject is "The singing of the paean."

οἵ τε πολέμιοι ὁμοίως An elliptical sentence: "And when the enemy sang their paeans, the Athenians were similarly terrified."

VII.44.7 ξυμπεσόντες Aor., act., part., from συμπίπτω.

ἐταράχθησαν Aor., ind., pass., from ταράσσω.

ἐς χεῖρας ἀλλήλοις ἐλθόντες "Coming to blows with one another."

ἀπελύοντο Imperf., ind., pass., from ἀπολύω.

VII.44.8 στενῆς οὔσης τῆς ἀπὸ τῶν Ἐπιπολῶν πάλιν καταβάσεως Gen. absolute construction.

τὸ ὁμαλὸν "The level ground [below the Epipolae]."

καταβαῖεν Aor., opt., act., from καταβαίνω.

ἐμπειρίᾳ Trans. with τῆς χώρας.

διεφύγγανον Imperf., ind., act., from διαφυγγάνω (= διαφεύγω).

διαμαρτόντες Takes the gen. τῶν ὁδῶν

ἐπλανήθησαν Aor., ind., pass., from πλανάω.

περιελάσαντες Aor., act., part., from περιελαύνω.

☙

VII.70.1-8. After the debacle of the Night Battle of the Epipolae, the Athenian generals had only a few choices available to them. One of these, to retreat in relative safety on land, was denied to them by a lunar eclipse and Nicias' refusal to do anything until 27 days had passed (cf. VII.50). After this delay, the decision was finally made to risk one last battle in the Great Harbor...the subject of this chapter. Its importance is in part due to the treasure trove of information it contains concerning the techniques of trireme warfare. Thucydides, never one to pass up an opportunity to indulge in a kind of Sophoclean irony, draws his readers' special attention to the fact that the very circumstances which had won the day for the Athenians back in 480, at the Battle of Salamis, would be their undoing in Syracuse. Also ironic in this passage is Thucydides' use of οἰκειοτέραν, a rare word, which inevitably recalls the Funeral Oration, where Pericles had boasted that the whole world was within the "comfort zone" (οἰκειοτέρα) of the cosmopolitan Athenians. Finally, one may note the rhetorical brilliance of the last two words of this section, φεύγοντας φεύγουσιν.

[1] προεξαγαγόμενοι δὲ οἱ Συρακόσιοι καὶ οἱ ξύμμαχοι ναυσὶ παραπλησίαις τὸν ἀριθμὸν καὶ πρότερον, κατά τε τὸν ἔκπλουν μέρει αὐτῶν ἐφύλασσον καὶ κατὰ τὸν ἄλλον κύκλῳ λιμένα, ὅπως πανταχόθεν ἅμα προσπίπτοιεν τοῖς Ἀθηναίοις, καὶ ὁ πεζὸς ἅμα αὐτοῖς παρεβοήθει ᾗπερ καὶ αἱ νῆες κατίσχοιεν. ἦρχον δὲ τοῦ ναυτικοῦ τοῖς Συρακοσίοις Σικανὸς μὲν καὶ Ἀγάθαρχος, κέρας ἑκάτερος τοῦ παντὸς ἔχων,

Πυθὴν δὲ καὶ οἱ Κορίνθιοι τὸ μέσον. [2] ἐπειδὴ δὲ οἱ ἄλλοι Ἀθηναῖοι προσέμισγον τῷ ζεύγματι, τῇ μὲν πρώτῃ ῥύμῃ ἐπιπλέοντες ἐκράτουν τῶν τεταγμένων νεῶν πρὸς αὐτῷ καὶ ἐπειρῶντο λύειν τὰς κλῄσεις· μετὰ δὲ τοῦτο πανταχόθεν σφίσι τῶν Συρακοσίων καὶ ξυμμάχων ἐπιφερομένων οὐ πρὸς τῷ ζεύγματι ἔτι μόνον ἡ ναυμαχία, ἀλλὰ καὶ κατὰ τὸν λιμένα ἐγίγνετο, καὶ ἦν καρτερὰ καὶ οἵα οὐχ ἑτέρα τῶν προτέρων. [3] πολλὴ μὲν γὰρ ἑκατέροις προθυμία ἀπὸ τῶν ναυτῶν ἐς τὸ ἐπιπλεῖν ὁπότε κελευσθείη ἐγίγνετο, πολλὴ δὲ ἡ ἀντιτέχνησις τῶν κυβερνητῶν καὶ ἀγωνισμὸς πρὸς ἀλλήλους· οἵ τε ἐπιβάται ἐθεράπευον, ὁπότε προσπέσοι ναῦς νηί, μὴ λείπεσθαι τὰ ἀπὸ τοῦ καταστρώματος τῆς ἄλλης τέχνης· πᾶς τέ τις ἐν ᾧ προσετέτακτο αὐτὸς ἕκαστος ἠπείγετο πρῶτος φαίνεσθαι. [4] ξυμπεσουσῶν δὲ ἐν ὀλίγῳ πολλῶν νεῶν (πλεῖσται γὰρ δὴ αὗται ἐν ἐλαχίστῳ ἐναυμάχησαν· βραχὺ γὰρ ἀπέλιπον ξυναμφότεραι διακόσιαι γενέσθαι) αἱ μὲν ἐμβολαὶ διὰ τὸ μὴ εἶναι τὰς ἀνακρούσεις καὶ διέκπλους ὀλίγαι ἐγίγνοντο, αἱ δὲ προσβολαί, ὡς τύχοι ναῦς νηὶ προσπεσοῦσα ἢ διὰ τὸ φεύγειν ἢ ἄλλῃ ἐπιπλέουσα, πυκνότεραι ἦσαν. [5] καὶ ὅσον μὲν χρόνον προσφέροιτο ναῦς, οἱ ἀπὸ τῶν καταστρωμάτων τοῖς ἀκοντίοις καὶ τοξεύμασι καὶ λίθοις ἀφθόνως ἐπ᾿ αὐτὴν ἐχρῶντο· ἐπειδὴ δὲ προσμείξειαν, οἱ ἐπιβάται ἐς χεῖρας ἰόντες ἐπειρῶντο ταῖς ἀλλήλων ναυσὶν ἐπιβαίνειν. [6] ξυνετύγχανέ τε πολλαχοῦ διὰ τὴν στενοχωρίαν τὰ μὲν ἄλλοις ἐμβεβληκέναι, τὰ δὲ αὐτοὺς ἐμβεβλῆσθαι, δύο τε περὶ μίαν καὶ ἔστιν ᾗ καὶ πλείους ναῦς κατ᾿ ἀνάγκην ξυνηρτῆσθαι, καὶ τοῖς κυβερνήταις τῶν μὲν φυλακήν, τῶν δ᾿ ἐπιβουλήν, μὴ καθ᾿ ἓν ἕκαστον, κατὰ πολλὰ δὲ πανταχόθεν, περιεστάναι, καὶ τὸν κτύπον μέγαν ἀπὸ πολλῶν νεῶν ξυμπιπτουσῶν ἔκπληξίν τε ἅμα καὶ ἀποστέρησιν τῆς ἀκοῆς ὧν οἱ κελευσταὶ φθέγγοιντο παρέχειν. [7] πολλὴ γὰρ δὴ ἡ παρακέλευσις καὶ βοὴ ἀφ᾿ ἑκατέρων τοῖς κελευσταῖς κατά τε τὴν τέχνην καὶ πρὸς τὴν αὐτίκα φιλονικίαν ἐγίγνετο, τοῖς μὲν Ἀθηναίοις βιάζεσθαί τε τὸν ἔκπλουν ἐπιβοῶντες καὶ περὶ τῆς ἐς τὴν πατρίδα σωτηρίας νῦν, εἴ ποτε καὶ αὖθις, προθύμως ἀντιλαβέσθαι, τοῖς δὲ Συρακοσίοις καὶ ξυμμάχοις καλὸν εἶναι κωλῦσαί τε αὐτοὺς διαφυγεῖν καὶ τὴν οἰκείαν ἑκάστους πατρίδα νικήσαντας ἐπαυξῆσαι. [8] καὶ οἱ στρατηγοὶ προσέτι ἑκατέρων, εἴ τινά που ὁρῷεν μὴ κατ᾿ ἀνάγκην πρύμναν κρουόμενον, ἀνακαλοῦντες ὀνομαστὶ τὸν τριήραρχον ἠρώτων, οἱ μὲν Ἀθηναῖοι εἰ τὴν πολεμιωτάτην γῆν οἰκειοτέραν ἤδη τῆς οὐ δι᾿ ὀλίγου πόνου κεκτημένης θαλάσσης ἡγούμενοι ὑποχωροῦσιν, οἱ δὲ Συρακόσιοι εἰ οὓς σαφῶς ἴσασι προθυμουμένους Ἀθηναίους παντὶ τρόπῳ διαφυγεῖν, τούτους αὐτοὶ φεύγοντας φεύγουσιν.

VII.70.1 προεξαγαγόμενοι   Perf., mid., part., from προεξάγω: "Having put out to sea."

κατά τε τὸν ἔκπλουν   Refers to the exit or entrance to the Great Harbor, which the Syracusans had managed to close off with a barrier consisting of ships that were chained together.

αἱ νῆες   The Athenian ships.

κατίσχοιεν   Pres., opt., act., from κατίσχω: "Might come to shore."

VII.70.2 προσέμισγον   Imperf., ind., act., from προσμείγνυμι: "Approached" (+ dat.).

τῷ ζεύγματι   The "barrier" that sealed off the exit/entrance to the Great Harbor.

τεταγμένων   Perf., pass., part., from τάσσω.

τῶν Συρακοσίων καὶ ξυμμάχων ἐπιφερομένων   Gen. absolute construction.

καρτερὰ καὶ οἷα οὐχ ἑτέρα τῶν προτέρων   "And it was more violent and unlike any of the previous ones."

VII.70.3 ἐς τὸ ἐπιπλεῖν   Articular inf.; it explains the purpose of the προθυμία.

κελευσθείη   Aor., opt., pass., from κελεύω; subject is τὸ ἐπιπλεῖν.

προσπέσοι   Aor., opt., act., from προσπίπτω.

μὴ λείπεσθαι τὰ ἀπὸ τοῦ καταστρώματος τῆς ἄλλης τέχνης   Indirect statement construction after ἐθεράπευον. τὰ ἀπὸ τοῦ καταστρώματος ("actions on the deck of the ship") is the acc. subject of the inf. λείπεσθαι (pres., pass., from λείπω).

προσετέτακτο   Pluperf., ind., pass., from προστάσσω.

ἠπείγετο   Imperf., ind., mid., from ἐπείγω.

VII.70.4 ξυμπεσουσῶν δὲ ἐν ὀλίγῳ πολλῶν νεῶν   Gen. absolute construction.

βραχὺ γὰρ ἀπέλιπον...γενέσθαι   "They [the ships] fell short of adding up to...."

διὰ τὸ μὴ εἶναι τὰς ἀνακρούσεις καὶ διέκπλους   Articular inf. construction. The expression τὰς ἀνακρούσεις καὶ διέκπλους refers to two tactics of trireme warfare: the former is the action ("back water") taken by a ship to avoid sinking along with the ship it just attacked; the latter occurred when, instead of making a frontal attack, a ship would "sail through" the enemy line and attack from behind.

αἱ...προσβολαί   Accidental collisions [between ships].

ὡς τύχοι ναῦς νηὶ προσπεσοῦσα   The action in this clause is signified by the participle (= aor., act., from προσπίπτω), while the verb (= aor., opt., act., from τυγχάνω) imparts a sense of the haphazard to the action. "As a ship would happen to attack [another] ship."

ἢ διὰ τὸ φεύγειν ἢ ἄλλῃ ἐπιπλέουσα   Supply νηί with ἄλλη. In an instance of *variatio*, the two causes of the frequent collisions of the ships are explained by an articular inf. construction and by a participial phrase.

VII.70.5 ὅσον μὲν χρόνον προσφέροιτο ναῦς   "As long as a ship would be on the attack."

οἱ ἀπὸ τῶν καταστρωμάτων   These were men from the decks of the opposing ships.

προσμείξειαν   Aor., opt., act., from προσμείγνυμι.

ἐς χεῖρας ἰόντες   "Coming to blows."

VII.70.6 τὰ μὲν ἄλλοις ἐμβεβληκέναι, τὰ δὲ αὐτοὺς ἐμβεβλῆσθαι   Two complementary inf. constructions with ξυνετύγχανε. The first, with the perf., act., inf. of ἐμβάλλω, means "Ramming other ships," while the second, with the perf., pass., inf. of the same verb, means "Their own ships being rammed."

καὶ ἔστιν ᾗ   "There were occasions when."

ξυνηρτῆσθαι   Perf., pass., inf., from συναρτάω.

καὶ τοῖς κυβερνήταις…περιεστάναι   Trans. with ξυνετύγχανε.

τῶν μὲν φυλακήν, τῶν δ' ἐπιβουλήν   Meaning the defensive and offensive measures the captains had to attend to (περιεστάναι).

τὸν κτύπον…παρέχειν   Continue to trans. with ξυνετύγχανε.

ἀποστέρησιν…παρέχειν   A periphrasis: "Resulted in a deprival of…."

οἱ κελευσταί   "The boatswains."

VII.70.7 πρὸς τὴν αὐτίκα φιλονικίαν   N.B. the force of the adverb: "Depending on the momentary prospect for victory."

τοῖς μὲν Ἀθηναίοις βιάζεσθαί τε τὸν ἔκπλουν ἐπιβοῶντες   In an instance of anacoluthon, the construction changes from παρακέλευσις καὶ βοή…ἐγίγνετο to a participial construction with ἐπιβοῶντες modifying "they" (surely referring to the boatswains).

βιάζεσθαί τε τὸν ἔκπλουν   "Force a way out [of the Harbor]."

περὶ τῆς ἐς τὴν πατρίδα σωτηρίας…ἀντιλαβέσθαι   This was the second exhortation made to the Athenians.

νῦν, εἴ ποτε καὶ αὖθις   Equivalent idiom in English is "Now or never."

κωλῦσαί   Aor., act., inf., from κωλύω.

αὐτοὺς διαφυγεῖν   The pronoun refers to the Athenians.

ἐπαυξῆσαι   Aor., act., inf., from ἐπαυξάνω.

VII.70.8 ὁρῷεν   Pres., opt., act., from ὁράω.

μὴ κατ' ἀνάγκην   "Not under duress" or "Voluntarily."

πρύμναν κρουόμενον   A nautical term: "Backing water."

ἠρώτων   Imperf., ind., act., from ἐρωτάω.

οἱ μὲν Ἀθηναῖοι…οἱ δὲ Συρακόσιοι   οἱ στρατηγοί, the subject of ἠρώτων, is further specified as "The Athenian commanders on the one side" and "The Syracusan commanders on the other." Supply "Demanding to know" with both.

οἰκειοτέραν   "More native" or "More homelike."

τῆς οὐ δι' ὀλίγου πόνου κεκτημένης θαλάσσης   Gen. of comparison construction. The part. is perf., pass., from κτάομαι.

ἡγούμενοι   "Considering."

ἴσασι   Perf., ind., act., 3rd pl., from οἶδα.

εἰ οὓς σαφῶς ἴσασι προθυμουμένους Ἀθηναίους παντὶ τρόπῳ διαφυγεῖν, τούτους αὐτοὶ φεύγοντας φεύγουσιν.   An "if" clause and a relative clause are interwoven here.

CB

VII.71.1-7. This passage is deservedly famous for its apt descriptions of the thoughts and feelings of the combatants during the final stages of the Battle of the Great Harbor. It is of a piece with other passages in the *Histories*, like the one in the Funeral Oration, where we are invited to experience the last thoughts of a soldier about to die in battle, passages which confirm Thucydides' abilities as a psychological historian. Perhaps the most unique part of this chapter is the description of the men who were watching the battle from the shore of the Harbor and who, depending on the status of the battle, would mimic with their bodies the mental agony they were experiencing. The reference at the end of this chapter to the events at Pylos (IV.14) suggests that Thucydides sees patterns in history and that, as a writer, he also appreciates the ironies of history.

[1] ὅ τε ἐκ τῆς γῆς πεζὸς ἀμφοτέρων ἰσορρόπου τῆς ναυμαχίας καθεστηκυίας πολὺν τὸν ἀγῶνα καὶ ξύστασιν τῆς γνώμης εἶχε, φιλονικῶν μὲν ὁ αὐτόθεν περὶ τοῦ πλέονος ἤδη καλοῦ, δεδιότες δὲ οἱ ἐπελθόντες μὴ τῶν παρόντων ἔτι χείρω πράξωσιν. [2] πάντων γὰρ δὴ ἀνακειμένων τοῖς Ἀθηναίοις ἐς τὰς ναῦς ὅ τε φόβος ἦν ὑπὲρ τοῦ μέλλοντος οὐδενὶ ἐοικώς, καὶ διὰ τὸ ἀνώμαλον τῆς ναυμαχίας ἀνώμαλον καὶ τὴν ἔποψιν ἐκ τῆς γῆς ἠναγκάζοντο ἔχειν. [3] δι' ὀλίγου γὰρ οὔσης τῆς θέας καὶ οὐ πάντων ἅμα ἐς τὸ αὐτὸ σκοπούντων, εἰ μέν τινες ἴδοιέν πῃ τοὺς σφετέρους ἐπικρατοῦντας, ἀνεθάρσησάν τε ἂν καὶ πρὸς ἀνάκλησιν θεῶν μὴ στερῆσαι σφᾶς τῆς σωτηρίας ἐτρέποντο, οἱ δ' ἐπὶ τὸ ἡσσώμενον βλέψαντες ὀλοφυρμῷ τε ἅμα μετὰ βοῆς ἐχρῶντο καὶ ἀπὸ τῶν δρωμένων τῆς ὄψεως καὶ τὴν γνώμην μᾶλλον τῶν ἐν τῷ ἔργῳ ἐδουλοῦντο· ἄλλοι δὲ καὶ πρὸς ἀντίπαλόν τι τῆς ναυμαχίας ἀπιδόντες, διὰ τὸ ἀκρίτως ξυνεχὲς τῆς ἁμίλλης καὶ τοῖς σώμασιν αὐτοῖς ἴσα τῇ δόξῃ περιδεῶς ξυναπονεύοντες ἐν τοῖς χαλεπώτατα διῆγον· αἰεὶ γὰρ παρ' ὀλίγον ἢ διέφευγον ἢ ἀπώλλυντο. [4] ἦν τε ἐν τῷ αὐτῷ στρατεύματι τῶν Ἀθηναίων, ἕως ἀγχώμαλα ἐναυμάχουν, πάντα ὁμοῦ ἀκοῦσαι, ὀλοφυρμός, βοή, νικῶντες, κρατούμενοι, ἄλλα ὅσα ἐν μεγάλῳ κινδύνῳ μέγα στρατόπεδον πολυειδῆ ἀναγκάζοιτο φθέγγεσθαι. [5] παραπλήσια δὲ καὶ οἱ ἐπὶ τῶν νεῶν αὐτοῖς ἔπασχον, πρίν γε δὴ οἱ Συρακόσιοι καὶ οἱ ξύμμαχοι ἐπὶ πολὺ ἀντισχούσης τῆς ναυμαχίας ἔτρεψάν τε τοὺς Ἀθηναίους καὶ ἐπικείμενοι λαμπρῶς, πολλῇ κραυγῇ καὶ διακελευσμῷ χρώμενοι, κατεδίωκον ἐς τὴν γῆν. [6] τότε δὲ ὁ μὲν ναυτικὸς στρατὸς ἄλλος ἄλλῃ, ὅσοι μὴ μετέωροι ἑάλωσαν, κατενεχθέντες ἐξέπεσον ἐς τὸ στρατόπεδον· ὁ δὲ πεζὸς οὐκέτι διαφόρως, ἀλλ' ἀπὸ μιᾶς ὁρμῆς οἰμωγῇ τε καὶ στόνῳ πάντες δυσανασχετοῦντες τὰ γιγνόμενα, οἱ μὲν ἐπὶ τὰς ναῦς παρεβοήθουν, οἱ δὲ πρὸς τὸ λοιπὸν τοῦ τείχους ἐς φυλακήν, ἄλλοι δὲ καὶ οἱ πλεῖστοι ἤδη περὶ σφᾶς

αὐτοὺς καὶ ὅπη σωθήσονται διεσκόπουν. [7] ἦν τε ἐν τῷ παραυτίκα οὐδεμιᾶς δὴ τῶν ξυμφορῶν ἐλάσσων ἔκπληξις. παραπλήσιά τε ἐπεπόνθεσαν καὶ ἔδρασαν αὐτοὶ ἐν Πύλῳ· διαφθαρεισῶν γὰρ τῶν νεῶν τοῖς Λακεδαιμονίοις προσαπώλλυντο αὐτοῖς καὶ οἱ ἐν τῇ νήσῳ ἄνδρες διαβεβηκότες, καὶ τότε τοῖς Ἀθηναίοις ἀνέλπιστον ἦν τὸ κατὰ γῆν σωθήσεσθαι, ἢν μή τι παρὰ λόγον γίγνηται.

VII.71.1 ἰσορρόπου τῆς ναυμαχίας καθεστηκυίας Gen. absolute construction; the part. is perf., act., from καθίστημι, and is equivalent in meaning to the verb "to be."

ὁ αὐτόθεν "The army from here" (in contrast το οἱ ἐπελθόντες).

δεδιότες Perf., act., part., from δείδω.

τῶν παρόντων Gen. of comparison.

VII.71.2 πάντων γὰρ δὴ ἀνακειμένων τοῖς Ἀθηναίοις ἐς τὰς ναῦς Gen. absolute construction.

οὐδενὶ ἐοικώς The part. is perf., act., from ἔοικα: "[A fear] like no other."

ἀνώμαλον καὶ τὴν ἔποψιν "Also an uneven view."

ἠναγκάζοντο Subject is "The infantry on the shore."

VII.71.3 ἀνεθάρσησάν Aor., ind., act., from ἀναθαρσέω.

στερῆσαι "The gods" is the subj. of the inf. (= aor., act., from στερέω).

οἱ δ᾽ ἐπὶ τὸ ἡσσώμενον βλέψαντες "Those looking upon a defeat in progress." (τὸ ἡσσώμενον is the equivalent of τοὺς ἡσσωμένους).

ἐχρῶντο Imperf., ind., mid., from χράομαι; takes the dat. in ὀλοφυρμῷ.

τὴν γνώμην Acc. of respect.

τῶν ἐν τῷ ἔργῳ Gen. of comparison: "Than the men in actual battle."

πρὸς ἀντίπαλόν τι τῆς ναυμαχίας "At a balanced part of the naval battle," or "At a portion of the fight where neither side had an advantage."

τὸ ἀκρίτως ξυνεχές Literally, "The unresolved continuation" or "The continuous uncertainty."

τοῖς σώμασιν αὐτοῖς ἴσα τῇ δόξῃ περιδεῶς ξυναπονεύοντες "Agonizing in fear over the same things (ἴσα = internal acc.) with their bodies as with their anxiety." In other words, the men on the shore suffered physically and mentally.

χαλεπώτατα διῆγον "Suffered most horribly."

παρ᾽ ὀλίγον "By just a little."

VII.71.4 ἦν "It was possible."

ἀγχώμαλα Trans. as an adverb: "Almost equally."

πολυειδῆ Trans. with ὅσα.

φθέγγεσθαι Pres., mid., inf., from φθέγγομαι.

VII.71.5 ἐπὶ πολὺ ἀντισχούσης τῆς ναυμαχίας Gen. absolute construction.

VII.71.6 ὁ μὲν ναυτικὸς στρατός   Since the meaning of ναυτικὸς στρατός comprises both ships and the men on board the ships, the verbs (ἑάλωσαν, ἐξέπεσον) in this sentence can be used with "men," "ships," or with both, as the subjects.

ἄλλος ἄλλῃ   "One, in one direction, another in another direction," that is, "in various directions." Trans. with ἐξέπεσον ἐς τὸ στρατόπεδον.

ἑάλωσαν   Aor., ind., act., of ἁλίσκομαι. (The form is active but the meaning is passive.)

κατενεχθέντες   Aor., pass., part., from καταφέρω.

δυσανασχετοῦντες   "Enduring with the greatest difficulty."

παρεβοήθουν   Imperf., ind., act., from παραβοηθέω.

ἐς φυλακήν   The prep. phrase indicates purpose.

σωθήσονται   Fut., ind., pass., from σῴζω.

VII.71.7 ἐν τῷ παραυτίκα   "At this moment."

οὐδεμιᾶς δὴ τῶν ξυμφορῶν ἐλάσσων ἔκπληξις   "A consternation less than none (οὐδεμιᾶς = gen of comparison) of their misfortunes," or "A consternation greater than all their misfortunes."

ἐπεπόνθεσαν   Pluperf., ind., act., from πάσχω.

διαφθαρεισῶν γὰρ τῶν νεῶν τοῖς Λακεδαιμονίοις   Gen. absolute construction.

οἱ ἐν τῇ νήσῳ ἄνδρες διαβεβηκότες   Subject of προσαπώλλυντο. Part. is perf., act., from διαβαίνω.

τὸ κατὰ γῆν σωθήσεσθαι   Articular inf. (= fut., pass., from σῴζω) construction.

ॐ

VII.75.1-7. In an outstanding passage such as this—Macaulay, the 19th century English historian and statesman, felt it was the best piece of narrative prose ever written—it is difficult to know what portion to highlight. After their defeat in the Battle of the Great Harbor, the Athenians delayed their evacuation from Syracuse for three days, a fact which can be seen as yet another indictment of Nicias' leadership abilities. With the keen eye of an artist, Thucydides conveys the absolute despair of the defeated Athenians as he explains that they did not even bother to secure a truce in order to recover their dead. In describing the beginning of the retreat, he makes a point of emphasizing the utter frustration felt by those Athenians who had to leave behind their fellow soldiers, their pathetic pleas notwithstanding. The description of the self-loathing these Athenians felt rings true to life and reminds us that our author himself had experienced the horrors of war. Perhaps more so than any other passage in the *Histories*, this chapter brings home the truth of Thucydides' earlier formulation (in III.82.2), that war is a βίαιος διδάσκαλος, "a stern teacher."

[1] μετὰ δὲ τοῦτο, ἐπειδὴ ἐδόκει τῷ Νικίᾳ καὶ τῷ Δημοσθένει ἱκανῶς παρεσκευάσθαι, καὶ ἡ ἀνάστασις ἤδη τοῦ στρατεύματος τρίτῃ ἡμέρᾳ ἀπὸ τῆς ναυμαχίας ἐγίγνετο. [2] δεινὸν οὖν ἦν οὐ μόνον τῶν πραγμάτων, ὅτι τάς τε ναῦς ἀπολωλεκότες πάσας ἀπεχώρουν καὶ ἀντὶ μεγάλης ἐλπίδος καὶ αὐτοὶ καὶ ἡ πόλις κινδυνεύοντες, ἀλλὰ

καὶ ἐν τῇ ἀπολείψει τοῦ στρατοπέδου ξυνέβαινε τῇ τε ὄψει ἑκάστῳ ἀλγεινὰ καὶ τῇ γνώμῃ αἰσθέσθαι. [3] τῶν τε γὰρ νεκρῶν ἀτάφων ὄντων, ὁπότε τις ἴδοι τινὰ τῶν ἐπιτηδείων κείμενον, ἐς λύπην μετὰ φόβου καθίστατο, καὶ οἱ ζῶντες καταλειπόμενοι τραυματίαι τε καὶ ἀσθενεῖς πολὺ τῶν τεθνεώτων τοῖς ζῶσι λυπηρότεροι ἦσαν καὶ τῶν ἀπολωλότων ἀθλιώτεροι. [4] πρὸς γὰρ ἀντιβολίαν καὶ ὀλοφυρμὸν τραπόμενοι ἐς ἀπορίαν καθίστασαν, ἄγειν τε σφᾶς ἀξιοῦντες καὶ ἕνα ἕκαστον ἐπιβοώμενοι, εἴ τινά πού τις ἴδοι ἢ ἑταίρων ἢ οἰκείων, τῶν τε ξυσκήνων ἤδη ἀπιόντων ἐκκρεμαννύμενοι καὶ ἐπακολουθοῦντες ἐς ὅσον δύναιντο, εἴ τῳ δὲ προλίποι ἡ ῥώμη καὶ τὸ σῶμα, οὐκ ἄνευ ὀλίγων ἐπιθειασμῶν καὶ οἰμωγῆς ὑπολειπόμενοι, ὥστε δάκρυσι πᾶν τὸ στράτευμα πλησθὲν καὶ ἀπορίᾳ τοιαύτῃ μὴ ῥᾳδίως ἀφορμᾶσθαι, καίπερ ἐκ πολεμίας τε καὶ μείζω ἢ κατὰ δάκρυα τὰ μὲν πεπονθότας ἤδη, τὰ δὲ περὶ τῶν ἐν ἀφανεῖ δεδιότας μὴ πάθωσιν. [5] κατήφειά τέ τις ἅμα καὶ κατάμεμψις σφῶν αὐτῶν πολλὴ ἦν. οὐδὲν γὰρ ἄλλο ἢ πόλει ἐκπεπολιορκημένῃ ἐῴκεσαν ὑποφευγούσῃ, καὶ ταύτῃ οὐ σμικρᾷ· μυριάδες γὰρ τοῦ ξύμπαντος ὄχλου οὐκ ἐλάσσους τεσσάρων ἅμα ἐπορεύοντο. καὶ τούτων οἵ τε ἄλλοι πάντες ἔφερον ὅτι τις ἐδύνατο ἕκαστος χρήσιμον, καὶ οἱ ὁπλῖται καὶ οἱ ἱππῆς παρὰ τὸ εἰωθὸς αὐτοὶ τὰ σφέτερα αὐτῶν σιτία ὑπὸ τοῖς ὅπλοις, οἱ μὲν ἀπορίᾳ ἀκολούθων, οἱ δὲ ἀπιστίᾳ· ἀπηυτομολήκεσαν γὰρ πάλαι τε καὶ οἱ πλεῖστοι παραχρῆμα. ἔφερον δὲ οὐδὲ ταῦτα ἱκανά· σῖτος γὰρ οὐκέτι ἦν ἐν τῷ στρατοπέδῳ. [6] καὶ μὴν ἡ ἄλλη αἰκία καὶ ἡ ἰσομοιρία τῶν κακῶν, ἔχουσά τινα ὅμως τὸ μετὰ πολλῶν κούφισιν, οὐδ᾽ ὣς ῥᾳδία ἐν τῷ παρόντι ἐδοξάζετο, ἄλλως τε καὶ ἀπὸ οἵας λαμπρότητος καὶ αὐχήματος τοῦ πρώτου ἐς οἵαν τελευτὴν καὶ ταπεινότητα ἀφῖκτο. [7] μέγιστον γὰρ δὴ τὸ διάφορον τοῦτο Ἑλληνικῷ στρατεύματι ἐγένετο, οἷς ἀντὶ μὲν τοῦ ἄλλους δουλωσομένους ἥκειν αὐτοὺς τοῦτο μᾶλλον δεδιότας μὴ πάθωσι ξυνέβη ἀπιέναι, ἀντὶ δ᾽ εὐχῆς τε καὶ παιάνων, μεθ᾽ ὧν ἐξέπλεον, πάλιν τούτων τοῖς ἐναντίοις ἐπιφημίσμασιν ἀφορμᾶσθαι, πεζούς τε ἀντὶ ναυβατῶν πορευομένους καὶ ὁπλιτικῷ προσέχοντας μᾶλλον ἢ ναυτικῷ. ὅμως δὲ ὑπὸ μεγέθους τοῦ ἐπικρεμαμένου ἔτι κινδύνου πάντα ταῦτα αὐτοῖς οἰστὰ ἐφαίνετο.

VII.75.1 παρεσκευάσθαι   Perf., pass., part., from παρασκευάζω: "All preparations had been made."

VII.75.2 ὅτι τάς τε ναῦς….   Clause is the subject of the preceding ἦν.

ἀπολωλεκότες   Perf., act., part., from ἀπόλλυμι.

ξυνέβαινε   With an impersonal meaning; it is followed by an acc. subject ("they") and an inf. verb (αἰσθέσθαι = aor., mid., from αἰσθάνομαι).

VII.75.3 τῶν τε γὰρ νεκρῶν ἀτάφων ὄντων   Gen. absolute construction.

τῶν τεθνεώτων   Perf., act., part, from θνήσκω (= a gen. of comparison construction).

τῶν ἀπολωλότων   Perf., act., part., from ἀπόλλυμι (= a gen. of comparison construction).

VII.75.4 τραπόμενοι   Aor., mid., part., from τρέπω.

καθίστασαν   The subject of this verb is the "weak and wounded."

σφᾶς   Refers to the Athenians who were retreating.

ἐκκρεμαννύμενοι   Pres., pass., part., from ἐκκρεμάννυμι (+ gen.).

πλησθὲν   Aor., pass., part., from πίμπλημι.

ἀπορίᾳ τοιαύτῃ   Causal dat.

ἀφορμᾶσθαι   Pres., pass., inf., from ἀφορμάω.

ἐκ πολεμίας   Supply ἀφορμωμένους (for the prep. phrase) and γῆς (with the adj.).

μείζω ἢ κατὰ δάκρυα τὰ μὲν πεπονθότας ἤδη   The comp. adj. modifies τά, the internal obj. of πεπονθότας (= perf., act., part., from πάσχω).

περὶ τῶν ἐν ἀφανεῖ δεδιότας   "Fearing over things [that remained] unrevealed."

VII.75.5 ἐῴκεσαν   Pluperf., ind., act., from ἔοικα.

ὑπὸ τοῖς ὅπλοις   This seems to mean "Under their shields."

ἀπηυτομολήκεσαν   Pluperf., ind., act., from ἀπαυτομολέω; supply ἀκόλουθοι as subj.

VII.75.6 ἡ ἰσομοιρία τῶν κακῶν   The meaning of this expression is explained in the parenthetical phrase ἔχουσά τινα ὅμως τὸ μετὰ πολλῶν κούφισιν.

τὸ μετὰ πολλῶν   The phrase has an adverbial function: "Through this sharing with many [others]."

ἐδοξάζετο   Imperf., ind., pass., from δοξάζω.

ἀφῖκτο   Pluperf., ind., mid., from ἀφικνέομαι: "It had come to."

VII.75.7 ἀντὶ τοῦ ἄλλους δουλωσομένους ἥκειν   Articular inf. construction; the fut. part. indicates purpose.

ξυνέβη   "It so happened that" (+ acc./inf. construction).

ἀφορμᾶσθαι   Repeat ξυνέβη.

προσέχοντας   "Having strength."

ἐπικρεμαμένου   Pres., mid., part., from ἐπικρεμάννυμι.

☙

VII.77.1-7. In this chapter, we hear Nicias speaking for the last time. His words, as reported by Thucydides, seem to be in keeping with his personality, but it seems unlikely that Thucydides could have interviewed anyone who had actually heard the speech. Moreover, when Nicias is made to say that the unlawful Athenian attack on Syracuse was not unprecedented in the course of human history, one wonders whether a claim like this would actually have been made by a general trying to rally his troops. Perhaps the most telling part of the speech occurs when Nicias expresses the hope that he and his soldiers will, after all is said and done, come out of this disastrous situation, since his conduct towards gods and men has been blameless throughout his life. Such a sentiment is surely based on a life philosophy wherein the good prosper and the bad suffer. We shall see in a subsequent chapter whether Thucydides himself subscribed to this philosophy.

[1] ἔτι καὶ ἐκ τῶν παρόντων, ὦ Ἀθηναῖοι καὶ ξύμμαχοι, ἐλπίδα χρὴ ἔχειν (ἤδη τινὲς καὶ ἐκ δεινοτέρων ἢ τοιῶνδε ἐσώθησαν), μηδὲ καταμέμφεσθαι ὑμᾶς ἄγαν αὐτοὺς μήτε ταῖς ξυμφοραῖς μήτε ταῖς παρὰ τὴν ἀξίαν νῦν κακοπαθίαις. [2] κἀγώ τοι οὐδενὸς ὑμῶν οὔτε ῥώμῃ προφέρων (ἀλλ᾽ ὁρᾶτε δὴ ὡς διάκειμαι ὑπὸ τῆς νόσου) οὔτ᾽ εὐτυχίᾳ δοκῶν που ὕστερός του εἶναι κατά τε τὸν ἴδιον βίον καὶ ἐς τὰ ἄλλα, νῦν ἐν τῷ αὐτῷ κινδύνῳ τοῖς φαυλοτάτοις αἰωροῦμαι· καίτοι πολλὰ μὲν ἐς θεοὺς νόμιμα δεδιῄτημαι, πολλὰ δὲ ἐς ἀνθρώπους δίκαια καὶ ἀνεπίφθονα. [3] ἀνθ᾽ ὧν ἡ μὲν ἐλπὶς ὅμως θρασεῖα τοῦ μέλλοντος, αἱ δὲ ξυμφοραὶ οὐ κατ᾽ ἀξίαν δὴ φοβοῦσιν. τάχα δὲ ἂν καὶ λωφήσειαν· ἱκανὰ γὰρ τοῖς τε πολεμίοις ηὐτύχηται, καὶ εἴ τῳ θεῶν ἐπίφθονοι ἐστρατεύσαμεν, ἀποχρώντως ἤδη τετιμωρήμεθα. [4] ἦλθον γάρ που καὶ ἄλλοι τινὲς ἤδη ἐφ᾽ ἑτέρους, καὶ ἀνθρώπεια δράσαντες ἀνεκτὰ ἔπαθον. καὶ ἡμᾶς εἰκὸς νῦν τά τε ἀπὸ τοῦ θεοῦ ἐλπίζειν ἠπιώτερα ἕξειν (οἴκτου γὰρ ἀπ᾽ αὐτῶν ἀξιώτεροι ἤδη ἐσμὲν ἢ φθόνου), καὶ ὁρῶντες ὑμᾶς αὐτοὺς οἷοι ὁπλῖται ἅμα καὶ ὅσοι ξυντεταγμένοι χωρεῖτε μὴ καταπέπληχθε ἄγαν, λογίζεσθε δὲ ὅτι αὐτοί τε πόλις εὐθύς ἐστε ὅποι ἂν καθέζησθε καὶ ἄλλη οὐδεμία ὑμᾶς τῶν ἐν Σικελίᾳ οὔτ᾽ ἂν ἐπιόντας δέξαιτο ῥᾳδίως οὔτ᾽ ἂν ἱδρυθέντας που ἐξαναστήσειεν. [5] τὴν δὲ πορείαν ὥστ᾽ ἀσφαλῆ καὶ εὔτακτον εἶναι αὐτοὶ φυλάξατε, μὴ ἄλλο τι ἡγησάμενος ἕκαστος ἢ ἐν ᾧ ἂν ἀναγκασθῇ χωρίῳ μάχεσθαι, τοῦτο καὶ πατρίδα καὶ τεῖχος κρατήσας ἕξειν. [6] σπουδὴ δὲ ὁμοίως καὶ νύκτα καὶ ἡμέραν ἔσται τῆς ὁδοῦ· τὰ γὰρ ἐπιτήδεια βραχέα ἔχομεν, καὶ ἢν ἀντιλαβώμεθά του φιλίου χωρίου τῶν Σικελῶν (οὗτοι γὰρ ἡμῖν διὰ τὸ Συρακοσίων δέος ἔτι βέβαιοί εἰσιν), ἤδη νομίζετε ἐν τῷ ἐχυρῷ εἶναι. προπέπεμπται δ᾽ ὡς αὐτούς, καὶ ἀπαντᾶν εἰρημένον καὶ σιτία ἄλλα κομίζειν. [7] τό τε ξύμπαν γνῶτε, ὦ ἄνδρες στρατιῶται, ἀναγκαῖόν τε ὂν ὑμῖν ἀνδράσιν ἀγαθοῖς γίγνεσθαι ὡς μὴ ὄντος χωρίου ἐγγὺς ὅποι ἂν μαλακισθέντες σωθείητε καί, ἢν νῦν

διαφύγητε τοὺς πολεμίους, οἵ τε ἄλλοι τευξόμενοι ὧν ἐπιθυμεῖτέ που ἐπιδεῖν καὶ οἱ Ἀθηναῖοι τὴν μεγάλην δύναμιν τῆς πόλεως καίπερ πεπτωκυῖαν ἐπανορθώσοντες· ἄνδρες γὰρ πόλις, καὶ οὐ τείχη οὐδὲ νῆες ἀνδρῶν κεναί.

VII.77.1   ἔτι καὶ ἐκ τῶν παρόντων   "Even in our present circumstances."

καταμέμφεσθαι   Pres., mid., inf., from καταμέμφομαι.

VII.77.2   προφέρων   "Surpassing" (+ gen.).

ὡς διάκειμαι ὑπὸ τῆς νόσου   Nicias apparently suffered from some kidney ailment.

ὕστερός του   "Second to anyone" (του = τινός).

αἰωροῦμαι   Pres., ind., pass., from αἰωρέω.

δεδιήτημαι   Perf., ind., mid., from διαιτάω; with νόμιμα, "I have lived in observance of the laws."

πολλὰ δὲ ἐς ἀνθρώπους δίκαια καὶ ἀνεπίφθονα   Trans. with δεδιήτημαι.

VII.77.3   ἡ μὲν ἐλπὶς ὅμως θρασεῖα τοῦ μέλλοντος   Supply ἐστί.

οὐ κατ᾽ ἀξίαν   "No more than they should."

λωφήσειαν   Aor., opt., act., from λωφάω; the subj. of this potential opt. is "misfortunes."

ἐπίφθονοι ἐστρατεύσαμεν   "By having made this expedition we are hated."

τετιμωρήμεθα   Perf., ind., pass., from τιμωρέω.

VII.77.4   εἰκός   Supply ἐστί: "It is likely that" (+ acc./inf.).

ὅσοι ξυντεταγμένοι χωρεῖτε   "How many of you, in battle formation (ξυντεταγμένοι = perf., pass., part., from ξυντάσσω), march forward."

καταπέπληχθε   Perf., imperative, pass., from καταπλήσσω.

καθέζησθε   Pres., subj., mid., from καθέζομαι.

ἐπιόντας   Trans. with ὑμᾶς.

δέξαιτο   Aor., opt., mid., from δέχομαι: "Stand up [to you]." Subject is "Any other Sicilian *polis*."

ἱδρυθέντας   Aor., pass., part. from ἱδρύω; modifies ὑμᾶς.

ἐξαναστήσειεν   Aor., opt., act., from ἐξανίστημι; subject is, again, "Any other Sicilian *polis*."

VII.77.5   φυλάξατε   Aor., imperative, act., from φυλάσσω.

μὴ ἄλλο τι ἡγησάμενος ἕκαστος ἤ   "Each [of you] thinking nothing other than."

ἐν ᾧ ἂν ἀναγκασθῇ χωρίῳ μάχεσθαι   The antecedent of ᾧ, namely, τὸ χωρίον, is attracted into the relative clause.

VII.77.6   σπουδὴ… ἔσται τῆς ὁδοῦ   "There will be haste for our journey" or "We shall hurry."

Σικελῶν   The Sicels were a non-Greek people living in the vicinity of Syracuse (and elsewhere in Sicily).

προπέπεμπται δ' ὡς αὐτούς   "Word has already been sent out (προπέπεμπται = impersonal, perf., pass.) to them."

εἰρημένον   Perf., pass. part., from ἐρῶ; acc. absolute construction: "With orders having been given."

VII.77.7   μὴ ὄντος χωρίου ἐγγύς   Gen. absolute construction.

μαλακισθέντες σωθείητε   "Upon becoming cowards (μαλακισθέντες = aor., pass., part., from μαλακίζομαι) you might be saved (σωθείητε = aor., opt., pass., from σῴζω)."

τευξόμενοι   Fut., mid., part., from τυγχάνω (+ gen.).

πεπτωκυῖαν   Perf., act., part., from πίπτω (trans. with concessive force).

ἐπανορθώσοντες   Fut., act., part., from ἐπανορθόω.

 ☙

VII.84.1-5. This chapter brings us to Day 7 of the Athenian retreat from Syracuse. In the previous six days, everything that could go wrong for the Athenians did just that. Their original plan to escape to the north via an inland route to Catane had been deterred by the relentless attacks of the Syracusans. Subsequently, the Athenian generals decided to head southwest in the direction of the sea and to follow a coastal route towards Helorus. The Syracusans soon caught up with Demosthenes' contingent (the Athenian army had been split up into two divisions, which inevitably became separated from one another) and compelled it to surrender. It was now only a matter of time before the Syracusans would catch up with Nicias' contingent, as well. In fact, this is what happens at the Assinarus, a river which is nowhere else mentioned in our ancient sources, but one whose name became forever associated with what was perhaps the most horrific disaster suffered by the Athenian forces during the entire Peloponnesian War.

[1] Νικίας δ' ἐπειδὴ ἡμέρα ἐγένετο ἦγε τὴν στρατιάν· οἱ δὲ Συρακόσιοι καὶ οἱ ξύμμαχοι προσέκειντο τὸν αὐτὸν τρόπον πανταχόθεν βάλλοντές τε καὶ κατακοντίζοντες. [2] καὶ οἱ Ἀθηναῖοι ἠπείγοντο πρὸς τὸν Ἀσσίναρον ποταμόν, ἅμα μὲν βιαζόμενοι ὑπὸ τῆς πανταχόθεν προσβολῆς ἱππέων τε πολλῶν καὶ τοῦ ἄλλου ὄχλου, οἰόμενοι ῥᾷόν τι σφίσιν ἔσεσθαι, ἢν διαβῶσι τὸν ποταμόν, ἅμα δ' ὑπὸ τῆς ταλαιπωρίας καὶ τοῦ πιεῖν ἐπιθυμίᾳ. [3] ὡς δὲ γίγνονται ἐπ' αὐτῷ, ἐσπίπτουσιν οὐδενὶ κόσμῳ ἔτι, ἀλλὰ πᾶς τέ τις διαβῆναι αὐτὸς πρῶτος βουλόμενος καὶ οἱ πολέμιοι ἐπικείμενοι χαλεπὴν ἤδη τὴν διάβασιν ἐποίουν· ἀθρόοι γὰρ ἀναγκαζόμενοι χωρεῖν ἐπέπιπτόν τε ἀλλήλοις καὶ κατεπάτουν, περί τε τοῖς δορατίοις καὶ σκεύεσιν οἱ μὲν εὐθὺς διεφθείροντο, οἱ δὲ ἐμπαλασσόμενοι κατέρρεον. [4] ἐς τὰ ἐπὶ θάτερά τε τοῦ ποταμοῦ παραστάντες οἱ Συρακόσιοι (ἦν δὲ κρημνῶδες) ἔβαλλον ἄνωθεν τοὺς Ἀθηναίους, πίνοντάς τε τοὺς πολλοὺς ἀσμένους καὶ ἐν κοίλῳ ὄντι τῷ ποταμῷ ἐν σφίσιν αὐτοῖς ταρασσομένους. [5] οἵ τε Πελοποννήσιοι ἐπικαταβάντες τοὺς ἐν τῷ ποταμῷ μάλιστα ἔσφαζον. καὶ

τὸ ὕδωρ εὐθὺς διέφθαρτο, ἀλλ᾽ οὐδὲν ἧσσον ἐπίνετό τε ὁμοῦ τῷ πηλῷ ᾑματωμένον καὶ περιμάχητον ἦν τοῖς πολλοῖς.

VII.84.1 τὸν αὐτὸν τρόπον   That is, in the same way they had attacked the army of Demosthenes.

VII.84.3 ἐπ᾽ αὐτῷ   The Assinarus.

κατεπάτουν   "Trampled under foot."

ἐμπαλασσόμενοι   Pres., pass., part., from ἐμπαλάσσομαι.

κατέρρεον   Imperf., ind., act., from καταρρέω: "Were swept away."

VII.84.4 ἐς τὰ ἐπὶ θάτερά   Idiomatically, "On the other side."

ἦν   Supply "Riverbank" as subj.

ἀσμένους   Trans. the adj. as though it were an adv.

ἐν κοίλῳ ὄντι τῷ ποταμῷ   Apparently, the river had a hollowed-out bottom in this section and was, therefore, deep.

VII.84.5 διέφθαρτο   Pluperf., ind., pass., from διαφθείρω: "Had been contaminated."

ᾑματωμένον   Perf., pass., part., from αἱματόω.

☙

VII.85.1-4. We lost sight of Nicias during Thucydides' narrative of the massacre at the Assinarus, but here he re-emerges and and we see him offering an unconditional surrender to Gyllipus and the Spartans. On several occasions in this chapter, Thucydides shows a historian's restraint: instead of attempting to give the numbers of casualties or prisoners, he is content merely to say that "not a few" of the Athenians had been imprisoned or had perished. If Diodorus Siculus is to be believed, however, as many as 18,000 Athenians may have died at the Assinarus and only about a 1,000 of Nicias' soldiers were later taken into Syracusan prisons.

[1] τέλος δὲ νεκρῶν τε πολλῶν ἐπ᾽ ἀλλήλοις ἤδη κειμένων ἐν τῷ ποταμῷ καὶ διεφθαρμένου τοῦ στρατεύματος τοῦ μὲν κατὰ τὸν ποταμόν, τοῦ δὲ καί, εἴ τι διαφύγοι, ὑπὸ τῶν ἱππέων, Νικίας Γυλίππῳ ἑαυτὸν παραδίδωσι, πιστεύσας μᾶλλον αὐτῷ ἢ τοῖς Συρακοσίοις· καὶ ἑαυτῷ μὲν χρήσασθαι ἐκέλευεν ἐκεῖνόν τε καὶ Λακεδαιμονίους ὅ τι βούλονται, τοὺς δὲ ἄλλους στρατιώτας παύσασθαι φονεύοντας. [2] καὶ ὁ Γύλιππος μετὰ τοῦτο ζωγρεῖν ἤδη ἐκέλευεν· καὶ τούς τε λοιποὺς ὅσους μὴ ἀπεκρύψαντο (πολλοὶ δὲ οὗτοι ἐγένοντο) ξυνεκόμισαν ζῶντας, καὶ ἐπὶ τοὺς τριακοσίους, οἳ τὴν φυλακὴν διεξῆλθον τῆς νυκτός, πέμψαντες τοὺς διωξομένους ξυνέλαβον. [3] τὸ μὲν οὖν ἁθροισθὲν τοῦ στρατεύματος ἐς τὸ κοινὸν οὐ πολὺ ἐγένετο, τὸ δὲ διακλαπὲν πολύ, καὶ διεπλήσθη πᾶσα Σικελία αὐτῶν, ἅτε

οὐκ ἀπὸ ξυμβάσεως ὥσπερ τῶν μετὰ Δημοσθένους ληφθέντων. [4] μέρος δέ τι οὐκ ὀλίγον καὶ ἀπέθανεν· πλεῖστος γὰρ δὴ φόνος οὗτος καὶ οὐδενὸς ἐλάσσων τῶν ἐν τῷ πολέμῳ τούτῳ ἐγένετο. καὶ ἐν ταῖς ἄλλαις προσβολαῖς ταῖς κατὰ τὴν πορείαν συχναῖς γενομέναις οὐκ ὀλίγοι ἐτεθνήκεσαν. πολλοὶ δὲ ὅμως καὶ διέφυγον, οἱ μὲν καὶ παραυτίκα, οἱ δὲ καὶ δουλεύσαντες καὶ διαδιδράσκοντες ὕστερον· τούτοις δ᾽ ἦν ἀναχώρησις ἐς Κατάνην.

VII.85.1   νεκρῶν τε πολλῶν ἐπ᾽ ἀλλήλοις ἤδη κειμένων ἐν τῷ ποταμῷ   Gen. absolute construction.

διεφθαρμένου τοῦ στρατεύματος   Gen. absolute (διεφθαρμένου = perf., pass., part., from διαφθείρω).

τοῦ μέν…τοῦ δέ   In apposition to τοῦ στρατεύματος.

ἑαυτῷ μὲν χρήσασθαι   "To do with him."

παύσασθαι   Aor., mid., inf., from παύω; trans. with ἐκέλευε.

VII.85.2   ζωγρεῖν   "To take [the Athenians] alive."

ἀπεκρύψαντο   Supply "Syracusans" as subj.; note the middle voice.

τοὺς διωξομένους   Fut. part. indicating purpose.

VII.85.3   τὸ μὲν οὖν ἀθροισθὲν   "That which had been gathered together (ἀθροισθὲν = aor., pass., part., from ἀθροίζω)," in other words, "The part of the Athenian force which had been collected."

ἐς τὸ κοινὸν   "Into state prisons."

τὸ δὲ διακλαπὲν   This participial substantive (= aor., pass., from διακλέπτω) is in contrast to τὸ μὲν οὖν ἀθροισθὲν.

διεπλήσθη   Aor., ind., pass., from διαπίμπλαμαι.

ὥσπερ τῶν μετὰ Δημοσθένους   The soldiers in Demosthenes' division had surrendered under specific terms (σύμβασις) and were, therefore, less likely to have been secreted away by individual Syracusans.

ληφθέντων   Aor., pass., part., from λαμβάνω; trans. with τῶν.

VII.85.4   ἐν…γενομέναις   Note the length of this prepositional phrase.

οἱ μέν…οἱ δέ   In apposition to πολλοί.

☙

VII.86.1-5. We hear in this chapter that the captive Athenians were destined to live out their miserable lives as captives in the infamous quarries of Syracuse. (Paradoxically, the quarries of present-day Syracuse, which are visited annually by thousands of tourists, are verdant and idyllic.) Most of Thucydides' focus, however, is on the fate of Nicias and the special circumstances which brought about his demise. His assertion that Nicias' wealth may have played a part in his execution is borne out by the later writer Lysias, who wrote that Nicias had amassed a fortune worth approximately 100 talents of silver. The chapter concludes with a surprising post-mortem on Nicias...surprising, because Thucydides had, up to this point, given us a less than favorable portrait of him. Even if a virtuous life could not win for Nicias safe passage to his homeland (the very thing he had hoped for in his last speech before the retreat from Syracuse), at least it secured for him, via the *Histories* of Thucydides, a reputation ἐς ἀεί as a good man.

[1] ξυναθροισθέντες δὲ οἱ Συρακόσιοι καὶ οἱ ξύμμαχοι, τῶν τε αἰχμαλώτων ὅσους ἐδύναντο πλείστους καὶ τὰ σκῦλα ἀναλαβόντες, ἀνεχώρησαν ἐς τὴν πόλιν. [2] καὶ τοὺς μὲν ἄλλους Ἀθηναίων καὶ τῶν ξυμμάχων ὁπόσους ἔλαβον κατεβίβασαν ἐς τὰς λιθοτομίας, ἀσφαλεστάτην εἶναι νομίσαντες τήρησιν, Νικίαν δὲ καὶ Δημοσθένη ἄκοντος τοῦ Γυλίππου ἀπέσφαξαν. ὁ γὰρ Γύλιππος καλὸν τὸ ἀγώνισμα ἐνόμιζέν οἱ εἶναι ἐπὶ τοῖς ἄλλοις καὶ τοὺς ἀντιστρατήγους κομίσαι Λακεδαιμονίοις. [3] ξυνέβαινε δὲ τὸν μὲν πολεμιώτατον αὐτοῖς εἶναι, Δημοσθένη, διὰ τὰ ἐν τῇ νήσῳ καὶ Πύλῳ, τὸν δὲ διὰ τὰ αὐτὰ ἐπιτηδειότατον· τοὺς γὰρ ἐκ τῆς νήσου ἄνδρας τῶν Λακεδαιμονίων ὁ Νικίας προυθυμήθη, σπονδὰς πείσας τοὺς Ἀθηναίους ποιήσασθαι, ὥστε ἀφεθῆναι. [4] ἀνθ᾽ ὧν οἵ τε Λακεδαιμόνιοι ἦσαν αὐτῷ προσφιλεῖς κἀκεῖνος οὐχ ἥκιστα διὰ τοῦτο πιστεύσας ἑαυτὸν τῷ Γυλίππῳ παρέδωκεν. ἀλλὰ τῶν Συρακοσίων τινές, ὡς ἐλέγετο, οἱ μὲν δείσαντες, ὅτι πρὸς αὐτὸν ἐκεκοινολόγηντο, μὴ βασανιζόμενος διὰ τὸ τοιοῦτο ταραχὴν σφίσιν ἐν εὐπραγίᾳ ποιήσῃ, ἄλλοι δέ, καὶ οὐχ ἥκιστα οἱ Κορίνθιοι, μὴ χρήμασι δὴ πείσας τινάς, ὅτι πλούσιος ἦν, ἀποδρᾷ καὶ αὖθις σφίσι νεώτερόν τι ἀπ᾽ αὐτοῦ γένηται, πείσαντες τοὺς ξυμμάχους ἀπέκτειναν αὐτόν. [5] καὶ ὁ μὲν τοιαύτῃ ἢ ὅτι ἐγγύτατα τούτων αἰτίᾳ ἐτεθνήκει, ἥκιστα δὴ ἄξιος ὢν τῶν γε ἐπ᾽ ἐμοῦ Ἑλλήνων ἐς τοῦτο δυστυχίας ἀφικέσθαι διὰ τὴν πᾶσαν ἐς ἀρετὴν νενομισμένην ἐπιτήδευσιν.

VII.86.1 τῶν τε αἰχμαλώτων ὅσους ἐδύναντο πλείστους   "As many of the captives as they could."

VII.86.2 ὁπόσους ἔλαβον   From previous engagements during the Sicilian campaign.

ἄκοντος τοῦ Γυλίππου   Gen. absolute; supply ὄντος.

ἀπέσφαξαν   Aor., ind., act., from ἀποσφάζω.

οἱ   Dat. of the 3rd sing. personal pronoun.

ἀντιστρατήγους κομίσαι Λακεδαιμονίοις   The inf. phrase explains τὸ ἀγώνισμα.

VII.86.3 ξυνέβαινε   Trans. impersonally.

διὰ τὰ ἐν τῇ νήσῳ καὶ Πύλῳ   "Because of the events in the island [Sphacteria] and Pylos" (where the 125 Spartans were captured in 425).

τὸν δὲ διὰ τὰ αὐτὰ ἐπιτηδειότατον   Referring to Nicias.

προυθυμήθη   Aor., ind., pass., from προθυμέομαι: "Was very eager." Trans. with ὥστε ἀφεθῆναι (aor., pass., inf., from ἀφίημι).

VII.86.4 ἀνθ᾽ ὧν   "As a result of which."

αὐτῷ...κἀκεῖνος   Both pronouns refer to Nicias.

οἱ μὲν δείσαντες... ἄλλοι δε   "Some [of the Syracusans] fearing (δείσαντες = aor., act., part., from δείδω) that...while others [fearing]."

ἐκεκοινολόγηντο   Pluperf., ind., mid., from κοινολογέομαι: "Had communicated."

βασανιζόμενος   Referring to Nicias.

διὰ τὸ τοιοῦτο   The communications they had with Nicias.

ἐν εὐπραγίᾳ   "In the middle of their good fortune."

ἀποδρᾷ   Aor., subj., act., from ἀποδιδράσκω.

νεώτερόν τι   "Some newer [problem]."

γένηται   Aor., subj., mid., from γίγνομαι.

VII.86.5 τοιαύτη   Trans. with αἰτίᾳ.

ἢ ὅτι ἐγγύτατα τούτων   "Or because of [another reason] as close as possible to these."

ἄξιος   Trans. with ἐς τοῦτο δυστυχίας ἀφικέσθαι (= aor., mid., inf., from ἀφικνέομαι).

τῶν γε ἐπ᾽ ἐμοῦ Ἑλλήνων   "Of the Hellenes from my day."

διὰ τὴν πᾶσαν ἐς ἀρετὴν νενομισμένην ἐπιτήδευσιν.   Note how τήν and its noun, ἐπιτήδευσιν, bracket the rest of the phrase. The part. here is perf., pass., from νομίζω.

♋

VII.87.1-6. This conclusion to the Sicilian episode of the Peloponnesian War has the feel of a conclusion to the whole work, as it brings full circle the thesis from Book I, that this War was the most significant *kinesis* ever in the entire history of the Hellenes. There are additional echoes to earlier portions of the *Histories*, especially in the description of the "piling up" of corpses in the quarries of Syracuse, a description which brings to mind a similarly macabre account in the Plague narrative, and in the reference to the meager allotments of food and drink to the Athenians who were imprisoned in the quarries, one which recalls the generous portions of food and drink that the Spartans were said to have received (V.16.1) after their capture at Pylos. Finally, this passage shows us once more what a cautious historian Thucydides was and how uneasy he becomes when citing numbers, in this case, the total number of prisoners held in the quarries by the Syracusans.

[1] τοὺς δ᾽ ἐν ταῖς λιθοτομίαις οἱ Συρακόσιοι χαλεπῶς τοὺς πρώτους χρόνους μετεχείρισαν. ἐν γὰρ κοίλῳ χωρίῳ ὄντας καὶ ὀλίγῳ πολλοὺς οἵ τε ἥλιοι τὸ πρῶτον καὶ τὸ πνῖγος ἔτι ἐλύπει διὰ τὸ ἀστέγαστον καὶ αἱ νύκτες ἐπιγιγνόμεναι τοὐναντίον μετοπωριναὶ καὶ ψυχραὶ τῇ μεταβολῇ ἐς ἀσθένειαν ἐνεωτέριζον, [2] πάντα τε

ποιούντων αὐτῶν διὰ στενοχωρίαν ἐν τῷ αὐτῷ καὶ προσέτι τῶν νεκρῶν ὁμοῦ ἐπ᾽ ἀλλήλοις ξυννενημένων, οἳ ἔκ τε τῶν τραυμάτων καὶ διὰ τὴν μεταβολὴν καὶ τὸ τοιοῦτον ἀπέθνησκον, καὶ ὀσμαὶ ἦσαν οὐκ ἀνεκτοί, καὶ λιμῷ ἅμα καὶ δίψῃ ἐπιέζοντο (ἐδίδοσαν γὰρ αὐτῶν ἑκάστῳ ἐπὶ ὀκτὼ μῆνας κοτύλην ὕδατος καὶ δύο κοτύλας σίτου), ἄλλα τε ὅσα εἰκὸς ἐν τῷ τοιούτῳ χωρίῳ ἐμπεπτωκότας κακοπαθῆσαι, οὐδὲν ὅ τι οὐκ ἐπεγένετο αὐτοῖς· [3] καὶ ἡμέρας μὲν ἑβδομήκοντά τινας οὕτω διῃτήθησαν ἁθρόοι· ἔπειτα πλὴν Ἀθηναίων καὶ εἴ τινες Σικελιωτῶν ἢ Ἰταλιωτῶν ξυνεστράτευσαν, τοὺς ἄλλους ἀπέδοντο. [4] ἐλήφθησαν δὲ οἱ ξύμπαντες, ἀκριβείᾳ μὲν χαλεπὸν ἐξειπεῖν, ὅμως δὲ οὐκ ἐλάσσους ἑπτακισχιλίων. [5] ξυνέβη τε ἔργον τοῦτο τῶν κατὰ τὸν πόλεμον τόνδε μέγιστον γενέσθαι, δοκεῖν δ᾽ ἔμοιγε καὶ ὧν ἀκοῇ Ἑλληνικῶν ἴσμεν, καὶ τοῖς τε κρατήσασι λαμπρότατον καὶ τοῖς διαφθαρεῖσι δυστυχέστατον· [6] κατὰ πάντα γὰρ πάντως νικηθέντες καὶ οὐδὲν ὀλίγον ἐς οὐδὲν κακοπαθήσαντες πανωλεθρίᾳ δὴ τὸ λεγόμενον καὶ πεζὸς καὶ νῆες καὶ οὐδὲν ὅ τι οὐκ ἀπώλετο, καὶ ὀλίγοι ἀπὸ πολλῶν ἐπ᾽ οἴκου ἀπενόστησαν. ταῦτα μὲν τὰ περὶ Σικελίαν γενόμενα.

VII.87.1 μετεχείρισαν   Aor., ind., act., from μεταχειρίζω.

οἵ τε ἥλιοι   "The heat from the sun;" takes a sing. verb in λύπει.

διὰ τὸ ἀστέγαστον   "Because of there being no roof."

τοὐναντίον   "On the other hand."

τῇ μεταβολῇ   Causal dat.

VII.87.2 πάντα τε ποιούντων αὐτῶν διὰ στενοχωρίαν ἐν τῷ αὐτῷ   Gen. absolute construction.

τῶν νεκρῶν ὁμοῦ ἐπ᾽ ἀλλήλοις ξυννενημένων   Gen. absolute construction (ξυννενημένων = perf., pass., part., from ξυννέω).

ἐπιέζοντο   Imperf., ind., pass., from πιέζω.

κοτύλην   About half a pint.

ἄλλα τε ὅσα εἰκὸς   "Whatever other things it is likely...."

ἐμπεπτωκότας   Perf., act., part., from ἐμπίπτω; modifies the implied subj. of κακοπαθῆσαι (= aor., act., inf., from κακοπαθέω).

VII.87.3 διῃτήθησαν   Aor., ind., pass., from διαιτάω.

VII.87.4 ἐλήφθησαν   Aor., ind., pass., from λαμβάνω: "Were taken as prisoners."

VII.87.5 ξυνέβη   Trans. impersonally: "It so happened that."

καὶ ὧν ἀκοῇ Ἑλληνικῶν ἴσμεν = καὶ τῶν Ἑλληνικῶν ἔργων ἃ ἀκοῇ ἴσμεν.

λαμπρότατον...δυστυχέστατον   Both modify ἔργον.

τὸ λεγόμενον: "As one might say." This qualifier is added, since πανωλεθρίᾳ is a poetic word.

☙

VIII.96.1-5. The Peloponnesian War does not end, of course, with the destruction of the Athenian army in Sicily, but continues down to 404. In Book VIII, the last in the *Histories* (as we have them), Thucydides supplies us with two more years' worth of war coverage, from 413 to 411. Already in antiquity, questions were raised about the authorship of Book VIII. Even today, the consensus among experts is that there is an unfinished aspect to the Book (the last sentence breaks off midway). We can see some of this roughness in chapter 96, where the claim is made that Athens no longer had any ships in the summer of 411, a claim that is contradicted in the first sentence of the following chapter by the sudden appearance of an Athenian fleet of twenty ships. But we can also see in this chapter examples of a continuity between Book VIII and the rest of the *Histories*, especially in the section where the "national characters" of the Athenians and Spartans are contrasted, as they had been back in Book I. The immediate context for chapter 96 is the panic in Athens over the defection of almost the entire island of Euboea from the Athenian empire. Nor was this the only crisis at Athens' doorstep. We read in the second part of this chapter that the city had been rent by the so-called "Oligarchic Revolution," and that the Athenian fleet in Samos had been operating independently of Athens and demanding the reinstallation of democracy.

[1] τοῖς δὲ Ἀθηναίοις ὡς ἦλθε τὰ περὶ τὴν Εὔβοιαν γεγενημένα, ἔκπληξις μεγίστη δὴ τῶν πρὶν παρέστη. οὔτε γὰρ ἡ ἐν τῇ Σικελίᾳ ξυμφορά, καίπερ μεγάλη τότε δόξασα εἶναι, οὔτε ἄλλο οὐδέν πω οὕτως ἐφόβησεν. [2] ὅπου γὰρ στρατοπέδου τε τοῦ ἐν Σάμῳ ἀφεστηκότος ἄλλων τε νεῶν οὐκ οὐσῶν οὐδὲ τῶν ἐσβησομένων αὐτῶν τε στασιαζόντων καὶ ἄδηλον ὂν ὁπότε σφίσιν αὐτοῖς ξυρράξουσι, τοσαύτη ἡ ξυμφορὰ ἐπεγεγένητο, ἐν ᾗ ναῦς τε καὶ τὸ μέγιστον Εὔβοιαν ἀπωλωλέκεσαν, ἐξ ἧς πλείω ἢ τῆς Ἀττικῆς ὠφελοῦντο, πῶς οὐκ εἰκότως ἠθύμουν; [3] μάλιστα δ' αὐτοὺς καὶ δι' ἐγγύτατου ἐθορύβει, εἰ οἱ πολέμιοι τολμήσουσι νενικηκότες εὐθὺ σφῶν ἐπὶ τὸν Πειραιᾶ ἐρῆμον ὄντα νεῶν πλεῖν· καὶ ὅσον οὐκ ἤδη ἐνόμιζον αὐτοὺς παρεῖναι. [4] ὅπερ ἄν, εἰ τολμηρότεροι ἦσαν, ῥᾳδίως ἂν ἐποίησαν, καὶ ἢ διέστησαν ἂν ἔτι μᾶλλον τὴν πόλιν ἐφορμοῦντες ἤ, εἰ ἐπολιόρκουν μένοντες, καὶ τὰς ἀπ' Ἰωνίας ναῦς ἠνάγκασαν ἂν καίπερ πολεμίας οὔσας τῇ ὀλιγαρχίᾳ τοῖς σφετέροις οἰκείοις καὶ τῇ ξυμπάσῃ πόλει βοηθῆσαι· καὶ ἐν τούτῳ Ἑλλήσποντός τε ἂν ἦν αὐτοῖς καὶ Ἰωνία καὶ αἱ νῆσοι καὶ τὰ μέχρι Εὐβοίας καὶ ὡς εἰπεῖν ἡ Ἀθηναίων ἀρχὴ πᾶσα. [5] ἀλλ' οὐκ ἐν τούτῳ μόνῳ Λακεδαιμόνιοι Ἀθηναίοις πάντων δὴ ξυμφορώτατοι προσπολεμῆσαι ἐγένοντο, ἀλλὰ καὶ ἐν ἄλλοις πολλοῖς· διάφοροι γὰρ πλεῖστον ὄντες τὸν τρόπον, οἱ μὲν ὀξεῖς, οἱ δὲ βραδεῖς, καὶ οἱ μὲν ἐπιχειρηταί, οἱ δὲ ἄτολμοι, ἄλλως τε καὶ ἐν ἀρχῇ ναυτικῇ πλεῖστα ὠφέλουν. ἔδειξαν δὲ οἱ Συρακόσιοι· μάλιστα γὰρ γενόμενοι ὁμοιότροποι ἄριστα καὶ προσεπολέμησαν.

VIII.96.1 γεγενημένα   "News."

VIII.96.2 ὅπου   "At the very time that."

στρατοπέδου τε τοῦ ἐν Σάμῳ ἀφεστηκότος   Gen. absolute construction (ἀφεστηκότος = perf., act., part., from ἀφίστημι).

τῶν ἐσβησομένων   "People to board [the ships]."

αὐτῶν τε στασιαζόντων   Gen. absolute: "With the Athenians themselves being in a state of revolt."

ἄδηλον ὄν   Acc. absolute.

ξυρράξουσι   Fut., ind., act., from συρράσσω: "Clash."

ἐπεγεγένητο   "Had happened in addition."

τὸ μέγιστον   "Most importantly."

ἀπωλωλέκεσαν   Pluperf., ind., act., from ἀπόλλυμι.

ὠφελοῦντο   Imperf., ind., pass., from ὠφελέω.

ἠθύμουν   Imperf., ind., act., from ἀθυμέω.

VIII.96.3 μάλιστα…δι' ἐγγυτάτου   Note how an adv. is paired with a prep. phrase ("Most closely").

ἐθορύβει   The subj. ("this fear") is implied from the following "if" clause.

τολμήσουσι   Trans. with πλεῖν.

ὅσον οὐκ ἤδη   "At once."

VIII.96.4 διέστησαν   Aor., ind., act., from διίστημι: "Would have divided up into factions."

βοηθῆσαι   Aor., act., inf., from βοηθέω.

ὡς εἰπεῖν   "In a manner of speaking."

ἡ Ἀθηναίων ἀρχὴ πᾶσα   The logic here goes something like this. If the Spartans had marched against the Peiraeus, one of two things might have happened: Athens would have become even more factionalized, or the dissident Ionian fleet would have come to the rescue of Athens and the Aegean would have become vulnerable to Spartan attacks.

VIII.96.5 ξυμφορώτατοι προσπολεμῆσαι   "The most convenient [enemy] to fight against."

τρόπον   Acc. of respect.

ἄλλως τε καὶ ἐν ἀρχῇ ναυτικῇ πλεῖστα ὠφέλουν   "They [the Spartans] were especially helpful [to the Athenians] in naval warfare."

ἔδειξαν   Supply "this point" as the direct object.

γενόμενοι ὁμοιότροποι   Refers to the Syracusans; supply "to the Athenians."

☙

VIII.97.1-3. Thucydides' *Histories* do not continue to the conclusion of the War (in 404) but end with the dissolution of the brief oligarchic experiment of 411. As revolutions go, the one that brought in the rule of the Four Hundred was rather mild—certainly, it was nothing at all like the Corcyraean *stasis* we hear about in Book III—and Thucydides seems to take some homegrown pride in the excellence of the provisional government that came to power after the Four Hundred had been dismissed. The compliment he pays to the "mixed constitution" of this experimental *politeia* (μετρία γὰρ ἥ τε ἐς τοὺς ὀλίγους καὶ τοὺς πολλοὺς ξύγκρασις ἐγένετο) seems to be quite revealing of Thucydides' own political views. Finally, we hear in this chapter about the recall of Alcibiades, a man whose resilience and survivalist abilities seem to fascinate our author. In exile since the start of the Sicilian campaign, Alcibiades did not actually return to Athens until 407.

[1] ἐπὶ δ᾽ οὖν τοῖς ἠγγελμένοις οἱ Ἀθηναῖοι ναῦς τε εἴκοσιν ὅμως ἐπλήρουν καὶ ἐκκλησίαν ξυνέλεγον, μίαν μὲν εὐθὺς τότε πρῶτον ἐς τὴν Πύκνα καλουμένην, οὗπερ καὶ ἄλλοτε εἰώθεσαν, ἐν ᾗπερ καὶ τοὺς τετρακοσίους καταπαύσαντες τοῖς πεντακισχιλίοις ἐψηφίσαντο τὰ πράγματα παραδοῦναι (εἶναι δὲ αὐτῶν ὁπόσοι καὶ ὅπλα παρέχονται) καὶ μισθὸν μηδένα φέρειν μηδεμιᾷ ἀρχῇ· εἰ δὲ μή, ἐπάρατον ἐποιήσαντο. [2] ἐγίγνοντο δὲ καὶ ἄλλαι ὕστερον πυκναὶ ἐκκλησίαι, ἀφ᾽ ὧν καὶ νομοθέτας καὶ τἄλλα ἐψηφίσαντο ἐς τὴν πολιτείαν. καὶ οὐχ ἥκιστα δὴ τὸν πρῶτον χρόνον ἐπί γε ἐμοῦ Ἀθηναῖοι φαίνονται εὖ πολιτεύσαντες· μετρία γὰρ ἥ τε ἐς τοὺς ὀλίγους καὶ τοὺς πολλοὺς ξύγκρασις ἐγένετο καὶ ἐκ πονηρῶν τῶν πραγμάτων γενομένων τοῦτο πρῶτον ἀνήνεγκε τὴν πόλιν. [3] ἐψηφίσαντο δὲ καὶ Ἀλκιβιάδην καὶ ἄλλους μετ᾽ αὐτοῦ κατιέναι καὶ παρά τε ἐκεῖνον καὶ παρὰ τὸ ἐν Σάμῳ στρατόπεδον πέμψαντες διεκελεύοντο ἀνθάπτεσθαι τῶν πραγμάτων.

VIII.97.1 τοῖς ἠγγελμένοις   The part. (perf., pass., from ἀγγέλλω) is used as a substantive: "The reports."

πρῶτον ἐς τὴν Πύκνα   That is, for the first time since the outbreak of the Oligarchic Revolt. As the next clause indicates, the Pnyx had been the traditional meeting place for the Assembly.

ἐν ᾗπερ   "During which [meeting of the Assembly]."

τοὺς τετρακοσίους   The Four Hundred had been installed as leaders during the Oligarchic Revolt.

τοῖς πεντακισχιλίοις   Although the oligarchs had originally planned to designate 5,000 men of substance, that is, the "Five Thousand," who were to share in the rule of the city, they never followed through on this. With the dissolution of the short-lived oligarchy and the dismissal of the Four Hundred, the concept of the Five Thousand as a body of citizens who were at least of hoplite rank (ὁπόσοι καὶ ὅπλα παρέχονται) and who would in some way manage the affairs (τὰ πράγματα) of the city, was apparently revived.

μηδένα φέρειν   Still, an acc./inf. construction after ἐψηφίσαντο.

ἐπάρατον   Whoever accepted pay for serving in an office was publicly cursed.

VIII.97.2   μετρία   Modifies ἡ ξύγκρασις.

VIII.97.3   ἀνθάπτεσθαι τῶν πραγμάτων   "To become re-engaged (ἀνθάπτεσθαι = pres., mid., inf., from ἀνθάπτομαι) in the affairs [of Athens]."

Small Fifth-Century Doric-style temple in the Elymian town of Segesta, Sicily. Thucydides reports (Book VI) that it was an Athenian alliance with Segesta that led ultimately to the the Athenian Assembly's decision to undertake the conquest of Sicily.